加点主義人事制度の設計と運用

Saito Seiichi
齋藤 清一 著

立命館大学客員教授
立命館大学医療経営研究センター副センター長

同友館

はじめに

　今，日本経済を取り巻く世界環境は未曾有の低迷の中にあり，また，アジアの経済大国になった日中韓の関係も最悪の状況の中で，まさに日本経済は，行き先が見えない四面楚歌の状態にある。この暗い不透明な苦難の時代に，各企業が生き残っていくためには，全社員の創造と英知を結集し，一つひとつ，難問解決を図っていかなければならない。

　これら，多くの問題を解決するのは人材である。人材の中でも，究極の場面を迎えたとき「切り札人材」がいる，いないは，まさに企業の栄枯盛衰を決める。人材がいる，いないの論議をいくらしても，人を育てなければ，いつまで経っても，人材はいないという，言い訳の繰り返しになる。暗い時代だからこそ，人事は明るく，基準を公開して，全社員が目標に向かって果敢に挑戦する，チャレンジブルな組織風土をつくり人材を育てたい。それでは，どうしたらよいのだろうか。

　今回の出版にあたっての筆者の思いは，筆者が人事パーソンとして全国のユーザーにコンサルをして20数年間，蓄えた専門知識や人事の考え方，実務運用のノウハウを，各企業の第一線で活躍している人事の専門家やこれから人事のスペシャリストを目指す人々のためにしっかりと伝えたいということである。そのため，本書には筆者がコンサル指導をした各社の人事制度構築の実践内容とその運用方法のノウハウを多数盛り込んだ。人事の基本，専門理論をしっかりと伝えるとともに，その理論をベースに人事パーソンや人事関係者が即実務に活用できるようにした。

　社会環境や経済産業構造は，どんどんと変わっていく。それに伴い，企業ニーズも，働く人々の価値観，労働感も変わっていく。それらの変化に対して，人事戦略も戦術も必然的に変えていかなければならないし，また，変えなければならないのである。

時代の価値観と人事マネジメント

　それでは，時代の変化に伴い人事政策や戦術，また人材の育成や活用のマネジメントをどう変えていけばよいのだろうか。人の心も，価値観も変わる。多様な価値観を持つ若者たちは，その時，その所で，一人ひとりはどのような希望を持って，これからの自分のキャリアを形成していけばよいのだろうか。また一方，経営側からみると，同一価値観を持たなくなった異質，異能な社員をいかに組織の一員として取り込み，一人ひとりの持てる力を発揮してもらうか，悩める問題は人事労務管理共通の課題でもある。

　経済情勢が混沌として先が見えない不透明な時代に，これが正解と言い切る案はないかもしれない。しかし，そうであるからこそ，労使が一体になり，知恵を出し合い，勝算ありと定めた目標にチャレンジしてみる行動力が必要で，そこに，組織としての本当の力が試されているように思う。

　すなわち，人事，賃金制度は経済の成長度に合わせて，また，企業の活性化状況やニーズに合わせて，タイミングよく，仕組みの見直しや修正を加えていかなければならない。日本の人事管理は人間基準がベースにあるが，時代感覚では，人から仕事へ人事制度の基本要件を変えなければならないときを迎えている。管理者も，また，働く者もともに，働く意識を変える，働き方を変えることが求められている。働く者にとってはその場，その時に当面した問題をタイミングよく適切に解決する自立型，自律型人間が求められているが，これが，エクセレントカンパニーに共通する特徴である。

　「強い個人を育て，強いチームをつくる」ことに成功した企業が，エクセレントカンパニーである。強い人材を育てるヒントはエクセレント企業から多数見つけることができる。たとえば，人事諸制度（加点主義人事制度，コンピテンシー評価制度，JOBリクエスト，公募制度，成果配分制度，表彰制度など）を駆使して社員の能力を最大限に引き出し，組織パフォーマンスを最大限に発揮させるマネジメントを上手に展開している。そして改革は，まず上の管理職から行っているのが特徴だ。すなわち，管理者やマネジャーを輝く人に変身させることができれば，改革はもう6割は成功したといえるからである。

従来の管理者の昇進を振り返ってみると，永年勤続表彰であったり，賃金を上げるための処遇であったりで，管理者昇進をご褒美にしていたといえる企業が多い。管理職昇進は成果昇進である。わが企業の実態をぜひ確認してほしい。また，管理者が多様なソリューション（問題解決）にも即応できる力があるか，山積する経営課題に先取りした解決案を提案できるかをチエックしてみてほしい。

　さて，これからの企業経営における各社共通の最大課題は，人件費問題である。人件費を削減しすぎて人材がいなくなれば商売にはならないが，賃金配分をどうしたら組織活性化に結びつくのか…社員一人ひとりの働きがいや，やりがいを最大に引き出すことができるかは，賃金配分最大のテーマである。賃金の問題は奥が深く難問ではあるが，自社のニーズを踏まえた成果配分賃金の導入など，目に見える成果に応える組織政策が必要である。

　以上から，人事賃金マネジメントにおいては，「個の能力を最大限に引き出し，組織パフォーマンスを最大限に発揮させる」手段，方法が大切といえる。そこで，人事改革でまず最初にやらなければならない課題は，管理者を輝く人に変身させる意識改革である。管理者の資格要件は仕事ばかりではなく，人間として，職業人として，社会人としても立派でなければならない。多様な価値観を持つ部下の一人ひとりの異質な力を組織の力として，いかに結集し発揮させることができるか，それとも，自分は部下育成は苦手なので，自分の腕一本（エキスパート）で，頭（スペシャリスト）で生きるというのか，各人の持ち味を生かす複線型人事マネジメントが必要になっている。

変えよう，人の評価を…

　人が集まるところには，どこにいっても評価がついてまわる。あなたが，どんなに優れた能力を持っていても，その能力を組織や仲間が認めない限り，能力を発揮することはできない。能力評価が恣意的であったり，イメージ考課であっては困る。運，不運が生じるような考課は絶対にあってはならない。明るく公開できる評価にするためには「絶対考課（基準主義）」でなければならな

い。上司と部下の目標面接で，Must 目標と Want 目標を明確にして目標達成に向けて取り組むのが公正な評価のルールである。また，本格的に絶対考課に取り組むのであれば，職務調査を実施し「課業一覧，職能要件書，役割要件書」を整備すれば，しっかりとした能力主義人事制度を確立することができる。

　これらの基準づくりは，社員が集まり，ワイワイ，ガヤガヤ言いながら作成する。みんなで作成することが意識改革につながり意味がある。この仕事はどのくらいのレベルの仕事なのか，その仕事をきちんとこなすためにはどんな知識や技術が必要なのか，また，どんな勉強をしなければならないのかの基準を明確にすることが大切である。この基準を「課業一覧表，職能要件書」という。部長，課長クラスになると一般定型業務の担当者ではないので，権限と責任を持ち，新しい企画開発業務や部下育成業務に取り組む役割業務を担当している。したがって，役割業務を役職職階別に洗い出し「役割要件書」を作成しておくことが必要である。部長が一般社員の仕事をやっているようでは，企業の発展は望めないからである。上司に力がなければ部下は知識，技術の修得もできないし，成長もおぼつかない。

能力・実力主義時代の複線型人事制度とは

　人材が多様であればあるほど，働き方や処遇の仕方も多様なシステムを複数用意しておくことが人材確保に効果的である。今，活性化している組織では，優秀人材を確保するために複数の働き方を選択でき，各社員が自己責任において自分のキャリアアンカーを決めることができる複線型人事制度を導入している。自分の意思と適性によってチャレンジングな仕事に挑戦し，新しい価値を作り出す人と，言われたことも十分にできない人を同じ処遇にすることはできない。一方，定期的な繰り返し業務を正確に遂行することを期待されている人たちには安定した賃金処遇がよい。

　本人の意思と適性を大切にしながら，働く者が主役になる人事処遇軸として複線型人事制度を導入し，働きやすい職場が働く者には人気である。力のある組織では，能力・実力主義を起動させる昇格，昇進基準が公開され，自分は何

をどう努力すれば，どうなるのかが明確にされている。そのほか，高成果実現行動特性，環境適応能力などと訳されているコンピテンシー評価制度も導入され，行動改善の指針も明示されている。社員一人ひとりが明確なミッションと自立意識を持ち，また，チーム同志が同じ目標に向かって助け合い，また切磋琢磨している。これがエクセレント企業の強さの共通点である。

　これらの企業の共通ベクトルをあえて挙げれば，「考える」力を持った社員がいることだといえる。さらに，「人の話をよく聞く」ことができる人が多数集まっている組織である。人の話をよく聞くとは，時代の動き，業界の動き，働く人たちの気持ちに敏感な行動が取れるということと，またよく勉強していることを意味している。言葉を換えれば，経営課題を先取りして，早め早めに対策を考えて行動を起こすことができる人がいるということである。これらの人たちは，目標達成のためならば，いかなる苦労も葛藤もためらわない，反対対話も容易に受け入れられる本当のプロ人材である。皆同じ志を持ち，自己の成長，組織の発展にベクトルをきちんと合わせた目標を持ち，がんばっている人たちの集団がエクセレントカンパニーである。

本書の構成について

　本書は8つの章で構成しているが，章のポイントは次のとおりである。
　第1章では，社会経済環境の変化によって人事戦略は柔軟に変えなければならないこと，企業経営は理念の理解から始まり，この理念の具現化が大切であること，また，管理者の役割は理念の遂行であり，そのために強いリーダーシップが期待されること，また人材の育成と活用は管理者の重要職責であること，さらに，人事にはオープンで公正な人事管理が求められることを記述している。
　第2章では，能力・実力・成果主義人事制度の構築は，能力主義人事制度から始まることを記述している。能力があって初めて実力，成果という概念が生まれるからである。したがってまず，能力を明確にしなければならない。能力主義人事制度の留意点は，トータルシステムで構築することを理解した上で，能力と実力，成果の違いをそれぞれ理解することが大切である。

第3章では，人事システムの構築作業は，まず能力主義人事制度の基準になる能力基準（職能要件書）を作成しなければならないことと，その職能要件書の作成の仕方，作業方法を記述している。また，能力主義人事制度は別名，能力開発制度といわれるが，その能力開発制度の内容について事例を取り上げ，何がチャレンジなのか，また，チャレンジ＋1点方式とは何か，これが，なぜ能力開発なのかをわかりやすく記述している。

　第4章では，実力・成果主義時代の人事考課とはどうあるべきか，また人事考課の再構築の仕方やチャレンジの考え方について，人事考課の基礎知識から目標設定，加点主義の考え方まで実務のノウハウを交えて，理論と実践の両面のポイントを詳細に記述している。

　第5章では，人事考課訓練，面接訓練を実際にどのように行うのか，インストラクターが実際に訓練を行う講義内容を含めて指導のポイントと実技演習の進め方を記述している。

　第6章では，人事考課が客観的で納得性，信頼性あるものであれば当然に，これらの人事考課結果を能力・実力・成果主義人事制度の昇格，昇進，賃金に活用することができることと，人事考課を実務へ活用するポイントを記述している。特に職能資格等級制度（能力主義人事）のフレーム設計と昇格，昇進管理への活用は重要である。

　第7章では，加点の考え方は幅が広いこと，人事から賃金，人事処遇，人事異動，表彰制度まで，「人事は明るく」の発想をベースに考えれば加点主義人事領域への展開は広がること，加点の理論と実務を記述している。

　第8章は，コンピテンシー評価制度を取り上げたが，昨今ではコンピテンシー評価をベースにした新たな加点主義人事制度の構築が進んでいる。仕事ができる人材のコンピテンシーをモデルにして，わが行動と照らし合わせて，見直しと行動改善を行う試みが多くの企業で行われている。コンピテンシー評価は実力主義人事制度のベースであり，コンピテンシーは，クラスター（評価項目）とディクショナリー（行動特性）により構成されている。クラスター，ディクショナリーの洗い出し方，またコンピテンシー評価の活用の仕方を詳細にわ

たり，きめ細かく実務を交えて記述している。

　人事制度の構築，改革はあくまでも手段，方法にすぎないものであり，目的ではないこと，もし，制度改革で社員がやる気をなくしたり，モチベーションが下がったりするのであれば，制度構築や改革は意味がないことを筆者は言い続けてきている。たとえば，賃金改革とは，賃金を上げ続けるために仕事を変え，働く意識を変え，組織風土を変えるためにやるのだと言い続けてきた。そのためには，新制度を設計したり，また改革を成し遂げたら，なんとしても，ある一定の業績と利益を獲得しなければならない。筆者は「人事賃金改革は社員のパワーを引き出す原点」と考え，20数年来コンサルタント業務に従事してきた。加点主義人事制度の設計と運用の理論と実務は，永年の知恵と経験とそして現場からの実践の汗の結果そのものであり，本書から必ず有益なヒントが見つかるはずと確信している。

　なお，本書の理論構成は，筆者の恩師である人事賃金の大家，楠田丘先生の理論を受け継ぎ応用展開していることを申し述べておきたい。

　最後に，本書の出版にあたって，ご多忙にもかかわらず気持ちよく何度も労をとっていただいた株式会社同友館の鈴木良二氏に心から感謝の気持ちを申し上げたい。

　本当にありがとうございました。

　2013年3月吉日　鎌倉の書斎にて

齋藤　清一

目　次

第1章　社会経済環境の変化と人事戦略 …………………… 11
 1　これからの人事管理 ………………………………………… 12
 2　人事戦略と戦術とは ………………………………………… 13
 3　経営理念は全社員に浸透しているか ……………………… 15
 4　組織風土，人事制度の変革をどう進めたらよいのか …… 19
 5　経済，経営環境の変化と人事制度の仕組み ……………… 24
 6　人事賃金改革の進め方とそのポイント …………………… 29
 7　人材育成と人材活用戦略の推進 …………………………… 32
 8　戦略経営の具現化 …………………………………………… 35
 9　管理者の意識改革 …………………………………………… 38
 10　人材育成は管理者の重要職責 ……………………………… 41
 11　フェアでオープンな人事制度とは ………………………… 54
 12　人事部の新たな役割とは …………………………………… 58

第2章　能力・実力・成果主義人事制度の構築
　　　～能力か，実力か，人事システムの違い～ …………… 63
 1　能力主義はだめなのか？ …………………………………… 64
 2　役割・実力・成果主義人事へ ……………………………… 66
 3　能力・実力主義人事制度のベースづくり ………………… 67

第3章　人事システムの選択と設計の進め方
　　　～能力主義人事を構築する作業～ ……………………… 77
 1　能力基準の作成 ……………………………………………… 78
 2　課業一覧表の作成 …………………………………………… 79

3　職能資格等級の決め方 ………………………………………………… 83
　　4　課業一覧表のメンテナンスのやり方 ………………………………… 86
　　5　職能・役割要件書（等級基準）の作成 ……………………………… 86
　　6　職能・役割要件書の中身とメンテナンスのやり方 ………………… 87

第4章　新時代の人事考課再構築 …………………………………… 107
　　1　人事考課制度設計の基本的考え方 …………………………………… 109
　　2　未来を作る人事考課のチャレンジシステム ………………………… 110
　　3　人事考課制度の基礎知識 ……………………………………………… 113
　　4　目標設定の実務ポイント ……………………………………………… 123
　　5　人事考課制度の信頼性とは …………………………………………… 128
　　6　加点主義育成型人事考課とは ………………………………………… 130

第5章　人事考課者訓練，面接訓練の実施 ……………………… 139
　　1　人事考課者訓練の実施 ………………………………………………… 141
　　2　考課者訓練，実技演習の進め方 ……………………………………… 147
　　3　面接訓練，実技演習の実施 …………………………………………… 155
　　4　面接訓練，実技演習の進め方 ………………………………………… 156

第6章　能力，実力，昇格，昇進基準の作成 …………………… 161
　　1　複線型人事制度とは何か？ …………………………………………… 162
　　2　能力・実力主義の昇格管理基準とは ………………………………… 168

第7章　加点主義人事制度のすすめ ……………………………… 197
　　1　チャレンジ風土をつくる加点主義人事制度とは …………………… 198
　　2　キャリア面接の進め方 ………………………………………………… 208
　　3　成果配分賃金による職場の一体感の醸成 …………………………… 211
　　4　能率管理の仕組みづくり ……………………………………………… 213

5　企業の成果とは何か？ ……………………………………………… 215
　6　役割（実力）等級への格付け ……………………………………… 216
　7　人材育成・キャリア開発のステージ ……………………………… 221

第8章　コンピテンシー評価をベースにした新たな加点主義人事制度 …………………………………………………………… 225

　1　コンピテンシーをベースに新たな人事制度の構築 ……………… 226
　2　組織活力アップの指標 ……………………………………………… 233
　3　仕事が出来る人材のコンピテンシー ……………………………… 234
　4　求める人材をコンピテンシーで明示 ……………………………… 236
　5　コンピテンシーの活用と限界 ……………………………………… 237
　6　今，なぜコンピテンシー評価なのか ……………………………… 238
　7　自社のコア・コンピタンスは何か？ ……………………………… 239
　8　コンピテンシーモデル作成の実際 ………………………………… 240
　9　コンピテンシーモデルで取り上げる「成果」とは ……………… 242
　10　コンピテンシーモデルの3構造 …………………………………… 243
　11　コンピテンシーの洗い出し方法 …………………………………… 243
　12　コンピテンシーモデルの種類 ……………………………………… 244
　13　コンピテンシーの抽出作業 ………………………………………… 245
　14　実力主義人事とコンピテンシー …………………………………… 253
　15　能力を最適に成果に結びつけるコンピテンシーとは …………… 254

第 ① 章

社会経済環境の変化と人事戦略

人事政策は，社会経済環境や経営戦略の変化に応じて変えなければならない。景気動向，市場の成熟状況に企業は絶えず柔軟に対応し，市場創造を行っていかなければならない時代を迎えている。多くの企業では「効率的な人員の配置」，「能力や成果に見合った賃金の支給」，「事業の再構築」，「リエンジニアリング等の経営の効率化や生産性の見直し」，その他，「空洞化」，「価格破壊」，「規制緩和」，「ホワイトカラーの生産性向上」など数々の課題や試練に直面してきた。この変革期をうまく乗り越え大きく飛躍し発展した企業の共通点は従来からの経営構造や，また業務遂行システムの仕組みを変えている。従来からの延長線で考え対処するのではなく，時代感覚の新しい視点に立ったコンセプトやビジョンを構築し，それをベースに抜本的な戦略や戦術に取り組んでいる。
　バブル経済崩壊後の企業生き残りのための第1ステージの対応は，リストラ，リエンジニアリング，アウトソーシング，雇用調整であった。第2ステージとなった今では「人と仕事」の見直し，「職責，役割評価の実施」，「業績評価の再構築」，「多様な人々の就労参加，ワーク・ライフ・バランス（仕事と生活の調和）」，「自立型人材の育成」などが主要課題となっている。そして，今，社会経済は「生産性，コスト，仕事」を軸とした実力，役割，業績，成果主義時代の真っただ中にある。産業を問わず，「仕事と人」の再編成が最重要課題になっている。なかでも，今，ホワイトカラーの「仕事と処遇」の見直しが最大の経営課題である。

■1　これからの人事管理

　市場創造を行うためには，安定した品質はもとより，サービスのユニークさが重要な課題である。チームワークを重視した効率的経営はもちろんのこと，これからは，個の能力を重視した創造性，独創性のある企業が生き残る。国境のないグローバルな競争社会で生き残るには，競争力という視点を踏まえた人事管理の基本コンセプトを策定しなければならないだろう。たとえば，長い年月をかけて，自前で人材を育成するよりも，緊急時に間に合わせるためには外

部労働市場から，即戦力の人材を確保しなければならない。専門性に秀でたスカウト人事はより顕著になっていくだろう。

これからの人事管理は，画一的，単一管理から本人の意思と適性による複線型管理へ，さらには個別管理へとさらに進むと考えられる。個別管理とは，個性を尊重して人を生かす制度で，40歳以降は自己の責任で職業生活を切り開いていかなければならない。40歳までに培ったキャリアで，これから幅をつけていくもの，変えていくべきもの，段階的に変えていくべきもの，従来の長所を強みとしてさらに補強すべきもの，変えてはいけないものを分別し，もし，変える場合はそのテーマとポイントを明確にして改革に取り組むことが大切である。

これからの企業の重要な戦力となる若者や女性は，自分の生活，自分の時間を重視している。職場や企業選びも，賃金よりも自由時間がどのくらいあるかに比重をおく。大学生に話を聞くと，ほぼ全員が「完全週休2日制」で残業の少ない企業がよいと答える。また「有給休暇は完全に消化する」という答えが返ってくる。とすると，これからの企業と個人の関係は両者の希望をともに生かすような形で統合するマネジメントができればベターである。

これらの考えは，明らかに恩恵や依存関係ではない新しい労使関係の樹立を意味している。個の立場に立てば「主役は私，あなた」であり，企業の側に立てば，「個を生かせる場を提供することを通じて企業目標を達成する」という関係をつくることである。個別管理の推進とは管理者が頭を切り替えて，個を生かすことによって，組織もまた生きる管理を実践することでもある。

■2　人事戦略と戦術とは

いくら立派な経営戦略を作っても，人材がいなければ何も事は運ばない。多くの企業が困惑しているのは，人材がいないことだ。戦略策定はただの願望で終わってしまっているところが実に多い。戦略目標を達成するためには，人が考えて動かなければならない。また，経営戦略は財務，顧客，人材育成，業務

プロセスの4つの視点からの検討，アプローチが必要であるが，そのなかでも，いの一番に策定しなければならないのは人事戦略である。いうまでもなく経営を動かすのは人だからである。
　年功主義時代（1960年から1975年）の企業経営は社員の長期勤務，定着は企業発展のベースにあった。長い年月をかけて社員を何でも屋のゼネラリストとして育てた。そしてある一定の年齢が来ると，年功序列で役職に昇進させた慣行は未来への安心感をもたらし，また，それが企業へのロイヤリティを醸成した。経験，学歴等を基準にした年功序列体系が維持できたのは日本経済がちょうど成長拡大期を迎えた時期であった。しかし，時代は物の見方や価値観を変える。
　1975年から1990年は，日本経済の減速とともに能力主義時代が到来，人事管理は能力開発に力点が置かれ，企業は人なりの人材育成論の管理が徹底された。経済はさらに減速，人材育成論では時間がかかりすぎ，市場リスクには柔軟に対応できないデメリットが目につくようになった。市場ニーズが今すぐ結果を求める時代である。これらのニーズに対応するためには，これから，必要な人材を育てているのでは間に合わない。今必要な人材はスカウト人事で対応し，将来必要になる人材は企業内で時間をかけて能力人事で育てるという多様な人材管理が必要になっている。
　管理を一言でいえば，仕事の成果を100％達成するための管理であり，同時に人の側面の管理（仕事を通して得られる高度な要求の充足，満足感，能力開発，人間的成長）も100％満たすような管理が期待されている。人事戦略は時代ニーズを先取りする形で混乱している多数の情報の中から将来の変化の兆しをつかみとり，先手の戦略を構築し，組織として統一行動をとらなければならない。すると，今までのように人事戦略の企画立案，構築はトップと一部のスタッフの仕事ではなくなり，全員参加の戦略構築が必要となろう。
　さて，人事戦略の実行であるが，戦略は部下にわかりやすい言葉に直して伝えないと部下はやる気にならない。どんな手順や手段，方法で行うのか，また，どんなルールでやればよいのか，などを明確にしないと，ただ，やれ，の号令

だけでは部下は動かない。何をどうしていいのかわからないのだ。そこで，必要になるのが戦略の戦術化である。人間は何をどうすればいいのかわかればいい仕事をする。また，行動を起こし，力を発揮することができるものだ。

戦術とは，仕事のやり方である。戦略目標の達成のためには多数のアイデアがあるだろう。このアイデアを皆で出し合い，皆でやってみよう。そうすることによって，組織としての一体感が生まれ仕事が面白くなってくる。こんな仕掛けづくりをして，部下をやる気にさせるのが上司の才覚だと思う。そのために戦略を部下のレベルの言語に噛み砕いてわかりやすく説明するのは管理者の重要職責である。

3　経営理念は全社員に浸透しているか

(1)　労働の質の変化と新たな人事システムへの転換

新しい時代の人事の役割は，経営の視点を持つことである。すなわち，人事は経営そのものであり，時代の推移とともに人事戦略や戦術は変わることを再確認し，時代センスがずれていないかチェックするところから始まる。

言葉を換えれば，戦略は経営理念に基づき立てるが，戦略が変われば当然に人事は変化する。時代は成果主義の真っただ中，成果主義人事は勢いを増している。

その反面，過去の富士通の失敗を大きく取り上げて，成果主義人事を批判する論調も大変多い。しかし，成果主義導入の失敗例を調査分析してみると，その多くはシステムの内容や成果主義導入の目的が，組織内で十分に論議，コンセンサスを得ないまま，導入をしてしまった混乱に起因すると考えられる。

一般的に成果主義人事賃金への改革というと，「低成長時代における人件費の削減」，「定昇をやめる，賃金を下げる」という要因から語られることが多い。もちろん，それは要因の1つではあり，直接の契機になっている企業もあるが，その背景には社会経済構造の急激な変化がある。それは，労働の質的変化をもたらし，今，あなたが持っている知識技術が陳腐化したことを意味する。

20世紀は大量生産時代で，質より量，個人の能力よりは組織としての生産性を重視したピラミッド型の組織運営が有効であった。日本経済も順風満帆で拡大していたので，産業もその多大な恩恵を受けていたのはいうまでもない。しかし，20世紀の工業社会から21世紀は知的情報化社会へ一転し，低成長時代を迎え，激しい経済環境変化の中で新しいビジネスモデルや新しいブランド，ノウハウが次々と生まれ知的資産が重視される時代となった。各企業は企業の競争力を強化するために，ストック人材（社内人材）の活用のみならず，社外の優秀人材を競って採用し，差別化戦略を展開，ここに人材戦争といわれる知的生産性時代が本格的に到来することになる。これらの流れは産業を問わずである。優秀人材をいかに多数確保するか，外部人材をいかに戦略化するか，また，これら人材のモチベーションをいかに高めるかの人事戦略が必要になった。そのような時代変遷の中で必然的に能力・成果主義人事賃金へシフトしていくことになる。

　大量生産時代の定型的職務では，経験や年功によって職能向上がある程度期待できた。したがって，日本的人事システム（年功序列処遇制度）で経営は十分にやっていけたのである。しかし，グローバル経済の中，年功序列，定昇制度ありの人事賃金制度は企業収益に重くのしかかって経営を圧迫する事態となり，成果主義人事賃金へと流れ込んでいったのは自然の理であった。

　今，人事に求められる役割は，個人が生み出した成果を公平公正に評価し成果配分をする人事賃金制度の再構築である。働く時間の長さがそのまま成果に結びつかない知的労働に対しては成果主義人事が一番管理しやすいし，また，理解と納得が得られる制度と考えることができる。

(2)　成果に対する社員の意識改革の必要性

　成果の対価として賃金を支払うという考え方が時代感覚である。組織に勤めていれば飯の食いっぱぐれはない，毎日，緊張感がないような組織では期待する成果は絶対に得られないのではなかろうか。真の成果を得るためには，組織改革，配置，教育，目標の設定，チャレンジシステムと評価制度（コンピテン

シー評価），コース別職群管理制度，成果に見合う賃金制度（賃金，賞与，成果配分賃金，退職金）など，個人の業績が賃金に反映する実力主義人事賃金制度の整備，構築と各諸制度の公開が必要である。

　しかし，いくら制度が立派に整備されていても制度が機能しないところが多々ある。日本的人事システムに慣れ親しんできた多くの社員はチームの調和を合言葉にしてきたし，個人業績という概念にストレスを感じ退職する社員もいる。特に医療機関においては，医師や看護師は「業績」という言葉を使うことを不謹慎と考える人が多い。そのためか，医療機関では能力主義人事が始まったばかりで，成果主義の導入はまだまだこれからである。成果主義が「経営参画，やりがい，働きがい」につながっていないのである。また，成果主義の導入は総額人件費の抑制，削減を目的とする企業も多いため，成果主義導入の本来の目的，定義が不明確となり，職場で混乱が生じているところもある。

　成果主義に対する一番多い批判は，「目標設定の妥当性と業績考課の問題」である。「成果に直結しにくい地味な目標をやりたがらない」，「成果が出なかったが大変に努力をしていた」，「将来の布石につながるプロセス成果をどのように評価したらよいのか」などの課題に集約される。成果主義では，業績考課結果を決められた手順に従って賃金に反映させればよいので，むしろ運用面などをよく検討しておくことが必要である。成果を念頭におくあまり，結果がすべてであると考えがちである。これが長期的展望の欠落やプロセス軽視等の弊害につながっていく。また，成果をベースにした人事制度を導入しても，社員の意識が変革されていないために制度運用が年功的になってしまっているケースも多いようだ。「よくやっている。がんばっている」の情意考課や能力アップの行動評価が意外と多い。

　成果主義の一般的定義は，成果（アウトプット）で処遇をすることである。成果は経営目標の達成であり，目標には目で見える数的成果と企業理念（ミッション）などを包含した目標とがある。成果主義人事を定着させるためには，実力に見合った目標をどう作るか，その結果をどう評価したらよいのか，労使による徹底した勉強会が必要となる。結果を重視するあまり，目標を低く，低

く作る傾向がある。これでは成果主義導入の目的とはまったく逆行するものとなり、チャレンジ経営とはほど遠いものといえる。

どのような手段や方法を導入するにせよ、制度改革はそれぞれの企業ごとに重点課題が異なる。人事賃金制度は社員のやる気や働きがいを創り出し、企業の活力を永遠のものにするロマン制度である。成果主義はあくまでも、手段、方法にすぎないものである。

(3) わが社の人事理念の再確認

人事賃金制度の改革にあたっての留意点は、まず最初に、わが組織の「経営理念」を確認することから始まる。これが改革のスタート点となる。この経営理念は制度改革の進め方の道標であり、改革の目的そのものに直結する。普通「経営理念」は全社員が共有する組織の役割使命ともいえるものであり、企業創設（ミッション…使命、理念）の存在意義を記述している。

この使命感や経営理念を受けて、社員共通の価値観（バリュー）が醸成される。そして、この使命、理念を具現化するためのビジョン（将来像）が明確にされる。このビジョンで、私たちの組織は3年から5年先には、このようになっていたいという姿を絵に描いているのだ。どんなに立派な目標を立てて眺めていても、それだけでは目標実現の見込みはまったくない。少しでもビジョンに近づくために、ビジョンを形にするゲームプランを策定しなければならない。これが戦略（願望）を持つということである。

戦略は具体的な目標（部門目標、個人目標）として、何を、いつ、どこで、誰が、どのように行うのか、どこまで行うのか、という達成基準を明確にした形で各人に割り当てられる。すなわち、「見えにくい目標も、誰にでも見える目標にする」ことが成果主義導入の最も重要なポイントである。部門目標、個人目標は人事理念を踏まえて具体的に設定する。すなわち、人事賃金制度改革は「経営理念」を再確認する形で、まず人事理念に照らして人事制度の枠組みや具体的な人事施策を検討、作成するという手順となる。

経営理念は企業理念ともいい、経営者や企業存立の精神を示したものといえ

る。したがって，経営活動のすべてはこの精神に従って行われる。企業として永遠に存続していくためには，社会の倫理，道徳，規範を遵守することは当然のことであり，社会が必要とする組織体であらねばならない。これらを意識して業務を遂行するためには，企業人としての行動指針が必要であるが，これも経営理念を行動のスピリット（哲学，精神，思想，信念）として誰の目にも見える行動として明示することが大切である。経営理念を受けた人事理念は「人事方針」としてわかりやすい言葉に，置き換えられる。

　企業が必要とする人材や能力も多岐にわたる知的生産性時代，また，企業で働く人々の求めるもの，目指すものも一様ではなくなった多価値の時代に人を生かし，組織を活性化するためには，組織を統一する錦の御旗が必要である。それが経営理念に他ならない。人を生かし適材適所で各社員が持てる能力を思う存分に発揮する基盤となるのは社員満足である。社員一人ひとりが職業人として，社会人としてすばらしい夢を創れないような組織に優秀人材が定着するだろうか。ロマンを語れないような組織に社会貢献性の高い仕事ができるはずはない。また，そのような組織が永遠に歴史を刻むことはできまい。

　各社の経営理念には，社会貢献のために人材を生かす，「社会貢献の合言葉」が記述されているはずであるが，それはロマン経営を推進する錦の御旗といえよう。

4　組織風土，人事制度の変革をどう進めたらよいのか

　企業は経営環境の変化に対して柔軟に順応していかなければならない。経済の仕組み，市場の仕組み，産業の仕組みが激変しているからだ。特に医療行政は高齢化社会を迎え，毎年拡大し続ける医療費問題が国の最大テーマとなり，診療報酬引き下げなど混迷を極めている。これら，刻々と変わる社会環境や産業構造の変化に，自社は速やかに対応できる体質を培っているだろうか。

　護送船団方式といわれる国の厚い保護政策に守られてきた免許産業の多くは業界の改革が遅れている。特に医療業界における病院施設の改革は遅れている。

免許産業（含病院・施設）においては，競争優位の経営の仕組みづくり，競争力のある組織づくり，諸問題に対応できる人材の育成が，今，最大のテーマになっている。

(1) 成長経済における人事の仕組みとその修正

　1960年から始まった成長経済の中にあって，好循環に組み入れられた企業と社員の関係は年功人事（学歴，経験，性別）で，企業と社員は相互に依存しあう運命共同体であった。それだからこそ，終身雇用，年功序列賃金，企業内組合といった日本型労働慣行を形成することができた。

　しかし，現在の低成長時代ではこれらの日本の三種の神器は現実的対応を失ったことは明らかである。経営環境の質的な構造変化に対応する新しい人事賃金の仕組みが求められているのである。人事制度の改革は，成長経済時代における賃金制度の見直しが主なテーマになった。年功主義の人事や賃金を，できるだけ早い時期に能力主義に基づく賃金制度，成果主義型賃金に移行させようという改革である。この減量経営で浮上したテーマの１つが，肥大化したホワイトカラー，特に中高年管理職層の活性化と人件費抑制問題である。

　このため，管理職の人件費圧縮を図るために，年俸制など成果主義賃金を唐突に導入する企業は多い。制度改革にあたってはトップ自ら先頭に立って「経営環境の質的変化」や「制度改革の理念，必要性」を語ることが大切である。

(2) 成果主義人事設計の基本的要件

　人事制度の設計において大切なことは，人事，賃金制度構築のためのベース（仕組み）をまず作成することである。そのベースとは「等級制度」である。この等級制度には，能力主義人事の職能資格等級制度や，今やっている仕事の価値で決める職務資格等級制度，また，今この組織にどんな組織貢献，利益貢献をしたかで決める実力等級制度の３つがある。

　職能資格等級制度とは，職能要件書（職務調査によって作成）で決められた職務遂行能力ごとの資格ランキングであり，どのランキングに格付けされるか

によって人事賃金が異なる。これは能力ランク付けであり，今やっている仕事とはまったく関係がない。たとえば9等級の知識，技術があれば，今3等級の仕事をやっていても，また，実力は3等級であっても，職能資格9等級の資格は永遠に保証される。これが能力主義人事制度である。そして，こうした状態を能力と実力のミスマッチという。

　一方，職務資格等級制度は職務の価値によって人事賃金処遇を決める。職務が上がらない限り賃金は上がらない。職務資格等級制度が適用される人事賃金制度は，運転手，ボイラー技士，ヘルパー，調理師，保育士，介護福祉士などのような社会横断的職務が対象となる。最後に，組織貢献，利益貢献で評価される実力等級制度は成果主義人事賃金制度のベースになる。賃金の上下格差づけが目的ではなく，成果責任，ジョブサイズ（仕事の質と量，チャレンジの有無）を示す指標として設計，適用する。等級が上がれば上がった分，成果（組織への利益貢献度など）に対する責任は大きくなる。

　以上，実力等級制度と職務資格等級制度は，「仕事の価値」の側面を見ている。したがって，自分が担当している仕事がどれだけの価値があるのかの職責評価（固有業務の価値），またどんなチャレンジをしたかの役割評価が大切である。

　人事制度の設計において次に大切なのは，「賃金制度の設計」である。賃金は「昇格」と「昇給」に振り分けられる。資格等級制度によって上位等級に上がることを「昇格」といい，同一資格等級内における基本給の上昇を「昇給」という。昇格による基本給の上昇は「昇格昇給」である。

　昇給については，それぞれの資格等級ごとに基本給に対する上限と下限のレンジが設けられており，そのレンジの中で人事考課により習熟度を判定し習熟度合いによって昇給額が決まる。職能資格等級制度は能力の伸長度をみているので，毎年レンジの上限に達するまでは昇給する。一方，成果主義による実力等級，または，職務資格等級制度には習熟という概念はない。いつも，仕事の価値をみているので，成果責任達成度により資格等級（仕事）が上がれば賃金は上がる。また，実力が落ちグレードが下の仕事に従事すれば賃金は下がる。

図表1-1　職能資格等級の昇格基準の作成（例示）

層	等級	方式	昇格必要条件				昇格基準
			職務遂行能力の確認 （絶対必要条件）	人事考課 （絶対必要条件）	履修・検定 （論文・面接・グループ討議・レポート・職能テスト）	推　薦 （昇格推薦書による）	
管理専門専任職能 M	9	入学方式	8等級の職務を卒業したと認定され、かつ9等級の職務を遂行できると認定される水準 （課業一覧表、または職能要件書または役割要件書による）	直近2年間の考課がA以上	面接A以上 業務改善論文A以上	自己推薦	昇格の必要条件を満たし、理事長の承認を得た者
	8		7等級の職務を卒業したと認定され、かつ8等級の職務を遂行できると認定される水準 （課業一覧表、または職能要件書または役割要件書による）	直近2年間の考課がA以上	面接A以上 業務改善論文A以上	自己推薦	昇格の必要条件を満たし、理事長の承認を得た者
	7		6等級の職務を卒業したと認定され、かつ7等級の職務を遂行できると認定される水準 （課業一覧表、または職能要件書または役割要件書による）	直近2年間の考課がA以上	所定の昇格試験 （論文・グループ討議・面接等）に合格	自己推薦	昇格の必要条件を満たし、理事長の承認を得た者
指導監督職能 S	6		5等級の職務を卒業したと認定され、かつ6等級の職務を遂行できると認定される水準 （課業一覧表、または職能要件書または役割要件書による）	直近2年間の考課がA以上	業務改善レポートA以上	自己推薦	昇格の必要条件を満たし、理事長の承認を得た者
	5		4等級在級年数を満たしており、かつ4等級の職務を卒業したと認定される水準 （課業一覧表、または職能要件書による）	直近2年間の考課がB→A以上	業務改善レポートA以上	自己推薦	昇格の必要条件を満たし、理事長の承認を得た者
	4		3等級在級年数を満たしており、かつ3等級の職務を卒業したと認定される水準 （課業一覧表、または職能要件書による）	直近2年間の考課がB以上	所定の昇格試験 （業務改善レポート、グループ討議、面接）に合格	所属長推薦または自己推薦	昇格の必要条件を満たし、理事長の承認を得た者
一般職能 J	3	卒業方式	2等級在級年数を満たしており、かつ2等級の職務を卒業したと認定される水準 （課業一覧表、または職能要件書による）	直近2年間の考課がB以上	実技試験またはグループ討議による行動改善、業務改善レポートB以上 （所属長のコメント付加）	所属長推薦または自己推薦	昇格の必要条件を満たし、理事長の承認を得た者
	2		1等級在級年数を満たしており、かつ1等級の職務を卒業したと認定される水準 （課業一覧表、または職能要件書による）	直近2年間の考課がB以上	実技試験またはグループ討議による行動改善、業務改善レポートB以上 （所属長のコメント付加）	所属長推薦または自己推薦	昇格の必要条件を満たし、理事長の承認を得た者
	1						

したがって昇格により基本給が上昇した場合の「昇格昇給」は定昇とはいわない。昇格昇給はあくまでも臨時に発生する賃金の高まりである。能力や仕事は定期的には高まらないので定昇とはいわない。

このように，成果主義賃金制度は定昇のない賃金制度であるため，総額人件費をコントロールしやすい。仕事が変わらなければ原則として昇給はないが，会社全体の利益が算出されれば成果配分として還元される。成果配分は賞与支給時に合わせて行われるのが一般的である。賞与格差によって年収格差をつけ，メリハリのある賃金とする。賞与はそのときの業績によって変動する一過性の賃金である。月例賃金は固定費でありコントロールできないが，賞与で人件費枠内に収まるようにコントロールすることになる。人件費管理は賞与で容易に実施することができる。また，賃金原資を働きに応じてメリハリをつけて配分するには，成果主義賃金が管理しやすく有効である。

次に大切なのは「評価制度」の課題である。いくらしっかりした賃金制度を構築しても，評価制度が曖昧であっては賃金制度は効果を発揮しない。主観によるイメージ考課ならば不公平であり，やめたほうがよい。また，売上高，利益高，債権回収率など，数字成果，定性目標の成果指標がないと，成果主義を導入するのは時期尚早である。

目標管理制度は成果主義とセットで導入すべき制度の１つであるが，一番の問題点は，能力レベルに見合った目標の設定である。目標の妥当性と達成基準の明確化が求められ，どこまでやれば期待レベルに達し上回っているのか，などを明示することが大切である。また，目標達成の手段，方法などの明示ができていない企業が多く，成果主義に対する不信感につながっている。評価の結果は部下にフィードバックするが，評価は最終成果だけではなく，プロセス成果も当然に評価する。

プロセス成果評価では，パート業務目標の成果，チャレンジ行動など可視化した成果や行動を評価することになる。心情が入り込まないように，成果目標や成果獲得の行動ルールを明確にしておかなければならない。また，考課者訓練，面接訓練も実施し，考課ルールの確認，価値観の統一など考課者間の考課

基準のレベル合わせをしておかないと、せっかく導入した人事考課制度も期待する成果を得ることはできない。

人事考課の信頼性を担保するために多面考課制度（上司、同僚、部下、他部門管理者、得意先、等）を取り入れる企業も増えている。考課の客観性、納得性、妥当性を担保するためである。成果主義では、結果のすべてを社員に公開するのが原則である。公開ができないような基準では、成果主義は成立しないからだ。したがって、成果主義設計の留意点は、オープン（公開）、シンプル（わかりやすい）、チャレンジ（チャンスの裁量権は平等）、フェア（公正）の4点となる。

(3) 新しい価値創造への挑戦　基礎体力をつけ成果主義へ

若いうちから結果ばかりを追求すると、人間は萎縮してしまう。成功とは、10個の失敗の中からたった1個生まれるものだ。「失敗をしてもいいから挑戦してみろ、責任は俺が取る、やってみろ。…」こんな上司に出会いたい。

成果を問うためには、ステップがあり、まず一人前の基礎能力（仕事力ともいう）をつけなければならない。能力主義（職能資格等級制度）の修得能力、習熟能力である。40歳までにいろいろな仕事を経験して職業人として力強く生きていける職種別専門能力（修得・習熟能力）を身につけなければならない。また、40歳を過ぎたら成果主義の結果で勝負したい。能力の土台がしっかりとしていれば、身についた力はどこでも生かすことができる。能力の上に実力が乗り、その上に成果の花が咲く。

■5　経済，経営環境の変化と人事制度の仕組み
　　～3つの等級基準の作成～

経営環境が激変している。変革の時代では、経済の仕組みや産業の仕組みがどんどんと変わる。特に医療産業の病院・施設は企業経営に切り替えることが急務である。経営戦略目標を策定し、患者獲得、利益獲得のために意図的・計

画的に取り組まなければならない時期にきている。患者獲得のために何をどうするのか，具体的な予算目標を設定し，実績の差異分析を行い，ギャップをいかに改善するか，目標達成のための行動が次の成長のステップになる。

(1) 日本の人事管理は人間基準がベース

　日本の人事管理のベースは人間基準である。学歴，経験，性別をファクターとする日本の年功主義人事の主な特徴を挙げれば，終身雇用，年功序列賃金，企業内労働組合の3点である。これらの人事賃金制度は，1960年から始まった高成長経済の好循環の中で根づいた制度である。しかし，21世紀の低成長時代に，日本の三種の神器といわれるこれらの諸制度は，もはや現実的適応力を失ったことは誰の目にも明らかである。

　経営環境の変化は激しく，この時代変化に即応する新しい人事賃金制度の仕組みが求められてきた。成長経済時代から低成長時代に転換した今，人事賃金制度のギャップの見直しと修正が必要である。その具体的な課題は，年功主義の人事賃金を可及的速やかに能力主義・成果主義にパラダイムを転換させる改革である。その中でも最大のテーマは，特に中高年層の活性化と人件費抑制対策，能力と実力のミスマッチの解消である。

　さて，能力主義人事を進めるためにまず大切なことは，能力とはいったい何かをきちんと定義することである。ここでいう能力は，全人格的・人間的能力ではない。能力主義人事でいう能力とは，あくまでも企業が期待し求める能力である。わが社の社員にはどのような能力を身につけてもらいたいのかといった期待像である。企業が期待する能力，つまり，期待像を明確にし，これを軸にして評価，育成，活用，処遇の人事管理の4大イベントが連動して動く。つまり能力主義人事は期待像を軸にしたトータル能力主義システムである。

　この期待像は，職能要件書にほかならない。職能要件書は別名，「職能資格等級制度」または「等級基準」ともいう。この「等級基準」には，今述べた「能力主義人事の基準」と，今やっている「仕事の価値」で決める「職務資格等級制度」，この組織にどんな貢献をしたか，どれだけ利益をもたらしたかで決め

る「実力等級制度」の3つがある。このように「等級基準」にもいろいろあるが，これからの人事制度の構築手順は，まず能力を固めることからスタートする。能力主義人事は職能資格等級制度に基づく職務遂行能力ごとのランキングであり，どの資格に格付けされるかによって，その人の人事賃金処遇が決まることになる。

　能力主義人事は，今している「仕事の価値」はまったく関係はない。たとえば，9等級の知識や技術があれば9等級と認定する。今やっている仕事が3等級であっても，また，今は3等級の仕事しかできない実力でも，いったん取得した能力資格が9等級であれば，9等級としての最高の名誉は永久に堅持される。こうした状態を一般的に能力と実力のミスマッチが生じているという。

　一方，職務資格等級制度は「仕事の価値」で処遇をする制度である。仕事の価値がプロモートしない限り高い処遇は得られない制度である。職務資格等級制度が適用される職種は，ヘルパー，調理師，運転手，保育士，介護福祉士などのような社会横断的職務がメインとなる。最後に，組織貢献，利益貢献で評価される実力等級制度は成果主義人事のベースとなる。

　実力は落ちるという概念がある。しかし，成果主義導入の目的は社内における社員の格差づけではない。能力に見合った役割を持ち，成果責任を果たしてもらうことがそのねらいである。職務資格等級制度と実力等級制度はともに「仕事の価値」を見ている点では同じだが，その両者の基本的な違いは仕事の裁量権を持つか否かである。職務資格等級制度のもとでは，ヘルパーはヘルパーの資格の中で確実に仕事を遂行しなければならない。

　実力等級制度は，自分がやっている仕事の価値（固有の業務）に，自分に与えられた裁量権を駆使してチャレンジを含め，どれだけ大きな仕事をしたかを評価する。日常の固有の業務（職責）にチャレンジ係数を乗算しジョブサイズを評価する。むろん，そのチャレンジの結果と，どれだけ組織に利益をもたらしたのかの役割の大きさを評価する。チャレンジをするのか，しないのかは，本人の自己裁量に任される。実力を評価する上位管理職クラスは，自分の力でどんどんと職務拡大とパフォーマンスができる裁量権を待ったクラスである。

このように,「等級基準」には3つの性格の異なる基準がある。これらの3つの基準の基本ベースになるのが職能資格等級制度の基準「職能要件書」である。実力や成果という概念は能力があって初めて生まれる。出発点は能力である。能力の明細書である要件書は,職務調査の作業を通じて職種別,等級別の職能要件として整備される。要件書は「習熟要件」,「修得要件」の2点セットで構成されるが,修得要件（その仕事をやるためにどんな知識,技術を身につければよいのか）,習熟要件（どんな仕事をどんな出来栄えでできればよいのか）の2点をみんなの手で作り上げることが大切である。

(2) 成果主義時代における人事制度構築の基本要件

　フェアな人事賃金制度を推進するための留意点は,「等級基準」に基づいた人事賃金管理をしっかりと実施することである。賃金管理の実務は「昇格」と「昇給」に完全に分離して実施することである。等級基準に示された基準に従って上位等級に上がることを「昇格」という。一方,同一資格等級内における基本給の上昇が「昇給」であり,昇格による基本給の上昇が「昇格昇給」である。「昇給」は能力主義人事において行われるが,「仕事の価値」で決める職務資格等級制度と実力等級制度適用者にはない。能力主義賃金は,職能資格等級制度のそれぞれの等級に上限と下限のレンジを設け,各人は毎年習熟を積み重ね座席が上方へシフトしていく。これが職能給の昇給である。

　また,能力主義人事は人の成長と可能性に期待する人事制度である。人は成長する。その能力の伸長度を評価する。したがって,同一資格等級内で能力は毎年少しずつ習熟し,そしていずれ上限に達して止まる。能力の習熟に見合ったものが昇給である。しかし,等級基準イコール仕事の価値とする成果主義賃金はシングルレートであり昇給はない。職務給や成果主義賃金がこれに該当する。

　職務資格等級制度,実力等級制度には習熟という概念はないので昇給はない。仕事の価値を重視しているので,レベルの高い仕事をやれば賃金は上がるが逆にレベルの低い仕事をやったり,実力が落ちれば賃金は下がる。実力等級

制度の昇給は「昇格昇給」である。昇格昇給はあくまでも臨時に発生する賃金の高まりであり，能力も仕事も定期的には高まらないので昇格昇給は昇給とはいわない。

このように見てくると，能力主義人事制度は何の問題点もないように思うが，巷では能力主義人事制度ではもうやっていけないという批判が聞かれるようになった。日本で生まれた能力主義人事（職能資格等級制度）は，そもそも社員成長のための能力開発制度ともいわれている。人間基準人事をベースにして社員の成長に沿って，能力に見合った仕事や職務編成を柔軟に行い人事賃金処遇に結びつけてきたのである。

能力開発制度は組織が若く，人件費が安いときには非常に有効である。しかし，組織がある程度年を取ってくると，能力開発制度だけではやってはいけなくなる。人件費も高くなっているので，それに見合う成果が求められる。能力主義人事は定年までの長期的視野に立ち，人件費コストの調整機能を発揮するシステムとして制度化されている。多くの企業は手間のかかる職能要件書を省略し，曖昧で情実的な評価を行ってきたのである。

そもそも能力主義の中身は見えにくくつかみにくい。この問題を解決するために，多くの企業は一斉に成果主義人事に飛びついた。しかし，成果主義は能力主義をベースとしてその上に成り立つ制度であり，能力を明確にしない限り成果主義は成功しない。能力主義人事の職能資格等級制度が原点になるからである。職能資格等級制度に対する批判は年々高まるばかりである。

① 能力主義人事（職能資格等級制度）はいったん資格を取ると，能力が陳腐化しても人事賃金は保障される。これは降格がないためで，賃金が硬直的になる。

② 卒業方式を原則とする職能資格等級制度は仕事イコール賃金とはならず，仕事と賃金のミスマッチが生じる。

③ 能力を基準とするため潜在的能力を見ている部分が多い。したがって，昇格運用が年功的になっている。

④ 等級滞留年数など規定化された制約が多いため，思い切った抜擢ができ

ない。そのため，業績や成果に対するインパクトが弱い（職能要件書の整備が大変，メンテナンスが大変であり実用的ではない。そのため，職能要件書の作成は手を抜かれがちである）。
⑤　役割と資格との関係が硬直的であるため，組織に活力が出ない。職能資格等級制度が職階的に適用されている。役割と資格（職務遂行能力）が分離されていないなど，職能要件書をきちんと作成していないために能力主義も成果主義も曖昧になっている企業が実に多い。このように問題を先送りしては能力主義もなかなか定着しないし，成果主義も正常には動かない。能力主義人事は職能要件書を基本軸とした能力によるトータルシステムで構築されている。まず能力を固め，そして成果主義へ進むのが順序であることを再確認しておきたい。

6　人事賃金改革の進め方とそのポイント

　人事賃金改革は何のためにやるのか，目的はただ1つ，高レベルの利益獲得のために他社にない顧客満足のサービスを提供することにある。そのためには，まず，仕事を変え，仕事をする意識を変え，組織風土を変える，といった3点が留意点となる。改革の理由や目的，目標を明確にして，全社員が統一行動が取れるように課題を共有することが改革のステップとして大切であるが，これらの改革を進めるにあたっては，まずわが社の実態を知ること，社員の組織活性化の意識調査から問題点を洗い出すことから始めるのが定石である。意識改革や新制度導入は，経営層，管理職のほうから行うのが常識的な成功のステップになる。

　改革はCSR（企業の社会的責任）を踏まえて，より高い社会貢献性を求めて行うのは当然のことである。高レベルのサービスを可能にするのは，各現場で社員一人ひとりが的確な顧客満足の提供ができることに尽きる。最も大切なのは，現場社員の高レベルの顧客接客行動だが，そのためには顧客ニーズをすばやく理解して，即行動がとれる優秀社員を育てることが改革のスタートにな

る。

(1) 改革と改善の違い

　改革とは，難しいものである。特に中高年層の多くが賛成する目標は，改革目標とはいえないだろう。9割の社員が反対する目標が，真の改革目標と考えてほしい。改革を進めるときの留意点をあえて挙げれば，現状にとらわれすぎないことである。あるべき姿（戦略，ビジョン，戦術）をしっかりと描き，5年先くらいを見て制度設計を行うのである。

　問題は制度案ができ，このあるべき改革案に現状をどう乗せていくかである。現状とのギャップ修正をスムーズに行うにはどうしたらよいのか。あまり急激な改革は刺激も大きく反発を招きかねないので，できるだけ穏やかに運用基準を作り，既得権を丁寧に保障しながら，新制度に乗せていくのが上手なやり方である。また，改革案を自然な形で社員に理解してもらうためには，3年程度の助走期間をとってスムーズな運用基準をつくり，実施するのが成功の鍵となる。

　運用をうまくやらないと改革は一向に進まない。改革を進めるときには，改革案導入のメリット，デメリットを明確にして取り組むことになるが，メリット大と判断したときには果敢に挑戦することが大切である。したがって，改革目標の推進は成果目標やスケジュール，担当者，手段，方法等を明確にした上で取り組むことになる。これに対して改善とは，現状問題点の見直し，修正，解決を意味する。いずれにしても，改革とは今までの仕事のやり方や価値観の修正を意味し，改善とは一線を画している。

(2) 改革を進める組織体制

　人事賃金改革は人事だけではできない。人事賃金問題は一大経営課題であるからだ。産業によっても異なるが，専門職多職種の組織集団である産業，たとえば学校，病院，金融，通信などでは，現場の理解を得られなければ制度の導入はできない。一般企業のようにトップダウン方式では反発が大きく，結果と

して制度改革は頓挫してしまう。そのような結果にならないために，人事改革プロジェクトを作る。そのプロジェクト委員長は，必ずしも総務部長とか人事部長に限らない。現場を代表する営業マンや生産部員，医療機関なら医師や看護師など，職種群の現場社員がメンバーになったほうが望ましい。現場をよく知っているリーダーシップのある者が人事賃金改革の推進者になれば，人事賃金改革の半分は成功したといえるからである。人事課や賃金課はあまり表面には出ず，黒子に徹するのがよい方法だ。

　問題は現場の担当者がリーダーになる場合，まったくの畑違いの仕事であり，人事賃金の知識がない。最低限の知識を得るために，各人事賃金専門機関のセミナーに参加し，また，成功企業の事例を収集（参考資料，図書，会社見学，外部講師の招聘などによる勉強会）するなどの努力により，これからのあるべき人事・賃金の方向性を勉強することが必要である。

　過去の成功事例を見てみると，中途半端な知識を持ったメンバーよりも，まったく何も知らない素人が人事賃金改革メンバーになったほうが成功の可能性が高い。多少の知識のある者だと，現状を踏襲してyes butの既得権案になってしまう場合が多いからだ。改革を進める本来の目的と離れ，現状の既得権維持派との確執論議になると，本題を忘れ成案はできない。改革プロジェクトも流動的組織であるので，トップの辞令発令で役割を明確にしてスタートするのが成功への鍵になる。

(3)　求められるトップの強いリーダーシップ

　改革の成功事例は，トップの強力なリーダーシップによる。改革は中途半端な気持ちではできないことをよく理解していればこそ，トップ自ら改革の進め方をわれわれコンサルタントに要請されることが多い。他社の成功事例を確認した上で，さらに自ら，あるべき人事賃金理論の大筋を勉強して改革に取り組むケースが多い。こうして的をつかんでいるので，あらゆる改革反対の抵抗勢力にも方向がぶれない。

　しかし，それでも，思ったとおりに改革が進まないときがある。過去の成功

体験を持つ管理者が大勢いる場合などは，これらの管理者が中心になって改革案をつぶしにかかるケースが多々あるからだ。これらの管理者は決まって総論賛成，各論反対を唱える。真意は反対であると思って間違いない。

「改革は上から変える」ことが成功の定石である。過去の既得権を持たない若者たちは圧倒的に賛成論者だ。改革論議は管理者と中高年者の理解と協力をいかに取りつけるかが鍵であり，トップの強いリーダーシップ期待される。

(4) 改革プロジェクトチームの編成

プロジェクトで人事賃金の改革原案を策定する。したがって，どんなメンバーでチームを編成するかによって改革の成否が決まる。役職や肩書きだけでメンバーに入れるわけにはいかない。経営方針や事業計画をよく理解し，実践行動を起こしてくれる人でなければ困る。メンバー選抜の資格要件は，自分や自分が所属するチームの利益を第一に考えられることであり，うまく立ち回る人は適任者ではない。組織全体の発展を真に考えられる人，また，組織ニーズも理解しながら少なくても3年から5年先を見られる人が適格者だ。

プロジェクトチームは流動的な組織である。改革案作成の役割も持つので，人事賃金改革を進めるための基礎知識は当然に必要で，原案を作るためにも必要最低限の勉強は必須である。改革案をつめる前向きな建設的な意見を提言できる人でなければならない。

最後に大切なことは，改革にはタイミングと期間があることだ。決められたスケジュールの中で成果を出さなければならない。計画的，意図的に業務を推進できる業務推進力に優れた，使命感のある人をメンバーに加えたい。

7 人材育成と人材活用戦略の推進

これからの企業経営の栄枯盛衰は人材で決まる。人材はまさに人的資源であり，この大切な人材をどう育て，適材適所での活用をいかに進めるかは，経営の一大テーマである。人材を活用するためにはまず人材を育てなければならな

いが，その人材育成のポイントは「能力と人柄」の見分けである。人を育てるにはその道標が必要だが，その指針は経営理念に基づく人材活用戦略にほかならない。全社員は経営理念を共通の価値観として持ち，心を１つにして「いつも顧客満足，顧客の信頼」に応えられるように統一行動をとらなければならない。

人材の育成には試練の場が必要である。できる人，伸びる人はどんな難問にもへこたれない。どんどんと難問を与えて，その反応を観察すると，優れた人材であるか否かおおよその見当がつく。与えられた課題にどう対応するか，問題解決のために，どのような手段や方法を選択するかなど，目標達成に向けての努力やプロセスが人を育てる。スタッフ一人ひとりがいつでも持てる力を全開できるように，本人の意思と適性に応じてチャレンジできる選択肢を用意しておくことが必要だ。企業は経営理念に基づく期待像（社員一人ひとりが持つべき意識と価値ある行動）を明確にし，また，社員は価値ある成果を意識して行動することが大切である。

(1) 人材とは，学ぶ力を持つ人

人材を育てるということは，今日の仕事ができる人を育てることではない。少なくとも３年から５年先をにらんでの人材育成であり，時代ニーズの資格要件を先取りして今から育てておかないと，そのときが来ても間に合わないことになる。今から計画的に，意図的に，そのとき，その場に一番マッチした価値ある行動がとれる人たちを育成しておかなければならない。

優れた人材になり得る素質を持った人とは，自己の役割と成果を明確にして目標達成に向けて最も効果的な行動を起こすことができる人たちである。これらの人たちは「自ら学び，自ら行動を起こす，自立した強い人たち」である。これらの人たちは今まで多くの修羅場を経験し，くぐり抜けてきた人たちである。

同じ体験をしても，その体験が実になっている人とそうではない人がいる。それは人によって学び方が異なるからである。また，学ぶ力の違いがあるから

ともいえよう。上司がいくら人材育成に熱心であっても，肝心の本人に学ぶ意欲がなかったり，学ぶ力が弱いと育成効果は上がらない。将来成長する人とは，

① 過去の成功体験や失敗体験から有益なヒントと教訓を得て，次の仕事に生かしている。

② 自己の役割や使命感など本質的な気づきを持ち，課題の発見や問題解決につなげる気づきに優れている。また，過去の経験を現在に生かすことが上手で「いつでも」，「なんでも」知らないことは学ぼうとする謙虚な気持ちを持っている。

③ 教えることは学ぶことである。人の話を聞いて理解するのと自分で説明するのとでは理解度の深さに大きな違いがある。教えることは自ら学ぶことを意味している。教える側である上司や先輩は，常に新しさを学び続けなければならない。しかし，変化のスピードが速い現在においては，場合によってはキャリアのない若い後輩が教える側に立つことも十分にあり得る。キャリアが日々陳腐化していく中で，自ら勉強をしなくなった人たちの教えは使い物にならない過去の知識，技術になってしまう。教える側は常に変化に対応できる思考，行動特性を持ち，教え方も，また内容も進化させていくことが求められる。また，学ぶ側も新しさを吸収しようという強い気構えが求められることはいうまでもない。

(2) 適所で人材の最大活用

自分は今，自分に与えられた仕事にどう向き合っているのか，やりがいや生きがいを感じて，今日，この大切な1日を完全燃焼しているだろうか。生活の糧のために働くという本音はあっても，それだけでは，仕事に情熱を燃やすことはできない。もし，こういう状態で悶々とした日々を送っているとすれば，本人にとっても組織にとっても不幸である。同じ仕事に長年従事していたり，また，適性のない仕事をやっていると，知らず知らずのうちに惰性で仕事をやるようになる。その結果，新たな勉強もしなくなり，思考停止になる。特に目につくのは，問題意識もなく過去の経験にしがみつき不遇な社会生活を送るこ

とになる人だ。また，既得権にしがみつき，部下が研修や自己啓発で学習した新しい知識や技術の受け入れを「理解できないことを理由」に拒むなど，傲慢な態度になる人もいる。

人材を育てるためには，どんどんと仕事を変え，新しい役割を与えることである。そして，成果を評価する。成果プレッシャーを与えることが，人材育成には不可欠である。成果のプレッシャーがあるからこそ人は育つ。大切なことは，35歳から40歳を進路選択の分岐点として，それまでにいろいろな経験を積ませることだ。この年代に視野の拡大や物の見方を広げておかないと，変革のリーダーシップの役割が身につかず，次へのステップが踏めなくなる。

人材を育てたら，その人材を適材適所に配置し最大活用することが大切になるが，そのためには「各職務に必要とされるコンピテンシー」と「本人の持つコアコンピテンシーと希望」をうまく組み合わせることである。そのためには，キャリア面接制度，自己申告制度，公募制度，FA制度，スキルズ・インベントリー（キャリア開発情報，プロジェクト歴，保有資格などの社員情報）などの体系的整備が必要である。人事部の人材配置の役割は，いかなる経営変化にも最も効率的に成果を獲得できる人材の最大活用である。いかに社員のやる気を引き出すかが，企業間競争の成否を決める。人材評価のあり方を含め，人の生かし方を見直すときにある。

8　戦略経営の具現化

経営を取り巻く環境はますます厳しさを増し，昨日の成功体験は今日の成功に結びつかなくなっている。ごく近い将来予測もまったく見通しがつかない，まさに不透明な時代である。だからこそ，3年から5年先を見通した経営戦略を前倒しで打たなければならない。何もしないでじっとしていることは退歩を意味する。先が見えないからこそ，いろいろな手を打って，前を見ようとするといろいろな経営課題が見えてくる。一歩先を見ようと努力をしないと経営課題も顧客情報もつかめない。これからの経営とは，進むべき方向を手探りで探

りながら一歩前進することだ。二歩前進は，一歩前進してから考えればよい。

戦略とは一言でいえば「こうなりたいという願望」である。願望があるからこそ，その願望を現実化する戦略（ビジョン，ドメイン）という言葉が出てくる。

(1) 経営戦略と人事戦略

人事戦略は，社会経済環境や経営戦略に応じて変化する。景気動向，市場の成熟度によって柔軟に変え，市場創造を行っていかなければならない。これらの問題解決を積極的に行った組織が大きく飛躍している。新しい時代感覚に立ったコンセプトでしっかりとしたビジョンを構築し，それをベースに抜本的な戦略や戦術を打ってきたところが個人も組織も輝いている。

市場創造を行うためには，顧客サービスのユニークさなどが重要な課題になるが，これが難しい。輝いた組織をつくるには，まず，社員一人ひとりが輝かなければならない。国境のないグローバルな競争社会を生き残るには，創造性，独創性ある社員を1日も早く育て上げなければならない。しかし，今の緊急性に間に合わせるためには，スカウト人事は致し方がない。

人材を育てるとは，明日の経営に間に合わせるということだ。するとこれからの人事管理は，画一的，等質管理から本人の意思と適性による多元的，異質異能の個別管理すなわち，複線型人事管理に切り替え，しっかりとした意思を持ったエリート人材を選抜し，計画的，意図的に育てることが求められる。個別管理とは，個を尊重し人を生かす制度である。

40歳は職業生活では完全習熟年齢といわれる。40歳以降は，自己責任で職業生活を切り開いていかなければならない。40歳までに培ったキャリアでこれから幅をつけていくもの，変えていくもの，段階的に変えていくべきもの，従来の強みをさらに補強していくべきもの，今度は，逆に変えてはいけないものなど，テーマとポイントを明確にして人材育成戦略や人材活用戦略を策定することが大切である。

若者や女性は，自分の時間を大切にしている。職場選択においても，賃金よ

りも自由時間がどのくらいあるのかを大切にする。大学生に話を聞くと「完全週休２日制」であり残業が少ないところに就職すると答える。また，「有給休暇は完全に消化する」という答えが返ってくる。このように，個を大切にしながらいかに組織と個の希望の統合を図るかが大きなマネジメントになる。この両者の関係は，恩恵や依存関係にない新しい労使関係である。個の立場に立てば「主役は私，あなた」であり，組織の側に立てば「組織は個を生かせる場を提供することを通じて組織目標を達成する」という関係をつくることを意味する。個別管理の推進は，管理者が頭を切り替え，個の一人ひとりをよく見る管理を実施することによって実現する。

(2) 大切な戦術の実行

どんなに立派な経営戦略を作っても，この戦略（希望）を実行する具体的なスケジュールがなければ，絵に描いた餅になる。ここでも，人材がいなければ何も始まらない。このように，戦略は具体的な戦術によって具現化される。したがって戦術はグループ全員の英知を結集し侃々諤々の議論を経て作成することが肝要である。戦略から戦術への具現化にあたっては，

① 戦略の目的や内容を具体的な実施項目に置き直すこと
② 実行体制の組織化，５Ｗ１Ｈによる具現化
③ 目標達成への組織を挙げてのキャンペーン

が留意点になる。目標達成に向けてどんな仕掛けを作るか，この具体化の作業こそ，管理者の最も重要な職責の１つでもある。人は自分がやりたいと思った仕事をやるときに全力を発揮することができるといわれる。そう考えると，できる管理者とは部下をその気にさせることができる人である。部下をその気にさせるためには，やることについてよく知っていなければならない。知らされないことについて，また，わけもわからないことについて，いくら意欲を持ってがんばれといわれてもその気になれるはずはない。したがって，戦術のみならず，なぜ，今この課題に取り組まなければならないのか，戦略の必要性について関係者に十分に周知徹底しておくことが求められる。人間はやることの目

的を理解し，先の見通しがあれば，納得して意欲を持ってがんばれるものだ。

　戦術を作り上げるためには戦略を十分に理解，納得した上で，その戦略を最も効果的に果たすための方法，手段（戦術）が多数必要になる。そのためには，戦略実行の具体案，アイデア（戦術）を組織を挙げて出してもらうために，戦略をできるだけわかりやすい言葉（戦略の目的，ねらい，内容，背景など）に置き換えて一般社員の末端まで周知徹底をしておくことが必要になる。そうすることによって，組織としての一体感が生まれ仕事が面白くなる。部下のやる気を引き出す仕掛けづくりが上手にできるのは，管理者の才覚でもある。そのためには，戦略を部下レベルの言葉に噛み砕いてわかりやすく説明しなければならない。

■9　管理者の意識改革

　上に立つ者は，格好よくなければならない。夢を語れない者は，リーダーには向かない。人には２つのタイプがある。人の力を借りて大きな力を発揮できる人と，一人で仕事をすると持ち味を発揮できる人である。他人の力を借りていい仕事をやる人は人の痛みがわかり，また人の機微を知っている。これらの人は人が憧れる何か，人をひきつける何かを持っている。

　人には持ち味がある。人の力を使って大きな仕事ができる人を管理者というが，管理者は今日を見て今日を戦い，明日を見て明日を戦う人であり，使命感や人間性，社会性，ロマンといった根コンピテンシーを持つ人でなければ大成しない。当然のことだが，心して人に優れる心を養わなければならない。しかし，どんなに人がよくても，人柄だけで管理者に登用することはできない。何か事を起こすのには将来のしっかりとした見通し（ビジョン）を持たなければならない。先を見る力，アイデアを具現化する判断力，企画力は管理者にとって不可欠な評価項目だ。

　仕事ができなければ，部下から尊敬されない。それに，人の上に立つ者は目先のことだけではなく物事を大きく見る力（洞察力）を身につけなければなら

ない。管理者としての物の見方，考え方，器の大きさが大切なのだ。では，管理者になるための資格要件を見てみよう。

(1) 管理者の要件とは

　管理者は組織のリーダーである。リーダーとは，文字どおり人をリードする人である。リードするとは，目標達成のために自分が行きたい場所に部下を連れていくことである。すると，なぜ，その場所に行かなければならないのか，なぜそうしなければならないのか，わかるように説明をしなければならない。また，リーダーはいつも率先して事にあたり，組織目標を達成するために行動を起こさなければならない。

　経営の神様といわれるドラッカーはリーダーの要件として必要なクラスターに「責任」と「信頼」を挙げている。また，部下の失敗を自分の失敗と素直に受け止め，決して他人のせいにしないのが真のリーダーであるといっている。リーダーの誠実さに対する部下の信頼が裏づけになっていると思われる。

　信頼と尊敬を勝ち得るために，リーダーはいつも部下より優れる美点を持たなければならない。また，部下はよく上司を見ている。いうこととやることが違う上司が多いが，大切なのは行動の一貫性である。優れたリーダーの資格要件としては，部下掌握育成力，判断決断力，専門知識，企画開発力，社会性，人間性，細心の注意力，旺盛な責任感が挙げられる。管理者登用時に管理者として力があるか否かをアセスメント（事前評価）することにより，多面的に審査選抜された人たちが管理者である。すなわち，管理者とは入学試験により合格した優秀者である。

(2) リーダーシップとは何か

　リーダーシップを一言でいえば，リーダーの影響力である。役割や権限などの要素は含まれない。公式的な地位や権限に基づいた影響力はヘッドシップと呼ばれ，これとは区分されている。管理者のリーダーシップの源泉は役割行動である。したがって，役割を十分に果たせばリーダーシップは自然と生まれて

くる。自分の得意とするところをさらに伸ばし，その得意とする部分で部下に影響力を行使する。それが上手なリーダーシップの発揮の仕方だ。リーダーになる者は，何か輝くものを持っていればこそ部下の信頼を集め尊敬されるのである。

　リーダーを目指す者は，自ら学び，自ら考える力を養うように努力をしなければならない。そのためには，すすんで人より厳しい仕事をしなければならない。過去の経験が必ずしも実力にならない人が多い。経験が過去の一時の出来事で終わっている人がたくさんいるからだ。過去のデータは未来に生きるために必要だが，人間は未来に向かって歩いていかなければならない。種の起源のダーウィンがいう。「生き残るのは変化しつづける者だ」の言葉が痛く心に響く。

(3)　管理者の人間的魅力とは

　なんとなく，いい雰囲気を持つ人がいる。また，あの管理者の下で働きたいと思わせるような人がいる。その人が持つ雰囲気が周りを温かく包み込んでくれる，いい感じの人である。ある企業で人間的魅力を感じる人とはどんな人か，社員にアンケート調査を実施した。その結果，次のような回答が出た。

①　感性：洗練された立ち振る舞いをする人。服装，身なりのセンスがよい。
②　話題が新鮮，話題の広さ，深まりを持つ人。隠された知恵を感じられる人。
③　自分には厳しいが人にはオープンで優しさを持つ人。気配り，心配り，目配りができる人。
④　未来志向の夢を語れる人。
⑤　自己革新の試みを常に絶やさない人。

　これらの回答をまとめてみると，人間的魅力の有無は，人間の器によって決まるといえそうだ。

10　人材育成は管理者の重要職責

　企業は人なり，人材育成の必要性については誰も異論はない。人命を預かる医療機関は，他のどんな産業よりも人を育て人を活用しなければならない職場である。また，いうまでもなく一番勉強をしなければならない産業であるが，しかし，法人全体の「教育体系」や「人材育成」を有する機関は極めて少ない。各専門部署による一過性の思いつき職能研修はどこでもよくやっている。

　人材を育てるとは，キャリアアンカー制度を確立して，そのプログラムに沿って意図的，計画的に人材育成を推進することである。人材育成とは，単なるスローガンではない。一般産業に比べて一歩も二歩も遅れている医療機関においては，企業に学ぶところも多いが，キヤノンの元社長である御手洗冨士夫氏（元日本経団連会長）はキヤノンがグローバルエクセレントカンパニーであるための必要要件として，「人格」と「能力」のある社員を育てることが大切としている。

　また，上司が部下を育てるためには，まず部下を理解すること，そして常に部下と目線を合わせてよく話をすること，部下の強み，弱み，今後のキャリア開発の希望，また悩みや不安をよく知ること，これが人材育成へのスタート点だといっている。

　これができたら，次に能力を発揮させる「場」を与える。そして自立的な成長を支援すること，成長させ続けることが大切で，そのためには部下一人ひとりの適性をよく見て，能力を生かす課題業務を与え，どんどんプレッシャーをかけることが人材育成の極意といっている。

(1)　課題業務の割当で人材育成

　人材育成の特効薬があれば苦労はない。巷に目標管理，積極的傾聴法，コーチング，面接制度など多数の人材育成手法の情報が溢れているのは，これといった決め手がないことを物語っている。しかし，人材育成手法よりも大切なことは，部下本人がどう思っているかである。まず本人がその気になって努力

をしなければ何事もはじまらない。人が成長するには，まず自分はこうなりたいという意欲を持つことが大切である。目標を持つことによって，人はパワーを発揮できる。また，目標達成に向けて努力をして失敗や成功を繰り返すことによってキャリアが作られていく。人材育成のステップはまず「自分はこうなりたい，という希望を持たせること，夢を持たせること」から始まる。

しかし，夢や希望を持てば誰でもやる気が湧いてきて優秀な人材になるわけではない。いろいろな課題をぶつけてみて，どんな態度をとるかをよく観察してみるとよい。成長する人材であるか否かがよくわかるからである。どんなことがあっても最後まで諦めずにやり遂げる，努力をするという強い意思と執念がないとキャリアは作れない。

人が育つには環境も必要だ。上司や仲間の応援，協力という周りの環境があれば申し分ない。人材育成は，家庭での子女育成に相通じるところがある。よい子が育つのは，しっかりとした希望と意思を持つ子に対して温かい親のアドバイスや兄弟の応援や協力があってこその話である。

どんなにしっかりとした子供でも，目標さえ持てば誰でも一人でがんばれるわけではない。ほかに同じ目標を持つ友達や仲間がいれば楽しいし，一緒にがんばることができる。「私はなぜこのチームの一員になりたいのか」と問うと，それは「心を1つにして達成感や感動が得られるよい仲間がいるから」と答える人がいる。同じ目標を持つ仲間がいれば，どんなに難しい目標にも最後まで諦めずに努力することができるものである。また，1つのチームの中で協働することは人間関係づくりに努力することでもあり，社会人，職業人としてもさらに成長するはずである。

(2) 目標面接で手作りの能力開発

あるべき姿と現状の姿とのギャップをどう埋めたらよいのか，あるべき目標を達成するには，何をどうしたらよいのかなど，できるだけきめ細かく決めておくと，能力の成長度をより鮮明に確認することができる。目標は6ヶ月単位で設定し，達成度のギャップを確認するという形で行う。目標を完遂するには，

目標の進行状況を随時こまめにチェックすることが大切である。一般的には，目標面接，中間面接，育成面接の面接サイクルを定期的にグルグルと回す。

中間面接はフォロー面接ともいわれるように目標設定後３ヶ月経過時に業務進行状況のフォロー（援助，協力応援など）として実施する。こうすることによって面接はメリハリのあるものとなり，目標は計画的，意図的に達成可能となる。部下は半期ごとに自分の成果や努力を振り返り，その結果を上司や仲間と話し合うことにより，お互いに切磋琢磨して今後の仕事を意欲を持って進めることができる。

面接はその場の状況，課題の大小により，部員全員で行う会議式全体面接，ペア面接，個人面接の３種類を行うことになる。会議式全体面接のメリットは隣の仲間が，どんな努力をしているのか，どんなキャリア開発を目指しているのか，どんな仕事の進め方や努力，工夫をしているのかなどを共有化することができ，また上司や仲間のアドバイスや応援も受けられ，モチベーションをさらにアップさせることができる。

このように定期的な面接の場を借りて，自分自身を見つめ直すことは非常に重要である。日々の仕事に追われる中で，目の前の仕事だけではなく，少しまとまった時間を作り，自分の仕事のやり方を見直し，また，今後のキャリアアップについても考えることは大変意義のあることだと思う。まさに面接の効用といえよう。

さて，これからの人材育成の役割を担うのは，管理者（上司）とは限らない。スキルを持つ人が役割を果たせばよい。今までの固定観念を払拭し，柔軟にその時その場所で一番の適任者が学びの場を作ればよいのではないかと思う。

(3) 人材を育てる支援策

企業の栄枯盛衰は人で決まる。このことに異論を述べる人はいないが，育てた人材をどこでどう使うかは経営の大きなテーマである。人を育て活用するには「場」が必要である。できる人材にはどんどん課題をぶつけ，その難問にどう挑戦するかの態度や取り組み姿勢を見定めたい。プレッシャーを与えたと

き，どのような行動を取るかを観察してみるのである。目をかけた者が真の人材として成長できるか否かがわかるはずである。

　大切なのは，せっかく育てた人材の能力を全開させるためのマネジメントである。すなわち，本人の意思と適性に応じた，きめ細かな能力発揮支援策を用意しなければならない。たとえば，本人の意思と適性により人材を生かす「複線型人事制度」，「ジョブリクエスト制度」，「FA制度」，「公募制度」，「自己申告制度」などが挙げられる。

　人材活用においては，ある一定の条件を満たした者にはチャンスは公平に与えることが大切である。伸びる人材とはその時，その所で，その場に一番マッチした価値ある行動が取れる人たちである。自己の役割と成果を理解して効率的な行動を起こすことができる人たちである。自分を生かすマネジメントの仕掛けが用意されていれば果敢に挑戦するだろう。

　自ら行動を起こす人たちは「自立した強い個人」である。上司がいくら人材育成に熱心であっても，肝心の本人が気づきと学ぶ力がなければ意味がない。同じ体験をしても，人によって学び方が異なる。それは，学び方や学ぶ力の違いがあるからである。管理者はまず，彼，彼女が人材になり得るか，成長する資質，素質を有しているかを見極めねばならない。そのポイントを挙げれば次のとおりである。

① 過去の成功体験や失敗体験から有益なヒントと教訓を得て次の仕事に生かしている。

② 自己の役割や使命感など本質的な気づきを持ち，課題の発見や問題解決につなげる気づきに優れている。また，過去を現在に生かすことを考えることが上手であり，「なにからでも」，「いつでも」謙虚に学ぶ。

③ 教えることは学ぶことである。人の話を聞いて理解するのと自分で説明するのとでは理解度の深さに大きな違いがある。問題にぶつかると，わからないことはその場で吸収しようという強い気構えを持って，すぐに調べたり，上司に聞いたり，勉強したりして理解し皆に説明をしている。

(4) 人材活用の進め方

　適性のない仕事をやっていたり，また，同じ仕事に長年従事していると，知らず知らずのうちに惰性で仕事をやるようになる。これを，仕事と能力のミスマッチといっている。一般的には，同じ仕事を5年以上やっていると誰でも惰性になる。仕事に慣れているから，新たな勉強もしなくなるからだ。特に目につくのは仕事への問題意識がなくなることだ。また，その場所の主になっているので傲慢な態度になる人もいる。

　人材を育てるためには仕事を変えることが必要である。新しい役割を与えるなど，仕事を次々に変化させることが大切である。進路選択を考える分岐点は，35歳から40歳といわれている。この年までにいろいろな経験を積ませることが大切で，40歳を過ぎたら専門性を決め適材適所の一本道に進ませる。

　配置の適性を評価するツールは，コンピテンシー評価と本人の意思（自己申告，公募，ジョブリクエスト，FA制度）と適性をうまく組み合わせる。その仕事をやるにはどのようなコンピテンシーが求められるのか，またどのような経験を積んだ人が適しているのかを基準化（キャリアパスの設定）しておくことが大切である。

　人材活用には，社員情報（スキルズ・インベントリー）の整備も必要である。人事は各社員の人事情報のデータを有効活用して，人材の適正配置，人材活用戦略を立案する。費用対効果から重点的に人材活用を行う部署はどこか，部署ごとの能力構成はどうなっているのか，これから伸ばしていかなければならない戦略的部署はどこか，経営人材を育てなければならない分野はどこか，アウトソーシングを行う分野，キャリア採用をすべき分野などを考慮する。人事は経済，経営環境の動向の変化をいち早くキャッチし，その場のベストな対策を講じていかなければならない。

　社員のやる気を高め，社員の潜在能力をいかに引き出すかが，これからの人事にとって最も重要な職責といえよう。また，人材評価制度を含め人の生かし方を見直すときである。

(5) 変化に対応する人づくり

　経営は組織づくりから始まる。組織は目標を達成するために，最小の費用を持って最大の効果を上げるために社員の有効活用を考える。専門知識や技術技能に優れた者には，技術の分野で力を発揮してもらう。企画力，判断力に富んだ者には，経営方針の策定，事業計画の立案を担当してもらう。また，快活で明るく折衝力のある者には営業業務を，体力がしっかりとしている者には力仕事が適している。それぞれの分野で効率的に働いてもらうことが大切である。これを適材適所というが，その人の持ち味を生かしながら適材適所でいつまでも能力を発揮し続けてもらうことが，本人にとっても企業にとっても有益であることはいうまでもない。

　これからの企業の競争優位性は，変化対応力のある人材がいるか否かで決まる。強い組織には，経済情勢や社会環境，法的規制，労働市場の変化や競合企業などの攻勢にも対峙できる人材がいるが，スローガンや掛け声だけでは人は育たない。人材育成には，次に示すようなチェックポイントがある。人材は手塩にかけて育てるものである。

① 仕事の配分は公平か（人によりアンバランスが起きていないか）。仕事の質と量の偏りをチェックしてみる。
② チャレンジ業務を含め，能力開発に結びつく仕事の配分になっているか。
③ 機会均等の仕事配分になっているか。
④ 年齢，経験などからみて能力に見合った仕事配分になっているか。
⑤ 定型業務だけではなく，プロジェクト業務など創造的な業務を意図的に与えているか。
⑥ 作業能率的な立場からみて効率的な仕事（課業）分担になっているか。
⑦ 組織的，効率的な観点からみて，課業分担に問題はないか。
⑧ 責任の所在が不明確な課業の配分を行っていないか。
⑨ やらなければならない課業や必要な役割業務が抜けていないか。
⑩ 数年来まったく同じ仕事しかやらせていないことで，惰性で仕事をやっていたり，またモラルダウンが起きていないか。

(6) 彼，彼女は有能な人材になり得るか

　新人が辞める。思ったように育たない。そうした理由は過程で判断することができる。知恵，工夫，意欲は人間本来が持っている資質である。次のような社員をいかにまともな人材に育てるか，あなたが上司だったらどうするかを考えてほしい。有能な人材に育てるために一番大切なのは，部下の資質，素質である。たとえば，次のように資質，素質のない者を一人前に育てるためには相当のエネルギーがいる。

① 話を聞いているだけでメモをとらない。
② 難しい問題が起きるとすぐに人に頼る。
③ 仕事を覚えようとする気持ちがない。
④ いつも受動的である。
⑤ 得意で好きな仕事しかしない。
⑥ 人の話を聞かない。聞いてもいつも上の空。
⑦ 自分で考えながら仕事をしない。
⑧ 上司の指示内容や仕事をきちんと理解していない。
⑨ 忙しくてもいつもマイペースで仕事をしている。

(7) 根を持つ人材づくり

　人材を育てるためには，環境づくりが大切である。定められた範囲の日常業務を，ただ問題意識もなく規定や手続きに従って漫然とやっているようなぬるま湯的状態の環境の中では人は育たない。いつも，より難問に挑戦し，いろいろな試練の課題をこなしている緊張感のある職場でなければ，人材はなかなか育たないものだ。今，わが社で，いの一番に取り組まなければならない課題は何か。自分が今置かれている立場と周りの環境をよく認識して，皆が目をぎらぎらさせて，問題解決に躍起になっている職場でなければ，決して高い業績を上げられないだろうし，また一流人材は育たないだろう。

　人間は安定を求めると，いつか難しい仕事はやらなくなる。また，勉強もチャレンジもしなくなり成長が止まる。だから，人を育てようと思ったら，まず目

標を与えて「逆算」させる。目標は高過ぎてもいけないし，低過ぎてもいけない。大事なのは，目標を作らせたら絶対に諦めさせず，最後までやり続けさせることである。そのためにチャレンジブルに働ける環境を作ることが，管理者の重要な仕事である。そういう職場でないと人は育たない。

　しかし，どんなにすばらしい管理者の指導を受けても，コンピテンシーのない者には効果はない。コンピテンシーで一番大切なのは根である。この根コンピテンシーは，ベーシックコンピテンシー，マザーコンピテンシー（しっかりとした仕事する力を生み出す源のコンピテンシー）ともいわれる。性格，素質，使命感，忍耐力など動機づけを構成し，個人の特性を決める核になるコンピテンシーで，個人の特性を決める核になる行動特性である。根が腐っている者はいくら教育をしても，ものにはならない。これからの経済情勢や外部環境はめまぐるしく変化するだろうが，根コンピテンシーを持った者は，どんな変化にも恒常的に成果を出し続ける。

　一方，根から上の目で見える知識や技術などのコンピテンシーを幹コンピテンシーというが，このコンピテンシーは社員としてたくましく成長していくために身につけなければならない。

　最後に，枝コンピテンシーは別名をリーダーコンピテンシー，あるいはファンクショナルコンピテンシーといい，職種別競争力を生み出す専門性の高いコンピテンシーである。

　このように，コンピテンシーは「根，幹，枝」の3つから構成されているが，知識や技術は日進月歩で3年もすれば陳腐化してしまう。そう考えれば，一番大切なのは「根コンピテンシー」である。この根コンこそが，これからの不透明な時代に生き残る上で核になる力になる。

　人材育成とは，まずどんなに辛いことにもへこたれないしっかりとした「根を持つ人材」を探し育てることから始まる。早速，他社のコンピテンシーモデルを参考にして，わが社のコンピテンシーモデルを作成してみよう。清く，正しく，強く生きるためには，まず根を固める。「根は力なり」である。

(8) 期待像（職能，人材像）の明確化

　人材を育成することは，言葉を変えれば能力を開発するということだ。だとすれば，まず，はじめに「能力とは何か」を明確にしなければならない。能力とはその組織体が期待する"期待像"であり，組織が異なればその期待像は皆異なる。もちろん，産業や組織によっても必要な能力は異なったものとなる。すなわち，能力とはその組織が必要とする"職務遂行能力"にほかならない。

　職務遂行能力を明確にするには，まずわが社のメイン課業（核になる仕事）を職種別に洗い出す必要がある。その際，わが社の能力フレーム（職能資格等級制度）を作成し，その職能資格等級制度に洗い出した課業をはめ込み「職種別資格等級別課業一覧表」を作成する。

　課業一覧表ができたら，この課業は誰が，どのぐらいの時間をかけてやっているのかを「連名課業一覧表」にまとめる。連名課業一覧表を作成するメリットは，仕事の配分のアンバランスやチャレンジ業務の配分などが一目でわかり，管理者の部下育成の姿勢や人材活用などマネジメント力を評価することができる。

　連名課業一覧表の作成で仕事の明確化ができたら，次にその課業一覧表をもとに職能要件書（能力の明細表，その仕事を行うための知識，技術，技能など）を作成する。

(9) エクセレントカンパニーに学ぶ，コンピテンシーベースの人事制度

　一般企業は今，実力・成果主義時代の真っただ中にあるが，実力を評価するには，コンピテンシー評価が必要である。コンピテンシーは，今や採用，目標管理，評価，育成，役職登用，配置，人事異動，賃金の基準として幅広く活用されている。

　コンピテンシーは実証能力といわれているように，目で見える行動を基準にするので曖昧さがない。能力主義人事は「……ができる」，「……を知っている」など，将来の可能性を大切にする人材育成に視点を置く制度であり，曖昧さがついて回る。しかし，成果主義は，組織への貢献度，利益の追求が求められる

時価主義である。成果主義人事における発想は，人を育てるという視点は弱く，最初から高成果実現行動特性を有する即戦力の人材を評価する人事である。成果主義では，賃金管理を主体にした管理が中心に行われる。

　この数年来，企業における新人採用にあたってはコンピテンシー評価で厳しく選別するところが増えている。企業は根コンのしっかりした将来の可能性ある人材を探している。人材育成へのコンピテンシー活用では，環境変化に柔軟に対応できる人材を育てることが重要になるが，誰でもコンピテンシーモデルに沿って行動変容をすれば成功体験を獲得できる。すなわち，モデル行動を素直に受け止め行動改善に努めれば，誰でも"果実"を甘受できることを意味している。

　コンピテンシーは，目に見える行動であるのでわかりやすいといわれている。コンピテンシー評価の活用実態は，能力開発，適材適所の配置基準が多いが，これは社員の納得が得られやすいためではないかと思う。人事で一番大切なのは，客観性，納得性である。

(10)　職種別，ポジション別の成果行動の把握

　行動を変えれば，チャンスをつかむことができる。コンピテンシーで取り上げる行動とは，成果を生み出す行動に限られる。すなわち，コンピテンシー作業で大切なことは，期待する職務成果を明確にして，その成果を獲得するためには，いったい，どのような行動をとればいいのか，他人の姿から実証的に確認することから始まる。その職務または職階（ポジション）の成果とは何かを明確にしないと，高成果実現行動特性を洗い出すことはできない。成果を明確にして，成果を獲得するための行動を明確に洗い出す。ハイパフォーマーにその場面，場面での成功事例を一つひとつ思い出して語ってもらう。しかし，その成功体験もあまり昔のことでは参考にならない。仕事のやり方やその仕事の知識や技術も，3年もすると大きく変わってしまうからである。ハイパフォーマーの行動を明確にすることは，単に行動をリストアップすることだけではない。成果と行動の相関度を明確にして，相関度の高い行動だけを洗い出し，こ

の行動は必ず成果に結びつくことを明確につかむことが大切である。

コンピテンシーモデルは部下育成の手引書であり，また成果を上げるための有益な手引書として活用できる。能力を明確化するためには，成果に結びつく行動を押さえることが大切で，職種ごと，ポジションごとに行動特性を洗い出しておく。管理者の職責は高成果を作り出す人材を見つけ，いかに育てるかにある。コンピテンシーモデルがあれば，このモデルに照らして人材を探し採用配置することになるので極めて無駄がなく合理的である。

コンピテンシーは思考特性，行動特性の2つで構成されている。思考特性とは，「……を理解している」，「把握している」といった状態をいうが，この思考を他者に認知させるためには何をどう観察すればよいのだろうか。答えは目で見えるプロセス行動である。したがって，思考特性を評価するためには「理解している」，「把握している」の表現では不十分である。これでは，考課者によって評価にバラツキが出る可能性がある。たとえば，「経営情報を先取りした多角的な財務分析資料を作成する。経営会議ではマネジメントデータを示しながら説明をしている」といったような目に見える行動特性で表現されることが大切である。

このように，行動レベルで表現をしないとコンピテンシーとはいえない。これに対して職能は，「……を知っている」，「……できる」の学問的世界で「潜在的能力」にウエイトを置いている。潜在的能力に対して，発揮能力という言葉がある。これがコンピテンシーである。コンピテンシーは，職務遂行能力を実際に行動に移した状態をいっている。

職務遂行能力を持っているか否かは，人事考課で能力考課を実施して判定するが，その能力考課の基準は「職能要件書」である。要件書には，この仕事をやるための知識や技術，技能など勉強すべきターゲットが満載されている。

しかし，この職能要件書の内容は企業が違えば変わるものである。仕事ができるか否かは，この要件書を基準にして評価することになるが，わが社では優秀社員であっても他社では優秀でないかもしれない。それは，能力の期待像が異なるからといえる。当社の要件書の期待要件は満たしているのでわが社では

立派と評価されても，一般的な社会人，職業人としての評価は高くないかもしれない。すなわち，要件書はわが社だけの期待像であり，企業が期待し要求する職能像，また人材像である。これに対して，コンピテンシーは人間としての器はどうかなど，総能力を評価する実力評価だ。

いくら組織人として立派であっても，社会人として人間としては問題のある社員も大勢いる。立派な人材とは，仕事ができるだけではなく社会の規範もしっかりと身につけた人材であり，得意先からも評価される人材である。そういう人材であるからこそ，継続して業績を上げ続けることができるのである。組織内外においても素敵な行動がとれる人たちであるからこそ，業績を連続して上げ続けることができるのである。

人材育成はどこの企業にも共通する課題であり，また管理者の職責でもある。管理者の器量によって，部下の成長が決まる。管理者は，一人でも多くの能力者を育成する重責を担っている。行動は表に出るので，誰の目にも見えやすい部分である。表に出た部分（行動）を変えるためには，行動を支えている能力を変える必要がある。人材を育てるために必要なことはまず，資質，素質のある素材を探し出す。コアになれる人材を見つけることである。次の特徴を有する素材を見つけ出す努力が必要である。

① 困難な仕事を与えても「できません。無理です」という弱音は決して吐かない。可能な努力を誓う。
② 自分のこれからの人生について長期的な職業ビジョンを持っている。
③ 目標達成に向けてできるあらゆる努力を惜しまない。
④ いつも明るく，成功事例を参考に前向きに考える。
⑤ 同僚から尊敬の念を持って見られており，周りの社員が私を目標としている。
⑥ 自分の能力，実力を測るメジャーを社外に持っている。
⑦ 能書きをいうよりもまず実行というスタイルを優先する。
⑧ 継続的に勉強，研究をしている。
⑨ いつも，どうしましょうかではなく自分の原案を持っている。

⑩ 「take」よりも「give」を優先する。

以上から，コア人材の主な「人物イメージ」を描き出してみると，

「自分と異なる考え方や行動，価値観を受け入れられる」

「他人の力を借りることができる。共存共栄，他人を生かすことができる」

「まず動いてみて，それから考える」

「過去の既得権にはとらわれず，新しい提案ができる」

「もっとよいやり方はないのか，こんなやり方はおかしくはないかという健全な疑問を持っている」

「問題の本質をとらえる思考を持っている」

などにまとめられる。

この資格要件も毎年見直しをしておかないと，能力と実力のミスマッチが生じる。時代には時代の仕事感覚があり，この時代ニーズを身につけておかないと，職群選択は非常に限定されたものとなる。

(11) 人材群別コンピテンシーの育成課題

組織はさまざまな人材によって構成されているが，職階別，人材群別の資格要件は次のとおりである。人材群別コンピテンシークラスター（評価項目）は，役割，職責の違いによってそれぞれ異なったものとなる。

コンピテンシー評価は別名，実力評価といわれるように，人材の適材適所配置に有効な材料となる。最初から有能な人材はいない。有能な人材になる卵（素質，資質）を見つけなければならない。コンピテンシーは「根，幹，枝」の3階層で構成されるが，根がしっかりと張っていないと樹木は育たない。根が腐っている者は，伸びる人材になり得ないからだ。

根コンピテンシーとは，一般的なクラスター（評価項目）では使命感，忍耐力，人間性，社会性，ロマン，気力，体力などが挙げられるが，これらのクラスターはよい仕事をするための根源といわれる。これらの根コンを持つ人材をまず探し出すことから人材育成は始まる。次に，アセスメント計画に沿って人材育成が始まるが，具体的には職種別，職階別期待像に示されたコンピテン

図表1-2　人材群別必要クラスター（評価項目）（例示）

階層	課題展開解決スキル	対人間係スキル
上級管理職	・部門レベルのビジョン策定力 ・戦略，戦術策定スキル ・意思決定力	・社内外への協力 ・部門を越えた組織影響力 ・戦略，戦術浸透力
管理職	・部門レベルの提言能力 ・担当組織の方針，戦略，戦術策定力 ・目標設定，人事考課スキル	・リーダーシップ力 ・組織間の調整力（組織間連携力） ・メンバーの統率力，調整力 ・部下育成スキル
指導監督，中堅社員	・プロジェクト計画，達成シナリオの作成力 ・自己のキャリアデザイン ・主体的な課題形成力 ・理論的思考力	・コミュニケーション ・プレゼンテーションスキル ・後輩指導スキル ・1対1のコミュニケーションスキル ・説明スキル
初級社員	・計画的に仕事を進める力（PDS） ・定型業務推進タイムマネジメント力	・協働・チームワーク力 ・ビジネスマナー （挨拶・報告・連絡・相談）

シーの充足度によって育成状況（成長度合い）を確認することができる。また，コンピテンシーの明示は，自己のキャリア形成の指針にもなる。コンピテンシーによって職責が決まり，より効果的な人材活用が可能となるからだ。誰がどの職務に一番適性があるか，成功確率が高いかを判定することができる。

コンピテンシー評価は，まさに人材の育成と人材活用（適材適所配置）の鍵を握るツールである。

■11　フェアでオープンな人事制度とは

人材育成の大切さをここまで述べてきたが，いうまでもなく人事賃金改革の成功は結果論である。人材がいなければ，企業はいつまでも商店のまま発展しない。商店とは，今日の暮らしの糧を得るために汲々と努力をしている。今日の経営が成り立たなければ明日のことは考えられないことを前提に，今日1日が無事に過ごせることを願っている経営である。商店から企業になるために

は，先に述べたように経営戦略とその戦略を達成するための具体的なビジョンや戦術が必要になる。

　人間は先の見通しがないと，その場その場の利那主義に生きてしまう。3年先にはこうなりたいという希望があればこそ，その目的に向かって努力することができるのが人間である。努力をすることは，成長するということである。発展をするには明日に向かってもっとよくなろうという気持ちや姿勢がまず必要である。これらの根コンピテンシーを持つ人材にチャレンジの場を公平に与えられるか否かは，組織として大切な問題である。公平，公正，納得性の問題はただ人事賃金制度上の問題だけではなく，経営基盤を支える土台の課題でもある。その時その時の気分による恣意的な利那主義的人事管理では，人材を採用しても定着させ能力を燃焼させることはできないし，そのような組織には人材は集まらない。組織が繁栄するためには，努力する者は報われる公平で公正な人事制度が必要である。そのような公平，公正，納得性のある人事基準のもとに社員満足があり経営は発展をしていく。

　各社員が持つパワーや挑戦意欲，また，社員のやる気を引き出すことができれば，組織として，それなりの業績を上げることができる。そのためには，ビジョンや今期やるべき目標また達成基準を明確にして，何を努力すればよいのかを全社員にオープンにして努力をさせる。発展する企業には今日の仕事と明日の仕事の基準が明確にある。この基準をクリアしたら私はどんな達成感が得られるのか，また，これから，どんなキャリアステージを獲得できるのかを明らかにしている。だから，どんな苦労にも耐えられる。

　一人ひとりが当事者意識を持てば，企業発展の力となる。しかし，今日の仕事だけにがんばれ，がんばれでは力は出ないだろう。人間は先の見通しと明るい希望があるからこそ，元気に生きていくことができる。各社員が持つパワーを精一杯発揮させるために，会社や上司は部下にどんな援助や協力ができるのかをわかりやすく明示をすることが必要であろう。

　ただ，机上論の数値目標だけで，具体的にどう動けばよいのかわからないような状態では行動は起きない。人間はちゃんとした筋道がないとがんばれない

ものなのだ。

(1) 人事の公平性と納得性の問題

　新たな人事賃金制度設計にあたっては，基準化の問題に留意したい。基準化とは，公開できる制度を意味する。公開できないような人事賃金制度は，公平性もないし納得性にも欠ける。社員の多くの不満は，公平性にかかわる問題である。人事の不公平は，働く人たちのモチベーションを下げる。モチベーションは，組織の衰退にかかわる経営の基本問題だ。人事の基本的使命は，社員にわかりやすく，納得性，客観性，公平性のあるシンプルな人事管理をいかに推進するかによる。

　人事担当者は，いつもフェアネス向上策を念頭に置きながら人材の評価，育成，活用そして処遇の人事好循環サイクルを回さなければならない。人事が公平で納得性があるか否かの審判員は働く側の社員である。実際は公平であったとしても，相手がそう感じない場合は，基準が公開されていないとか，PR不足など経営（人事）側の問題が多々ある。新人事賃金制度改革スタート時の説明会は，人事賃金基準をPRし，やりがいや働きがいを醸成しモチベーションを上げるために開かれるイベントである。このイベントをどう演出するかは，制度改革成功の鍵を握る。

(2) 不公平な職場に見られる兆候

　不公平感が鬱積する職場には，トップの経営方針や事業方針が明示されていなかったり，秘密主義であったり，その場，その場での思いつきの指示命令が多かったりする。また，部門間には重複する業務があったり，部門間で敵対視による業務の停滞（セクショナリズム）や仕事の手抜きが見られる。一方，上司のリーダーシップが弱く，上司に何をいっても反応がないなどの組織においては，部下に諦めムードが漂っている。こうした職場には人の出入りが多く，社員が定着しない。

　公平・不公平は個人の感じ方ではあるが，これらの感情は周りに蔓延してい

く危険性がある。したがって，たかが個人の問題と高をくくっていると，組織全体を汚染して取り返しのつかない事態にまで発展してしまうことがある。

特に，現場では労務管理が弱いので要注意だ。どこでも課長クラスはプレイングマネジャーとして忙しく，部下のメンタルまでかまってはいられないというのが現実だ。しかし，自分の仕事しかしていない人を管理者とは呼ばないのだ。人間関係の問題，仕事の悩み，人事賃金の問題など，部下は悩みを打ち明け相談する人がいない。部下から退職願が出されて初めて事の重大さに気がつくのは，管理が弱いことと，マネジメントが何も行われていないという事実を物語っている。

(3) 公平で明るい人事管理とは

人事は明るくないと元気が出ない。あなたの会社では皆，わくわくして働いているだろうか。人事が明るいということは，基準主義の人事が行われているということである。基準があることは，社員全員に公平なチャンスが与えられていることを意味する。また基準があるから，社員はなんとしてもこのバーを飛びたいと思う。基準があるから結果をオープンにして，フィードバックをすることができる。この基準の未到達部分が各人の努力目標となる。今後どんな知識や技術を身につけなければならないのか，また，自分はどんな行動改善が必要なのかの努力をする方向も見えてくる。

公平な人事を一言でいえば，基準の公開に尽きるだろう。企業への信頼感，チームワークの促進，モチベーションアップ，仕事への達成感は，公平，公正な人事基準の効用ともいえよう。優秀人材を定着させる上でその効果は大きい。公平性は評価の問題であるが，正しい考課を行うためにはその人の能力や実力に見合った目標を与えているか否か，また，適材適所の配置か，人事異動があったとき新職務遂行のために必要となる教育訓練はある一定期間行われているか否かなどが問題になる。真の実力を評価するためには，結果に至ったプラス要因，マイナス要因等のプロセスも評価しなければならない。

（4）公平性を高める人事のあり方

社員各人がある結果をフェアであるか否かを考える公平性の概念には，対人関係，情報の共有，業務手続，仕事の結果の4つの尺度がある。

① 自分は社員として大切にされているか，それとも軽々しく扱われているか。部下は敏感である。

② 会社の状況に対して適切な情報の提供や説明を受けているか否か。ある特定の部下にのみ内緒で情報を提供しているなどの問題を含む。

③ 普段は手続を踏んで仕事をするようにやかましくいっているのに，ある特定の部下には「やむ得ない事情」などと手心を加えることをやっていないか。社員は不満を感じるとき，決裁された物事の手続や仕事の流れに目がいく。事に至った流れがおかしいと不満が爆発する。

④ 結果を見るとき，各人は他者との比較においてフェアであるか否かを判断する。人事考課や賃金の反映は，基準主義に徹していないと納得は得られない。

12　人事部の新たな役割とは

日本経済団体連合会の経営労働政策委員会は毎年，年頭に今後の日本のあり方についての「ビジョン」を発表している。経営労働政策委員会報告は，産業界の「あるべき日本の姿」の指針として，経営者の参考資料として活用されている。日本ビジョン2007年報告の序文には，次のように書かれている。

「われわれは，日本を『希望の国』にしたいと考える。すべての人に挑戦の機会が与えられる社会，よしんば失敗しても再び挑戦する機会が得られる可能性に富んだ社会，そして，やむを得ない事情で競争に参加できない場合にはセーフティ・ネットが張られ，国民が安心して日々の生活を送ることのできる社会」

「希望の国を実現するには，絶えざるイノベーション（革新）が必須である。イノベーションは，新たな市場と新たな価値を創造する。そして創造の源は，

科学技術とそれを担う人材である」

「新しい働き方を実現するワーク・ライフ・バランス（仕事と生活の調和）」
など，個々の生活ニーズに即した働き方を提唱した。

さて，以上の主要な課題解決に向け，各企業ではどのような政策を組み実行に取り組んできたのだろうか。その所管，責任部署は，人事部門である。

(1) 人事部の役割と機能の再確認

人事ほど，経営トップと社員から信頼が必要とされる部署はない。人事は誰が見ても公平で客観的であり，フェアな基準人事を清らかに推進する職責がある。人事の機能は，次のとおりである。

まずはじめに，社員満足，そして顧客満足，経営満足，最後に社会満足につながる人事システムを構築することである。働きがい，やりがい，生きがいを持ち，自分が幸せであるからこそ，他人の幸せを考えることができる。社員一人ひとりが，何を，どう努力をして，いかに自分の人生に挑戦するのか，まずチャレンジするターゲットが明確になっているだろうか。

筆者が企業に勤務していた若い人事課長の頃，社長から，突然，「おまえの一番大切な仕事は何だ」と聞かれたことがある。私が一瞬，どう答えようかと戸惑っていると，社長に「社員の皆が喜ぶような仕事を考えてやれ」といわれた。在職中は，私は「何をいわれたのか，よくわからなかった」というのが本音である。しかし，会社を辞めてから，あのときいわれた言葉の意味やその重さを理解できるようになった。

私は今，人事管理の留意点は次の2つであると考えている。

① 人事で一番大切な仕事は，社員一人ひとりが生き生きと希望に燃えて働ける職場にするための環境づくりである。そのために，人事は多様な働き方や価値観を支える人事システムを用意し，働きやすい職場づくりをすること。

② 社員の能力を仕事を通じて，正しく評価し，育成，活用，賃金処遇に公平，公正に結びつけること，また，社員一人ひとりのモチベーションアッ

プを図り，企業の発展へと好循環サイクルを回すこと，そして社員一人ひとりが幸せと感じ今日一日を充実して生きること。

(2) 人事スタッフの育成

それでは，これらの役割を求められる人事スタッフは，どのような人材でなければならないのだろうか。概念的にいえば，経営者および社員から信頼され，いつも沈着，冷静であり，フェアなバランス感覚を持った教養人であることが求められる。いつも広い視野を持ち，中長期的な視点から，どんな難問や課題に対しても，的確に，公正，公平に判断をしなければならない。人事スタッフとして必要な資格要件には，次に掲げるいくつかのものがある。

① 人事スタッフの資質要件

人間に関する関心があり，人と公平に接することができる感性，共感性を持っていること。

② 人事スタッフの専門知識

自社の経営方針，事業計画のポイントを把握しており，それを具現化するための人事戦略，政策を構築する人事制度全般に関する専門的知識と新しいセンスが必要である。

③ コミュニケーション力

人事戦略や政策を浸透させるためには，経営者や社員にわかりやすく説明し理解を得なければならない。自ら行いたいことを経営者や社員に理解，納得してもらい，行動を起こしてもらうための話す力，説得力が必要である。

④ モチベーション力

人事スタッフは，社員のモチベーションを高める役割を持つ。したがって，人事スタッフのモチベーションが低くては，組織の活性化は図れない。自ら与えられた職責に対して果敢に挑戦するモチベーションの高い模範的な人材であることが求められる。

⑤ 柔軟な発想と判断力

人事は常にその場の環境や状況，雰囲気をすばやくキャッチし，柔軟な思考

で問題解決を的確に推進しなければならない。ただルールに沿って忠実に実行するのみではない。ときとして柔軟な運用も必要で，その判断のタイミングも大切である。

⑥ 広い視野で物を見て考える力

現状の足もとだけの問題解決に終始する人は，人事スタッフとして適任者とはいえない。企業および社員の発展は，将来のあるべき姿を見据えて，中長期的な視点から，問題を先取りして解決策を講じることが必要である。そのときになってあわてふためくようでは，業務の停滞はおろか，先が思いやられる。常に社内外の経営環境状況や行政指導の動向等を把握して，先手，先手で対応策を打っていくことが求められる。そのためには，多くの情報をもとに，広い視野で物を見る力と考える力を持たなければならない。

第2章

能力・実力・成果主義人事制度の構築
〜能力か, 実力か, 人事システムの違い〜

日本の人事制度は，学歴，勤年，性別といった属性を中心とする年功主義人事制度から，各企業の理念や方針展開をベースにした期待像を遂行する職務遂行能力中心の能力主義人事制度へ，そして今，何をしたか，どんな結果を出したのかのグローバルな世界基準の実力，成果主義人事制度にパラダイムを転換している。

　しかし，免許産業といわれる学校，病院，運輸，通信，建築，金融，JAなどの産業や業界団体は，護送船団方式といわれる国の厚い保護政策に守られて，過去のしがらみを断ち切ることは容易なことではない。年功から能力主義への脱出に苦しんでいる。

1　能力主義はだめなのか？

　世はまさに実力・成果主義時代。しかし，実力や成果というのは，能力があるからこそ成立する概念である。そこで，これからの人事制度の設計にあたっては，まず，能力主義人事を確立して，次に役割・実力・成果主義へステップして制度を構築するのが定石になる。

　人事制度の流れを見ると，経験，学歴を中心とする年功主義人事から能力へ，そして役割・実力・成果主義人事へと，猛スピードで転換してきている。しかし，能力主義人事制度へ転換しても，一向に活性化しない企業も多数ある。活力あふれる企業にするためには，単に人事賃金制度を変えただけでは効果は上がらない。本当に組織を活性化するためには，人事制度をサポートする各種の仕掛けが大切である。その1つが，加点主義人事制度である。

　今，役割・実力・成果主義賃金のスタート点にある能力主義人事制度（職能資格等級制度）には，次の問題点が指摘されている。

① 潜在能力を基準にしている。能力は目で見ることも手で触ることもできない。
② 等級格付けと能力が一致しない。能力と仕事のギャップがある。
③ 昇格が年功になっている。

④　資格等級が多すぎる。原則として，抜擢や飛び級昇格ができない。
⑤　卒業方式で降格がない。
⑥　等級滞留年数など年功的要素が強い。
⑦　職能要件書づくりが大変，組織のフラット化に対応できない。
⑧　役職と資格の関係が硬直的である。
⑨　業績や成果に対してインパクトが弱い。

　では，これらの問題点にいかに対処したらよいのか。それとも能力主義人事をやめて，ストレートに役割・実力主義（実力等級制度）に乗り換えたほうがよいのか，選択に迷う企業も多い。

　能力主義人事は人間基準といわれるように，その運用を誤ると年功に後戻りをしてしまう危険性を含んでいる。したがって，後戻りをしないような仕組みをしっかりと作っておくことが必要である。また，人間基準といわれる日本的人事は人の成長可能性に期待する人事制度であり，40歳までは能力主義で，40歳を超える完全習熟年齢になったら役割・実力・成果主義人事に切り替えるのが時代のニーズといわれている。その際のポイントは，次のとおりである。

①　減点主義をやめ，チャレンジ加点主義人事システムの導入
②　成果反映の適切な人事考課システムの導入
③　企業責任と自己責任を明確にした人事賃金システムの導入
④　公募制，FA制を取り入れた内部昇進制度の見直し

　能力はあっても実力はない。今，一般産業では業界を問わず能力と実力のミスマッチが中高年層を中心に急速に拡大しつつあり，中高年層の能力再活性化と活用が経営上の大きな課題になっている。能力とは，「……を知っている」，「……ができる」という人間の可能性である。したがって，能力主義人事は，社員が若いうちは有効に機能する。しかし，可能性だけでは経営はやってはいけない。能力主義人事の適用は，年齢でいえばせいぜい40歳くらいまでで，40歳を超えたら成果を求める自己責任の成果主義へ切り替えなければ企業の存続は難しい。

■2　役割・実力・成果主義人事へ

　日本企業の人事は，可能性を追求する能力主義人事（職能資格等級制度）から担当している職務で賃金処遇を決める成果主義人事へ切り替える動きが活発である。成果主義すなわち仕事基準で賃金を決めるには，成果責任や権限を明確にしなければならない。これまでわが国では，組織を作ったら，職務成果やその職務を遂行する権限の付与よりは，まず，役割分担について皆が集まって話し合い，人を配置するといった決め方をするのが一般的であった。

　役割とは，「組織における職責＋チャレンジ目標」という公式で説明され，採用時の固定業務に問題解決のチャレンジ業務を付け加えた職務のことを役割業務というのが一般的である。変化対応の問題解決業務を遂行しない場合は，決められた職責（職務）しか遂行しないことになる。

　実力とは，現実への適応性の問題である。実力を説明するためには，能力をまず理解することから始まる。能力というのは，社員として入社1年目にはこんなことを勉強をした，2年目にはこんな研修を受けてこの仕事ができるようになったというような修得，習熟の総量である。しかし，この能力も10年，15年を経過すると，時代の技術進歩にはついていけなくなり，現実への適応性を失う。これを，能力の陳腐化という。つまり，能力から陳腐化したものを引いた残りが実力となる。

　溜め込んだ能力と実力が完全に一致するのは35歳ぐらいまでで，35歳を過ぎる頃から能力と実力の乖離が始まっていく。年を重ねて体力，気力の低下が始まれば，能力はあってもそれを現実の仕事に生かすことはできなくなり，実力はなくなったということになる。すなわち，実力とは，部長は部長以上の仕事をやっているか，課長は課長以上のレベルの仕事をやっているかなどの仕事のレベルが問題になる。部長が課長レベルの仕事しかやっていない場合は，実力はないということになる。

　最後に，実力が成果に結びつくためには，一人ひとりの実力を見つめ，昇進や配置において実力に応じて目標設定を行うことが必要となる。ちなみに，成

果主義人事導入時のポイントを挙げれば次のとおりである。
① 成果主義を導入するトップの人事理念が明確で前向きであること。
② 年功人事との違いを徹底的に周知すること。
③ 成果判定の基準が明確であること。
④ 面接によるコミュニケーションを徹底すること。
⑤ チャレンジの機会など，チャンスの公平化を徹底すること。など

3 能力・実力主義人事制度のベースづくり

　かつて，年の功という考え方があった。昔は年をとった人には功があった。この時代の知識，技術の変化やスピードは非常にゆっくりとしていたし，仕事の知識，技術は長い経験によって身につけることができた。
　また，職人芸を持っている人々が多数いた時代でもある。経験（勤続）のある者は，仕事ができる人々であった。これは，学歴，経験が能力の代理指標として十分に意味があった1960年から1975年頃までの話である。

(1) 大卒はエリートの時代

　大卒者は大学を出ただけで，入社時からエリート社員として大切にされ，特別教育を受け，また，その他の人事賃金処遇でも優遇された時代があった。
　滅私奉公の時代ともいわれ，1つの仕事を長く，辛抱強く，まじめにやっていれば，ある程度の技能や技術を身につけることができたし，職業人としてもなんとか格好がついた。ゆったりとしたよい時代だったといえよう。
　さて，戦後，日本の人事，賃金制度のシステムは，おおむね15年刻みで変革を遂げている。産業経済構造や経済環境の変化により，人事賃金システムも必然的に変貌せざるを得なかったことを歴史が語っている。
　先に述べた1960年から1975年頃は，戦後の経済復興から日本はようやく立ち直ったが，まだ，生活に汲々とした時代でもあった。
　賃金は年齢別生計費をベースにした右肩上がりで，どんどんと上昇した。

その後，オイルショックやバブル景気の崩壊等の影響を受けて，日本の高度成長は終焉を迎えたのであるが，免許産業といわれる病院，学校，運輸，通信，建設などの各産業は，すべて国の税制優遇や診療報酬などの適用を受けている保護産業であり，現在まで特段の経営努力をしなくても年功主義で十分やってこられたのである。

　しかし，膨張する医療費の問題は，国家財政破綻に直結する一大事である。政府は，聖域を設けず，財政再建に取り組む方針を明らかにし，医療産業においても厳しい淘汰の時代が到来している。

　一方，一般企業においては，生き残りをかけて時代変化を先取りして，年功主義人事から能力主義人事に，また，役割・実力主義人事へとパラダイムを柔軟に転換している。グローバル経済進展に伴う日本経済の生き残りのためには，自然の成り行きであったといえよう。

　さて，企業経営のポイントは，人件費管理と社員のモチベーション管理の2つに整理できる。それでは，人事改革の順を追って分析検討してみることにしよう。

(2)　能力トータルシステムとは

　学歴，性別，勤続等による年功基準はわかりやすかった。平等主義で，皆，同じ人事賃金処遇を受けられるので平和でもあった。しかし，年功主義人事を長くやっていると，どんなに優れた組織でも，緊張感がなくなる。過去の既得権にとらわれ，社会や顧客ニーズに応える臨機応変な仕事ができなくなるのが一般的だ。

　現状維持は退歩である。病院，学校，運輸，通信，金融などの免許産業は今，躍起になって経営の近代化を急いでいる。他と同じことをやっていては，新規顧客の獲得や患者，家族満足を得ることはできない。仕事に競争原理を入れると，常に問題意識を持って「この仕事はこんなやり方や手段方法でいいのか。もっと顧客に喜ばれるよいやり方はないのか」等々の知恵を生かすという努力が生まれる。

第2章 能力・実力・成果主義人事制度の構築～能力か，実力か，人事システムの違い～

　今，仮に2人にまったく同じ仕事を与えてみたとしよう。人が変われば仕事のやり方も変わるし，また，仕事の出来栄えもまったく違ったものになる場合もある。ただいわれたことをいわれたままにやる人と，いわれたことも満足にできない人もいる。まさに，人間力の違いである。
　さて，年功主義人事は努力を否定する考え方である。反対に，能力主義人事は働く者の意識を変え，仕事を変え，その結果，組織（風土）も変えることができる。努力する者が報われる組織にするためには，逆転可能な能力主義人事制度を1日も早く導入し，戦う組織にしなければならない。そのためには，組織風土を変えることが必要である。
　年功主義人事は，経験，学歴，性別，身分を基本軸に置く逆転不可能な人事制度である。人事管理を年功基準をベースにして決まった手順どおりに，しかも何の疑問も持たずにやってきた時代があった。完全に受身の人事であったといえよう。これからの人事は，まず能力主義人事にパラダイムを転換することはもちろんのこと，賃金は係長クラスまでは能力給（職能給）を，また，その上の部課長クラスには役割・成果給を導入する。
　役割・実力・成果給は能力主義人事のベースの上に成立するが，そのベースになる能力主義人事は，人事管理の4大イベントといわれるトータルシステム（評価，育成，活用，処遇）で構築する。能力主義人事は，卒業方式をベースにしたトータルな能力開発制度である。
　わが企業では組合が強い，公的産業なので賃金処遇までは手をつけられない，そこで，教育システムとして人事考課と面接制度，および教育体系を導入するという公的産業も多い。これらの産業組織では，能力・役割・実力・成果給という言葉を聞いただけで，アレルギー反応を起こす社員も多い。そこで，これらの平等主義に慣れ親しんだ組織では，とりあえず人材育成に視点を置いて，社員の意識改革を第一義にアプローチをするところもある。
　しかし，どんなに知識や技術を身に付け，能力開発を進めても，その努力が賃金処遇に一切反映されないとしたら，皆一生懸命にがんばれるだろうか。何もやらないよりは何かをやらないと，といった程度であるならば，年功性を打

破することは難しい。つまり，能力・実力・成果主義は能力賃金処遇制度がセットされてはじめて，その機能を発揮する制度である。しかし，組織にはそれぞれの事情もある。理論的には，どんなに筋が通っていても，皆に理解されないのであれば，やり方や手段を考えなければならない。

　能力主義は個の尊重の人事管理であり，一人ひとりのチャレンジを引き出す加点主義人事の機能を持っている。管理者は部下のチャレンジを引き出し，組織目標達成のために部下の力を結集する役割を持つ。現在は管理者タイプにも３つのコースがある。部下掌握育成の名手は管理職に，また，深い経験と実績をもとに日常業務を確実に実行する業務推進の名手は専任職に，最後に極めて高度な専門知識を駆使して研究企画開発に従事している研究企画開発の名手は専門職へと適材適所配置を行い，その人の持ち味と実力を発揮するタイプ分類である。能力・実力・成果主義人事は，努力に報いるいくつかの選択肢を用意している。

(3)　能力の明確化とは

　能力・実力・成果主義の人事の構築にあたっては，まず能力とは何かを明らかにしなければならない。それは人間的，全人格的な能力ではなく，その企業組織が全社員に期待して求める職能像，人材像である。

　職能像とは，職種別等級別に求める職務遂行能力であり，また，人材像はその企業が求める人間性，社会性，気力，意思など，人間的魅力といわれる人材要件である。あくまでも，その企業が期待し，求める職能像，人材像である。したがって，能力主義は企業によって異なってくる。その企業が社員に期待する能力こそが能力なのである。このように，能力は企業が期待する能力，すなわち期待像を軸とし，能力のトータルシステムとして評価も育成も処遇も連環して行われる。評価，育成，活用，処遇を，人事管理の４大イベントと呼んでいる。この能力主義人事を動かす主役は，むろん社員一人ひとりである。

　さて，この能力主義人事の期待像は次の３つで構築される。すなわち，職能・役割要件書＝等級基準（別名，職能資格等級制度という），職務基準，職群基

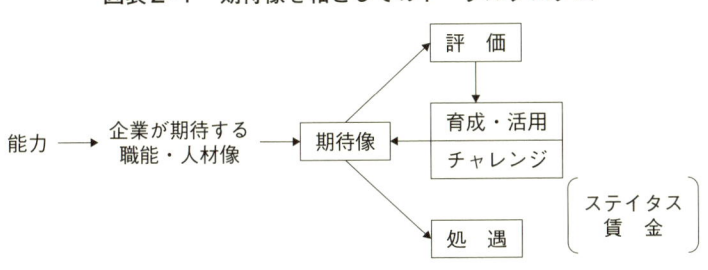

図表2-1　期待像を軸としてのトータルシステム

```
能力 → 企業が期待する → 期待像 → 評　価
       職能・人材像              育成・活用
                                 チャレンジ     ┐ ステイタス
                                 処　遇         ┘ 賃　金
```

準の3つである。能力主義人事は，等級基準をベースとして展開される。期待像の具体的中身の第一は等級基準であり，職種別等級別の職能・役割要件書として明示される。職種別等級別にどんな仕事を，どの程度できなければならないのか（習熟要件），またそのような出来栄えでできるためにはどのような勉強をしなければならないのか（修得要件），の2点で明確化される。

この習熟要件，修得要件を明確化するためには，職務調査という手法で，まず，仕事の洗い出しという作業を進めることになる。能力主義人事を導入するためには，能力を職務遂行能力という形で具現化しなければならない。そのため，わが社の仕事を落ちなくすべて洗い出し，次にその仕事をこなすための能力（職務遂行能力）を明確化するという，2段構えのステップで行う。

この能力の洗い出しには，「職能職務資格等級フレーム」を作成し，このフレームに沿って職務調査を実施するとよい。企業は，職能だけで処遇される社員だけで構成されるわけはない。ボイラー技士，電気主任技術者，栄養士，調理師，運転手，営繕など，企業には能力で処遇される者と仕事で処遇される者の2つの職群がある。

社員としての一体感を醸成するためには，人事制度の骨格は1本のフレームで全社員を集約することが望ましい。同一資格であれば，偉さは皆同じと考えるのである。しかし，賃金については社会相場の影響を強く受ける社会的職種群もある。たとえば，税理士や一級建築士，医師，看護師，薬剤師などは，同一資格別建て賃金として設計しなければ人材の確保はできない。

図表2-2　期待像の明示

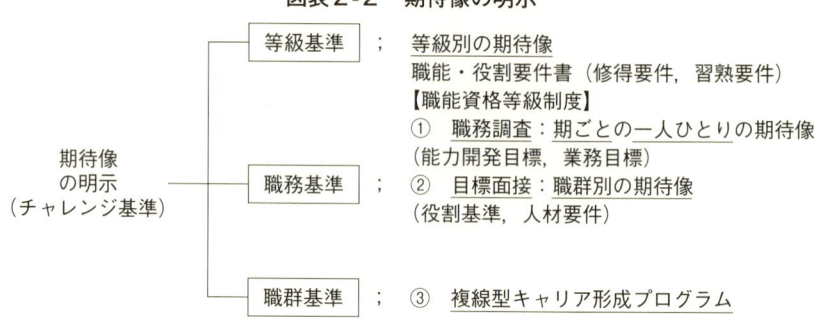

```
                    ┌─ 等級基準 ─; 等級別の期待像
                    │              職能・役割要件書（修得要件，習熟要件）
                    │              【職能資格等級制度】
                    │              ①　職務調査：期ごとの一人ひとりの期待像
                    │                  （能力開発目標，業務目標）
 期待像 ────────────┼─ 職務基準 ─; ②　目標面接：職群別の期待像
 の明示             │                  （役割基準，人材要件）
 (チャレンジ基準)   │
                    │
                    └─ 職群基準 ─; ③　複線型キャリア形成プログラム
```

　役職については，同じ資格の役職は，職種によって呼称が違っても偉さは同じと考える。役職者は，日常固有業務のほかに，問題解決業務やチャレンジ等の役割業務を持つ。役割とは，方針の徹底や部下の育成等々の「権限と責任」という意味で，職務調査で，これらの役割業務も職種別役職職階別に洗い出し，能力の中身を明確にすることが大切である。

　職能・役割要件書の作成は，職能（職務・役割）資格等級制度のフレームを作成し職務調査を実施すると，職務の等級分け，能力・役割明細書（職能・役割要件書）の作成も比較的容易に進む。

　では，第2の職務基準とは何か。社会経済環境は刻々と変化する。また，世界は1つのグローバル化時代，国際競争にも対応しなければならない。社内外に山積する問題の解決をはじめとし，上記の等級基準をメニューにして，上司と部下が期の初めに今期やるべき業務について膝を交えて話し合う。

　向こう6ヶ月間の一人ひとりの期待像，すなわち業務目標ばかりではなく，キャリア開発目標についても確認し合う。目標は上司，部下ともに納得できるものでなければならない。上から一方的に与えられたノルマ目標では，部下一人ひとりが持つパワーを引き出すことはできない。優秀な上司は"君は今期，組織利益貢献，キャリア開発，社会満足のために何をやるのか"と必ず聞くはずである。

　部下一人ひとりが持つ可能性と自主性を引き出す面接が大切である。このよ

うに，理解と納得がいくまで十分に話し合い，合意に達した目標が職務基準となる。

さて，第3の職群基準は，役割基準と人材要件の2つから成り立っている。役割基準には，役割昇進と仕事昇進の2つがある。役割昇進とは，部下育成の役割をメインとする管理職昇進であり，また仕事昇進とは，新しい研究企画開発を担当する専門職昇進であり，もう1つは，この道一筋の日常業務をひたすらに推進する専任職昇進である。人材要件とは，そのような役割や仕事を遂行するために必要な資格要件である。管理職，専門職，専任職には，それぞれにふさわしい，いくつかの要件がある。

たとえば，管理職になるためには，判断決断力，部下育成指導力，人間性，社会性，使命感などの要件が必要といわれている。職群の適応度評価をアセスメント（事前考課）で行い，適任者を登用する。本人の意思と適性をしっかりと事前に確認し，今一番の実力者を配置することになる。

以上，能力主義人事は，①等級基準（仕事のメニュー），をベースにした②職務基準，③職群別（管理職，専門職，専任職）期待像の3つのパーツにより成立する。

図表2-3　職能資格等級と役割等級の関係〈例示〉

等級	定義	内容	役割等級
9	企画立案・調整業務	トップへの戦略提案，部門に関係する重要問題の判断，部門予算の立案・管理など最終責任を伴う業務。	Ⅴ
8			
7	管理業務・業務推進	戦術目標を立案し，達成に向けて部署内の業務遂行や労務管理を行う。業務改善や折衝業務も含む。	Ⅳ
6			
5	指導・判断業務	下位等級の日常業務を直接的に指導しながら，自らも行い，上位等級の役職者を補佐する業務。	Ⅲ
4	定型業務	作業手順やマニュアルに従って行うひと固まりの定型業務。	Ⅱ
3			
2	反復・補助業務	上級者の直接的指示や指導を受けて行う仕事。判断を要する仕事は少ない。	Ⅰ
1			

(4) 成果主義人事へのパラダイム転換

　経営者は，可能性に期待をする能力給だけでは会社はやってはいけないという。結果（利益）がなければ経営は成立しないからだ。結果を追い求める制度を実力・成果主義というが，入社したばかりの若者に，はじめから実力や成果を求めることはできない。実力や成果は，能力を固めた上に成り立つ概念である。能力を育成して，はじめて実力や成果を求めることができる。

　実力・成果主義における賃金を，職責給，役割給，または業績給・成果給という。実力・成果主義賃金の特色は，実力や成果は，ときにより上下動し，可変性豊かとなる。実力や成果が落ちれば賃金も下がるのは当たり前と考えるところが，能力給とは異なる点だ。

　能力は職能資格等級制度で具現化される。資格をとればその資格は一生涯のものであり，したがって能力給も安定的に保証される。資格はあくまでも能力であり，今，現にやっている仕事とは関係ない。能力と仕事のミスマッチといわれる問題がここにある。

　しかし，それでは企業経営は立ち行かない。部課長になったら，目に見える新しい価値を創り出さなければならない。一般社員と違って賃金も高いし，知識，技術の修得など職務拡大に視点をおく能力開発だけでは経営は成り立たないのである。そこで多くの企業では，人材が育つ40歳ぐらいまでは能力主義の職能給で，人材が育った40歳以上は成果主義賃金に置き換える。これらの流れは，わが国の厳しい経済環境を受けて，労使ともに当然の了解事項となっている。

　改革の第一は，社員一人ひとりのモチベーションを高め，これまで以上に社員一人ひとりの成長を支援し，戦略人材を早期に育成することにある。実力・成果主義が進んでいるが，若い人にはあまり結果，結果といわないほうがよい。賃金は能力開発賃金の職能給を適用し，40歳を迎えた中高年層になったら実力・成果主義賃金を徹底する。成果主義では，「仕事や役割に応じた役割給」，「実績や成果を重視した業績給」「企業全体の業績を反映した成果配分賃金」の導入などが考えられるが，選択は企業ニーズで決まる。また，上級管理者クラ

スでは前述の管理者コースのほかに，専門職（企画開発の名手），専任職（業務推進の名手）制度の昇進コース別管理制度を導入する。賃金は各役割に応じてきめ細かく，職種別役割別職責・役割・業績・成果給を導入する。

　以上からご理解いただけたように，実力・成果主義賃金を機能させるベースには能力主義人事制度があり，その上に実力・成果主義トータル人事制度が乗る形となる。

第3章

人事システムの選択と設計の進め方
～能力主義人事を構築する作業～

人事システムは，今や従来の「人を管理する」システムから「人を生かす」システムへとその視点が変わった。個人のやる気や働きがい，また，生きがいをどうしたらうまく引き出すことができるか，社員を舞台にあげ，いかに楽しく踊ってもらうか，の発想で人事システムを構築することが大切である。

　企業の栄枯盛衰は，人的資源をいかに適材適所で生かして使うかにかかっている。社員のパフォーマンスによって企業の競争力も変わる。人事システムは評価，育成，活用，賃金処遇からなるが，それらは，連関したトータル人事システムとして，はじめて機能するものであり，それぞれ単独では力を発揮し得ない。相互の連関性が大事である。理念，戦略，ビジョンとも連鎖してはじめて，人事システムは企業の理念，戦略目標達成のための手段，方法となる。

　従来，日本企業は能力を高め，仕事を高め，賃金を高めるといった能力と仕事と賃金の高位均衡の連関を前提にした人事システムを構築してきた。しかし，行政，産業構造が大きく変わる変革期に，社内で一から人材を育成していては時間がかかりすぎる。必要な人材は外からスカウトするなどのスピード化を図らなければ，対応することができない問題が山積している。

　変化の速い外部環境にいかに柔軟に対応するか，人材育成論をベースにしながらも，市場ニーズ（顧客，利用者ニーズ）に沿った「職務」，「成果」型を重視する人事システムを同時並行的に整備していくことが今日の人事賃金構築の方向といえる。

1　能力基準の作成

　能力があってはじめて実力，成果という言葉が出てくることは，先に触れたとおりである。また，能力の中身は課業一覧表，職能・役割要件書で具体化される。課業一覧表を作成することによって，自社にあるすべての仕事（課業）が洗い出され，どんな仕事があるのか，一目でわかるようになる。そして職能・役割要件書で，それぞれの仕事はどのくらいのレベル（等級）の社員に，どのように遂行してもらいたいのかという期待基準を明示する。つまり，課業一覧

表で職群別，職種別，等級別に現在行っている仕事をモレなく書き出し，職能・役割要件書で，それぞれの仕事はどの職能資格等級レベルの社員に遂行してもらいたいのかを記述する。

　社員はこの職能・役割要件書を見れば，自分は，この等級では，この仕事はこのレベルでできなければならないということが一目でわかる。そして，この基準をベースにして，上司と部下が目標面接を行い，一人ひとりが主体的に職務基準の達成に努力する。

2　課業一覧表の作成

　それではまず，「課業一覧表」の作成方法について説明をしよう。課業とは何か，定義をすれば……

* 課業とは，それ自体に明確な目的を持つものである。（1人の人に仕事を割り当てるときの大きさ（単位）である。課業とは何のために，この仕事をするのかといった目的を持つ課業内容の集合体といえる。
* これ以上分割分担ができない，まとまりである。1人に与える最小単位の仕事であり，各人の職務を編成する単位業務である。職務はいくつかの課業の集まりで構成されている。

　課業の中身である課業内容とは，それぞれの課業の単位作業を示したものである。

　また，課業はそれをこなすのに必要な知識の深さ，技術の高さ，責任の範囲によって難易度に違いがある。難易度は課業の一つひとつについて，難易度分類基準（図表3-2参照）により，A～Eの5ランクで評価する。

　また，課業には，遂行して一人前になるまでに必要な習熟年数の期間の違いがある。その習熟年数区分をイ，ロ，ハで示している。課業一つひとつについて習熟年数を確認し，イ，ロ，ハの区分をつける。

　これによって，課業の難しさを指定する等級レベルが決まる。すなわち，この課業は何等級でできなければならないのか，課業の職能資格ランクが決ま

図表3-1　役割等級制度フレーム〈A病院の例示〉

	等級定義	役割期待像		
		必要知識	難易度レベル	権限の度合
Ⅴ 経営層	法人全体の経営管理の一役を担い、スタッフ・専門集団の統括責任者業務（戦略立案・法人経営補佐業務）	法人全体・医療情勢全般および経営分析・戦略マネジメントに関する広範囲な知識・情報を必要とされる	先を読み、まったく新しい独自の手法を次々と打たないと成果が出ないレベル 環境が激変し、誰もが手探りで答えを見つけなければならない中、将来を見据えて法人内・業界でこれまで前例がないような新しいアイデアなり答えを独自に考え出さなければ対応・解決できないレベル	法人全体の戦略目標達成のための計画実施の権限を持つ理事長の直接の指揮下にある
Ⅳ 統括層	部門全体の業務管理責任者やスタッフ・専門職集団グループの責任者業務（政策企画・部門管理責任者業務）	法人全体および医療情勢全般について保健・医療・福祉までの広範囲な知識・情報も必要とされる	新しい手法を適用しないと成果が出ないレベル これまで法人内で培った既存のノウハウだけでは対処できず、法人内ではまだ実施したことがない新しいアイデア・手法を適用しなければ解決できないレベル	部門の戦略および課題を与えられ、達成のプロセスは任せられている
Ⅲ 管理監督層	課（科）レベル以上の業務管理責任者または管理・監督・専門・技能職としてチームをリードする計画課題遂行業務（企画・開発・管理業務・専門分野の職務含む）	法人全体および職務に関連する医療情勢について知識・情報も必要とされる	既存の手法に工夫を加えたり応用したりすることで成果が出るレベル 明確な選択肢がない中で、既存の方法を応用することで答えを見つけ出さなければ解決できないレベル	通常の業務について裁量権を委ねられているが、業務遂行前後には報告を求められる
Ⅱ 指導層	高度の熟練や専門的知識によって変化対応の判断をする裁量的な仕事（熟練判断指導業務）	他部門および他職種に関する知識も必要とされる	明確な答えを選び、そのとおりに行動すれば成果が出るレベル 複数の明確な選択肢がある中で、自らの判断で答えを選択すればよい状況下で、確実にそれを選択すればよいレベル	日常業務遂行上および後輩指導上の判断は任せられているが、要所要所ではチェックを受ける
Ⅰ 一般層	指示された仕事を忠実に実行する定型的補佐的な仕事および担当者として自己判断責任を要する応用的な仕事（含熟練定型業務）	所属する仕事に関する知識が必要とされる	他者の指示に従えば成果が出るレベル その場におかれれば、当然その方法を選択するような「1対1の答え」が明確にあり、他者から明確かつ具体的な指示を受けてそのとおり選択すればよいレベル	限られた範囲内の仕事は任せられているが、上司の指揮下にある。判断内容は職能マニュアルの範囲内で実施する

		経営層	統括層	管理監督層	指導層
職種別対応役職	院長…（医師） 副院長…（全職種）	副院長	看護部長　事務部長 医療技術部長 老人保健施設長 ケアハウス施設長 総合ケアセンター長 診療部長 リハビリテーション部長	課長　医長 技師長　薬局長 連携センター長 小規模多機能型療養介護責任者 訪問看護ステーション所長 訪問看護ステーション責任者 指定居宅介護支援センター所長	主任

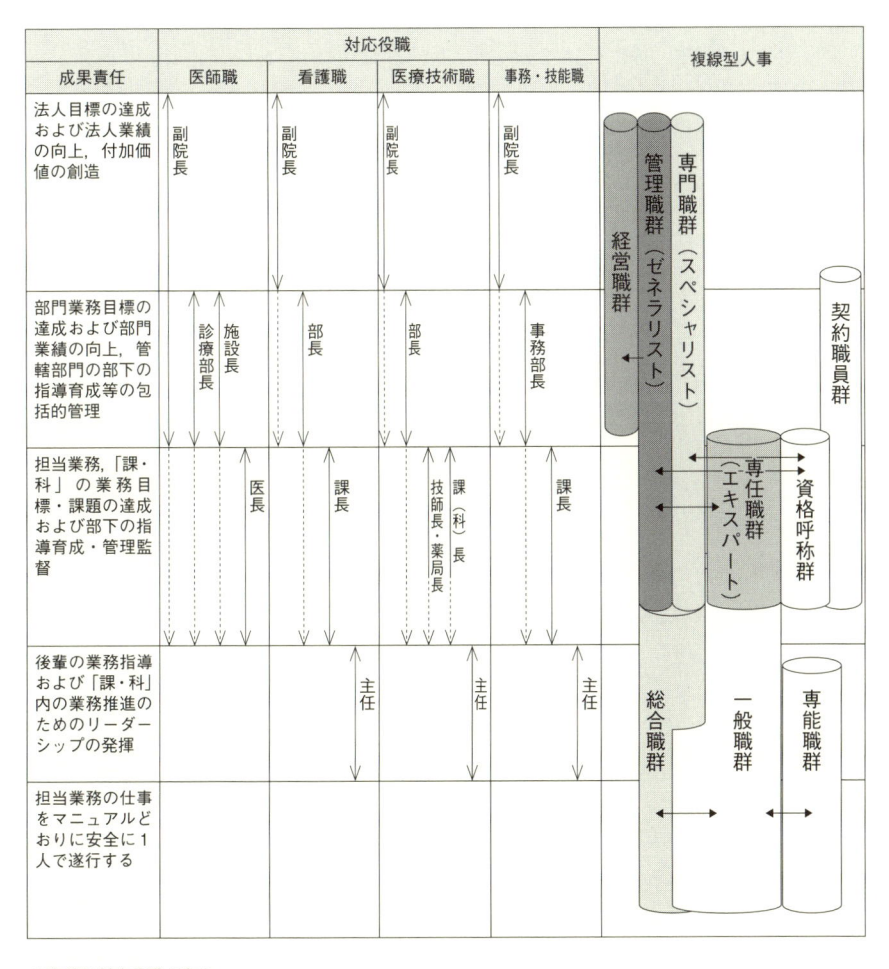

第3章 人事システムの選択と設計の進め方～能力主義人事を構築する作業～

成果責任	対応役職				複線型人事				
	医師職	看護職	医療技術職	事務・技能職					
法人目標の達成および法人業績の向上，付加価値の創造	副院長	副院長	副院長	副院長	経営職群	管理職群（ゼネラリスト）	専門職群（スペシャリスト）		
部門業務目標の達成および部門業績の向上，管轄部門の部下の指導育成等の包括的管理	診療部長／施設部長	部長	部長	事務部長					契約職員群
担当業務，「課・科」の業務目標・課題の達成および部下の指導育成・管理監督	医長	課長	課（科）長／技師長・薬局長	課長			専任職群（エキスパート）	資格呼称群	
後輩の業務指導および「課・科」内の業務推進のためのリーダーシップの発揮		主任	主任	主任	総合職群	一般職群		専能職群	
担当業務の仕事をマニュアルどおりに安全に1人で遂行する									

※実線は対応役職を表す。
※点線は代行を表す。
（公募の場合は点線の下限から手を挙げることが可能）

図表3-2　難易度分類基準と資格等級の関係

	説　明	知識技能	判　断	企　画	折　衝	責任設定
A	上司・上級者の具体的な指示・指導を受けながら行う業務，補助ないし，単純な繰り返しの定型業務（指示された方法で処理さえすればよい）	高卒程度の基礎知識を要す	所定の手順または，指示どおりの方法に従っての仕事であり，ほとんど判断を必要としない			他の業務への影響はほとんどない
B	上司・上級者の具体的な指示のもと定められた方法や基準に従い行う業務　定型業務（単純，反復業務であるが特定のまとまりのある仕事）	マニュアル,規定その他これに準ずるもの等実務知識を要す	マニュアル,規定等の適用にあたって、軽度の判断を行う。不明点は上司・上級者に指示を受ける	定められた基準に基づく軽度の折衝		失敗しても修正可能で他の業務へ若干の影響を与える程度である
C	上司・上級者の要点指示を受けて行う標準的処理手順は決められているが条件的変化の多い非定型業務	担当業務における専門的知識およびその関連業務の一般的基礎知識を要す	業務の処理にあたって軽度の判断を行う。不明点は上司・上級者に指示を受ける	課・部署の方針に基づく素案作成	概括的な指示に基づき限られた範囲内での折衝	基準的業務の急所を預かっており，その誤りや他部門の訂正も必要とし，やや影響が大きい。業務によっては機密性も必要とする
D	複雑な知識またはかなりの専門的知識ならびに長期の実務経験により行う企画立案業務,部門管理業務	広範囲で高度な専門知識と管理知識を要す	決められた方針に従い，自己の裁量で仕事をすることが多く応用判断を要す	課・部署の方針に基づく企画立案。部門の方針に基づく素案作成	部門方針達成のため広い範囲での折衝	業務的急所を預かっており，その誤りは金銭的欠損，信用低下，業務の遅れ等をきたし他部門への影響も大きい。機密性を必要とする
E	会社の方針に基づき，担当部門の運営にかかわる複雑高度な管理・統率・決断・調整業務	高度な体系的・理論的知識と高度な管理知識を要す	企画力・分析力・応用力等を持って，ほとんどの判断を自ら行わなければならない	部門の方針に基づく企画立案	重要事項に関する高度の折衝・決定	失敗は業務全体に及ぶほか，対外問題にまで発展する可能性がある

82

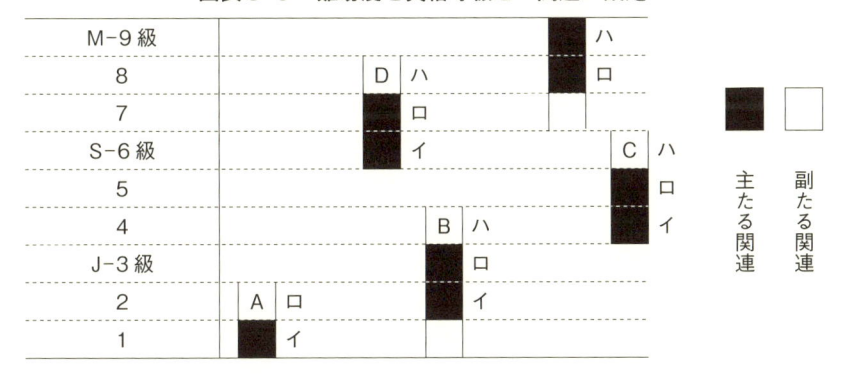

第3章　人事システムの選択と設計の進め方〜能力主義人事を構築する作業〜

図表3-3　難易度と資格等級との関連の設定

等級		難易度	習熟度
M-9級			ハ
8	D		ハ／ロ
7			ロ
S-6級			イ／ハ／ロ
5		C	イ
4	B		ハ／イ
J-3級			ロ
2	A		ロ／イ
1			イ

■ 主たる関連　□ 副たる関連

る。一応，例示では標準的な9等級規模（職員数100名〜1000名程度）を取り上げたが，企業の規模によっては8等級の場合も10，11等級の場合もあるだろう。その場合は，自社の等級に置き換えて等級指定を行うことになる。

3　職能資格等級の決め方

　仕事には，必ず難易度がある。そこでまず，難易度分類基準により難易度指定を行う。（A〜Eの難易度を確認し，AかBか迷ったら下位の難易度を適用する）。次に，この課業は1人で完全にできるようになるためには，いったいどのくらいの年月が必要なのか，等級別習熟度指定（イ，ロ，ハ）の明細と習熟の深まり度合いの基準に基づいて習熟度，イ，ロ，ハを確定する。最後にもう一度，難易度分類基準の責任，判断力，精神的負荷の3項目に沿ってA〜Eの難易度を確認し，難易度の最終確定を行う。迷ったら必ず下位の資格等級を適用することを原則とする。

83

図表3-4　難易度分類基準

難易度区分	責　　任
A	他の業務への影響はほとんどない（失敗の可能性はほとんどない）
B	失敗しても修正がきくので，周囲への影響はそれほど大きくない
C	失敗しても修正はきくが，その影響の範囲が他の部門に及び系列作業に支障を及ぼす
D	失敗は系列作業全般に遅れを生じせしめるほどの影響を及ぼす
E	失敗は他部門の業務全般にまで影響を及ぼすことがあるほか，対外的問題にまで発展することがある

難易度区分	判　断　力
A	直接指示されるのでほとんど判断しない
B	作業手順や規定などの運用にあたって，多少の判断を要するが，条件の変化による判断は要しない
C	要点だけしか指示されないので，条件や状況の変化に応じて部分的に対応できる判断が必要
D	決められた方針に従い自己の裁量で仕事をすることが多く，対応的判断を要する
E	包括的指示しか示されないので，ほとんど条件状況に合わせた判断は自ら行わなければならない

難易度区分	精　神　的　負　荷
A	直接指示を受け，しかも補助的な仕事しか行わないので，軽度の感覚的注意を払えばよい
B	所定の手続きに従って仕事が遅滞なく，またミスなく行われているかを注意する程度
C	常時慎重な注意が求められる，仕事の急所については，強度の緊張を必要とする
D	瞬時の対応を迫られるときもあるので，業務全般にしばしば強度の緊張を必要とする
E	仕事の内容が複雑多岐で，関連する事項が多く変化するため，強度の緊張が持続するか，あるいはその仕事を監督するための複雑な注意力を必要とする

A＝補助，単純，定型業務　　B＝事務，作業業務　　C＝実施，指導，監督業務
D＝企画，管理業務　　　　　E＝政策，決定，統率業務

図表3-5　等級別習熟度指定

習熟度指定	習熟記号	指定記号	習熟度タイプ
深い	ハ	完↑ 独 援	1～2年で「補助を受ければできる」 続く2～3年で「独力でできる」 続く3～4年経って「完全にできる」に到達する課業
中間	ロ	完↑ 独	1～2年で「独力でできる」にまで到達し、 続く2～3年で「完全にできる」に到達する課業
浅い	イ	完	1～2年経って「完全にできる」に到達する課業

図表3-6　習熟の深まり度合い基準

遂行レベル	記号	定義	上司からの指導援助程度	下級者に対する指導	状況変化に対する適応性	実施責任は
「完全」にできる	完↑	独力でできることはもちろん、かなり広い範囲で部下、後輩の指導もでき、状況変化に対応することもでき、責任をもって業務遂行ができる	まったく必要としない	十分に指導できる	十分に対応できる	最終実施責任を負うことができる
「独力」でできる	独↑	指導や援助がなくても、少しは範囲を広げながら1人（独力）でミスがなく業務遂行ができる	ほとんど必要としない	部分的に指導できる	指導を受けないと対応できない	部分的な実施責任を負うことができる
「援助を受けて」できる	援	指導や援助を受けながら一定の範囲でミスがなく業務遂行ができる	ときどき必要とする	指導することはできない	対応できず上司に伝え指示を仰ぐ	ごく部分的な実施責任を負うことができる

図表3-7 職能資格等級数の設定

等級数	社員数と役職数	
12〜13	5001人以上	
10〜11	1001人 〜 5000人	＊社員の平均年齢が35歳を超える高齢化状況によっては左記等級数に＋1を行い等級数を決める。
9	100人 〜 1000人	＊役職職階は部長，課長，係長が基本として等級が決まる。
8	10人 〜 100人	＊副部長，次長，主任などの役職があり役職がバブルの場合は基本にもとづきフラットな役職制度の整理が必要だが，改革見直しができない場合は増えた役職数だけ資格等級が増えることになる。

4 課業一覧表のメンテナンスのやり方

　課業一覧表は1回作成すれば，いつまでも使用できるものではない。時代とともに仕事のやり方や仕事が変わる。課業や課業内容が変われば，その知識，技術（技能）も変わるからである。メンテナンスを適宜適切に行わないと現状職務と乖離してしまう。

　メンテナンスでは仕事の内容が変わったときには，課業の加筆，削除，課業の難易度の等級替へなど，習熟，修得要件を必然的に見直しをすることが必要である。年1回，全社で見直しをすることをルール化し，常に変化に耐えられるように整備をしておくことが必要である。

5 職能・役割要件書（等級基準）の作成

　課業一覧表ができあがると，いよいよ，これをベースに職能・役割要件書の作成作業に入る。それぞれの仕事を，どういう出来栄えでできなければならないのか，そのような出来栄えで遂行するためにはどの程度の知識や勉強が必要なのか，また，どのような自己啓発をすればよいのか，取得する資格免許や必読図書などを明らかにする。

第3章　人事システムの選択と設計の進め方～能力主義人事を構築する作業～

　これらの修得要件の記述にあたっては，部内，課内にある規定類や手続きおよび図書，ビデオ，また，今まで参加して役に立ったと思われるセミナー名，通信教育などすべてを洗い出し，重要なものを記述する。
　この修得要件により，自分の能力不足分（ギャップ）がわかり，勉強のターゲットを絞り込むことができる。能力主義人事は職能資格等級制度をベースとして具現化されるが，その職能資格等級制度の中身は職能・役割要件書である。この職能・役割要件書を基準として職員一人ひとりの能力開発や人材の適正配置が行われる。
　資格免許を持つプロ集団であっても，職能・役割要件書をベースにして勉強不足を確認することができる。すなわち，この要件書を等級基準として活用し，この基準に対して各人一人ひとりは，どの程度の能力を身につけたのか，成長の度合いの判定基準とする。つまり，人事考課における能力考課の基礎資料として活用することができる。
　職能・役割要件書は，能力開発，人材育成の具体的な修得，習熟要件を明らかにしたものであるが，能力・実力主義人事の公平公正で客観的な人事考課，昇格，昇進，人材配置，賃金，処遇などの基準としても活用する。

6　職能・役割要件書の中身とメンテナンスのやり方

　再度，頭をクリーンにするために，できあがった職能・役割要件書の見方を勉強し，要件書の理解を深めることにしたい。

(1) 習熟要件（遂行レベル）と具体的手段，方法の記述

　習熟要件とは，当該等級において発揮することが期待される習熟能力のレベルを表したものといえる。すなわち，どんな仕事がどの程度できる必要があるかを明らかにしている。「この課業はこんなレベルでやってほしい」と企業が社員に示した期待像であるが，この習熟要件は課業一覧にあるすべての課業について記載しているわけではない。「この課業ができれば，他の類似した課業

図表3-8　職能要件書（1）

職種：全社共通
資格区分：1級職

課業	課業内容	習熟能力				修得能力 (知識・技能・技術)	具体的手段・方法 (図書・研修・ 資格・免許等)	自己啓発
		援	独	完	遂行レベル			
1.電話応対	(1) 電話応対 (2) 担当者への取次・伝言			○	①電話の機能を理解し、要ът゛よく感じのよい応答ができる。 ②電話応対の基本用語および敬語を正しく使い、臨機応変に対応できる。	①電話機の機能についての理解 ②ビジネス電話の受け方、取次ぎ方、かけ方に関する知識 ③正しい敬語の使い方に関する知識	〈図書〉 ①ビジネスマナーパスポート（大明社　'91発行）p.24～35, p.84～91 〈研修〉 ①新入社員集合教育「マナー研修」	〈ビデオ〉 ①ビジネスマナー・電話の受け方、かけ方リクルート映像（人事課貸出） ②あいさつと呼びかけ方（日本商工振興会）
2.来客応対	(1) 来客の受付 (2) 担当者への取次 (3) 湯茶接待			○	①来客者に対し適切な応対と正しい取次ができる。 ②正しい手順で来客者にお茶の接待ができる。	①礼儀正しい接客マナーの知識 ②応接室、事務所応接セットでの正しい席順の知識 ③正しい敬語の使い方に関する知識	〈図書〉 ①ビジネスマナーパスポート（大明社　'91発行）p.6～15, p.44～57, p.84～91 〈研修〉 ①新入社員集合教育「マナー研修」	〈図書〉 ①あいさつと呼びかけ方（日本商工振興会） 〈通信教育〉 ①接遇・応対基本コース（日本能率協会）
3.整頓・清掃	(1) 職場および身の回りの整理、清掃、整頓			○	①職場および身の回りの整理、清掃、整頓を行い、気持ちのよい環境で安全に仕事をすることができる。	①ファイリングシステムの基礎知識	〈図書〉 ①ファイリングマニュアル（総務課　'90.4発行）p.1～10	〈図書〉 ①ファイリングマニュアルp.11～24（総務課　'90.4発行）
4.文書の複写	(1) 各種文書、資料のコピー (2) 各種文書、資料のセット			○	①複写機を正しく操作し、文書、資料の複写ができる。 ②いろいろな製本の方法を熟知し、体裁よく書類のセットができる。	①複写機の操作についての理解 ②見やすく、きれいな製本方法の知識	〈図書〉 ①複写機の取扱い説明書	
5.事務用品の補充・保管	(1) 各種事務用品の補充・保管			○	①自部署で必要な用紙、文具等の補充、保管が自発的にできる。	①自部署で使用する各種用紙、文具等の種類、および購入方法についての理解	〈図書〉 ①コクヨ、ライオン等の文具事務機メーカーの総合カタログ	
6.文書の受発信	(1) 文書の配付、回覧、発送 (2) ファクシミリによる受発信			○	①社内外からの文書を仕分けし、担当者に配付、回覧することができる。 ②社外に出す文書を適切に処理、発送することができる。 ③ファクシミリによる受発信ができる。	①自部署における各担当者の業務分担の把握 ②郵便・宅配便の発送方法、サービスに関する理解 ③ファクシミリの操作、用紙交換に関する理解	〈図書〉 ①ぽすたるガイド（郵政省） ②ファクシミリの取扱い説明書	
7.社印の押印	(1) 押印請求簿による手続き (2) 文書の指定様式による押印			○	①上司の一般的指示のもと、押印請求簿に必要事項を記入し、所定の承認を受けてから文書の指定様式に従って、正確に社印を押すことができる。	①社印の種類とその用途についての把握	〈図書〉 ①社則集「社印取扱規則」	

第3章 人事システムの選択と設計の進め方〜能力主義人事を構築する作業〜

図表3-9 職能要件書(2)

職種	全社共通

資格区分	2級職

課業	課業内容	習熟能力 援	習熟能力 独	習熟能力 完	遂行レベル	修得能力(知識・技能・技術)	具体的手段・方法(図書・研修・資格・免許等)	自己啓発
1. 課内予算管理事務	(1) 現金出納管理 (2) 伝票起票および証憑の貼付(定時・中間・小口・振替) (3) 予算台帳・実績表の管理 (4) 伝票控・納品書の保管			○	①小口現金の管理と出納帳の記入、管理ができる。 ②請求書の支払、仮払金の精算、社内振替等の各種会計伝票を起票し、証憑(請求書・領収書)を貼付することができる。 ③予算台帳・実績表を基に課内予算の過不足が把握できる。	①小口出納帳の記入方法の理解 ②勘定科目、消費税についての知識 ③会計伝票の種類および起票方法についての理解 ④旅費規則および旅費精算方法についての知識 ⑤課内予算の内訳についての把握	①伝票の書き方 (新入社員教育資料 経理部) ②社則集「旅費規則」	
2. 文書の作成	(1) ワープロによる文書の作成 (2) パソコンによる資料(表・グラフ)の作成			○	①ワープロ機能を幅広く活用した文書を作成することができる。 ②パソコンを操作し簡単な表・グラフを作成することができる。	①ビジネス文書の書き方に関する知識 ②ワープロ機能に関する技能 ③パソコン操作の基本的技能	〈図書〉 ①文書ハンドブック(総務課 '86.3発行) ②ビジネスマナーパスポート(大明社 '91発行)p.92〜101 ③一太郎, ロータス123等の操作マニュアル ④新入社員集合教育「ワープロ・パソコン教室」	〈図書〉 ①新入社員集合教育「ワープロ・パソコン教室」テキスト(tdi情報技術学院) 〈研修〉 ①パソコン勉強会(パソコンユーザー会) ②パソコン教室 ・NECスクール ・tdi情報技術学院 他
3. 諸会議の準備	(1) 会議室の予約と調整 (2) 会議出欠の確認 (3) 会議資料の配付 (4) 会場の設営と片付け			○	①会議の会場および設営、後片付けができる。 ②事前に出欠の確認と資料を配付することができる。	①社内会議室や貸会議場の場所、広さ、設備および予約方法についての把握	〈図書〉 ①各種貸会議場パンフレット	
4. 文書、帳票、資料等の保管	(1) ファイリングシステムに沿った整理保管 (2) 不要文書類の整理と処分			○	①ファイリングマニュアルの規定に基づき、文書、帳票、資料を適切に区分ファイル保管、管理、処分ができる。	①ファイリングマニュアルに関する知識 ②自部署の保管文書類の種類の把握	〈図書〉 ①ファイリングマニュアル(総務課 '90.4発行)	

もできる」という,その等級を代表する課業を選択して記述している。つまり,他の仕事ができるようになるための深まり,高まり,広がりのある仕事を選択して記述することが留意点になる。

図表3-10　管理専門職能（M職）の役割内容

役　割	内　容
1　組織統括 部下育成	①経営方針・部門方針の作成と伝達 ②業務計画の作成 ③業務の進渉管理 ④部門予算の作成 ⑤部門予算の管理 ⑥案件の処理（決定・承認） ⑦業務の改善 ⑧問題の解決 ⑨折衝・調整 ⑩権限の行使 ⑪就労管理 ⑫職務の編成 ⑬考課・面接・処遇 ⑭動機付け
2　上司補佐	①補佐・代行 ②上司への報告
3　企　画 　研究開発	①情報収集・調査・分析 ②社内制度の企画・立案 ③新規事業の選定および策定（組織開発・市場開発・技術開発・商品開発）
4　担当業務 　実施	①各部門における業務の推進 ②部門固有の課業の実施

(2) 修得要件（知識，技能，技術）の記述の仕方

　修得要件とは，この等級ではどのような知識や技能，技術を身につけたらよいのか，具体的な手段・方法を記入する。習熟要件に対応した職務遂行能力にとどまらず，職務の広がりや高まり，深まりを目指すための必要な要件を時間をかけて作り上げることが必要である。また，知識，技能，技術については，一目見てどんな勉強や自己啓発をすれば身につくのか，実際の行動に移れるようにターゲットを明示することが留意点である。

　具体的な手段，方法では，この仕事に必要な知識，技能，技術を修得するためには，どんな勉強をしなければならないのか，その勉強と努力をするターゲットを漏れなく記入しておくことが必要である。

また，修得能力を身につけるためには自己啓発が必要である。「通信教育講座」，「必読図書」，および「公的資格免許」などを明示しておけば，志のある者は自ら行動を起す。

(3) 職能・役割要件書のメンテナンスの仕方

職能・役割要件書は1回作成すれば，いつまでも使用できるというものではない。課業や課業の内容，また，役割が変わればその知識，技能，技術も変わるからである。時代のニーズとともに，人の価値観も仕事のやり方も変わり，課業や役割も変わっていく。したがって，習熟要件，修得要件もその都度見直しをしなければならない。能力・実力主義人事制度をしっかりと定着させ運用していくためには，年に1日，メンテナンスを行う日を決め，いつも最新版にしておくことが望まれる。

(4) 職能・役割要件書活用時の留意点

図表3-8，3-9の職能要件書では，自社が期待し要求する能力・実力の内容とレベル（この仕事はこの程度やってほしいというできるレベル）を援，独，完の3ランクで示している。

援とは，援助を受けてできれば期待レベルの出来栄えで「B」と考課される。同じように独とは，独力でできれば期待レベルの「B」考課，完とは完全にできる出来栄えで「B」と考課される。そして，援助を受けてできるレベルの資格者が，独力で期待レベルの出来栄えで仕事を遂行した場合の考課はチャレンジ＋1点で「A」と考課される。

係長以下の能力開発対象者の人事考課には，チャレンジ＋1点方式がセットされているのが能力主義人事の特徴である。

① 目標面接と人材の育成

さて，職能・役割要件書を活用し能力給，実力・成果給を導入するためには，まず最初に目標面接がポイントになる。その人の能力や実力・役割に見合った，

図表3-11　役割業務要件表　　係長　　（例示）

平成　年度 (上期・下期)	考課対象期間					被考課者				
	自	平成	年	月	日	所属	役割等級	資格等級	役職名	在職年数	氏名
	至	平成	年	月	日						

役割業務	役割	役割内容	遂行レベル
部下の指導育成	部下のOJT指導	・OJT計画の立案と実施 1）目標の設定 2）面接の実施 　目標面接，中間面接，育成面接 3）職務・行動改善指導 4）新規採用者のOJT指導	1．課業一覧表，職能要件書を利用して，できる課業，できない課業，また，そのレベルなどを一つひとつ確認しながらOJT計画書を作成し，やってみせ，やらせてみて，実践の中から体験・修得させている。
			2．それぞれのOJT課題に適切な指導者を任命し，計画に従って実施させ進行状況を把握している。
			3．業務ローテーション計画を立て，実際にやらせてみて，その達成度を確認し，本人の能力や適性を確認しながら，適材適所で仕事を分担させている。
			4．TPOを考えて，適宜適所で育成メモを活用し，動機付けを行い，具体的な指導をしている。
			合計点，（平均点（6捨7入））
	日常業務の推進	・連名課業一覧表の作成 ・遂行状況の確認	1．各人の能力に見合った適正な業務分担を行っている。
			2．職務遂行状況を，中間面接，随時面接でチェック・確認している。
			3．業務の見直しや手順の改訂などを行うときは，タイミングよく課業分担を見直し，援助・協力を行うなどしてリーダーシップをとっている。
			合計点，（平均点（6捨7入））

第3章　人事システムの選択と設計の進め方～能力主義人事を構築する作業～

			平均点	総合判定

自己評価	1次考課	2次考課	確認資料
+2 +1 ± -1 -2 コメント	+2 +1 ± -1 -2 コメント	+2 +1 ± -1 -2 コメント	□ OJT計画書 □ フィードバックメモ □ 育成メモ □ 人事考課表綴り
+2 +1 ± -1 -2 コメント	+2 +1 ± -1 -2 コメント	+2 +1 ± -1 -2 コメント	
+2 +1 ± -1 -2 コメント	+2 +1 ± -1 -2 コメント	+2 +1 ± -1 -2 コメント	
+2 +1 ± -1 -2 コメント	+2 +1 ± -1 -2 コメント	+2 +1 ± -1 -2 コメント	
＿＿＿＿（　　　）	＿＿＿＿（　　　）	＿＿＿＿（　　　）	
+2 +1 ± -1 -2 コメント	+2 +1 ± -1 -2 コメント	+2 +1 ± -1 -2 コメント	□ 連名課業一覧表 □ チャレンジカード □ フィードバックメモ □ 育成メモ
+2 +1 ± -1 -2 コメント	+2 +1 ± -1 -2 コメント	+2 +1 ± -1 -2 コメント	
+2 +1 ± -1 -2 コメント	+2 +1 ± -1 -2 コメント	+2 +1 ± -1 -2 コメント	
＿＿＿＿（　　　）	＿＿＿＿（　　　）	＿＿＿＿（　　　）	

役割業務	役割	役割内容	遂行レベル
	服務規律の遵守	・就業規則，服務規程の指導と徹底 ・部下の勤怠の指導 ・パート・アルバイト等の勤怠の指導	就業規則の服務規程等を踏まえ，規則違反などに気がついたときは朝礼終礼等で注意を促し，規律維持のために適宜適切に指導している。
			合計点，（平均点（6捨7入））
	勤怠管理	・勤務表の作成 ・出勤状況の確認 ・欠勤，早退，遅刻等の事由の確認と指導 ・有休取得状況の把握，指導	1．会社行事や日常業務の推進状況を確認し，日常業務に支障が生じないよう，また，有給休暇の公平付与に留意して，勤務表を作成している。
			2．特定の社員に残業が偏らないように注意し，シフトの見直し，バックアップ体制を組むなど，健康管理面にも留意しながら，公平な業務配分を行っている。
			3．部下の有休の残日数を把握し，社員間に有休消化の偏りが出ないよう，指導している。
			合計点，（平均点（6捨7入））
	年間・月間・週間業務計画の立案・実施	・部署行事の年間計画 ・週間業務分担表の計画 ・部署別年間業務計画の立案	1．会社の年間事業計画に基づき，部署の年間業務計画を立案し，実施している。企画案については，具体的な手段，スケジュールなどを盛り込み，いつまでに何をどうするか，期待する成果を明確にして，実行計画書を立て各人に割り当てている。
			2．連名課業一覧表の仕事の質，量を確認しながら，能力に見合った仕事配分を考え，週間業務分担表を作成，実施している。
			3．四半期ごとに業務計画の達成状況を把握し，実行できていない課題については，部署全体でどうしたら解決できるかを話し合い，手段方法などの対策を立てて，実行している。
			合計点，（平均点（6捨7入））

第3章 人事システムの選択と設計の進め方〜能力主義人事を構築する作業〜

自己評価	1次考課	2次考課	確認資料
+2 +1 ± -1 -2 コメント _____（　　　）ｰ	+2 +1 ± -1 -2 コメント _____（　　　）ｰ	+2 +1 ± -1 -2 コメント _____（　　　）ｰ	☐ 育成メモ
+2 +1 ± -1 -2 コメント	+2 +1 ± -1 -2 コメント	+2 +1 ± -1 -2 コメント	☐ 諸届書 ☐ 勤務表
+2 +1 ± -1 -2 コメント	+2 +1 ± -1 -2 コメント	+2 +1 ± -1 -2 コメント	
+2 +1 ± -1 -2 コメント _____（　　　）ｰ	+2 +1 ± -1 -2 コメント _____（　　　）ｰ	+2 +1 ± -1 -2 コメント _____（　　　）ｰ	
+2 +1 ± -1 -2 コメント	+2 +1 ± -1 -2 コメント	+2 +1 ± -1 -2 コメント	☐ 基本方針，年間事業計画書 ☐ 部署年間業務計画（前年度の業務計画） ☐ 連名課業一覧表 ☐ 職能要件書 ☐ 役割業務要件書 ☐ チャレンジカード
+2 +1 ± -1 -2 コメント	+2 +1 ± -1 -2 コメント	+2 +1 ± -1 -2 コメント	
+2 +1 ± -1 -2 コメント _____（　　　）ｰ	+2 +1 ± -1 -2 コメント _____（　　　）ｰ	+2 +1 ± -1 -2 コメント _____（　　　）ｰ	

役割業務	役割	役割内容	遂行レベル
業務改善	業務改善（係長，課長主体業務）	・組織機能の役割業務の推進 ・業務改善の提案 ・規定，業務マニュアル，各種マニュアルの作成改訂	1．部門の役割を把握し，現状維持ではなく改善につながる役割業務を洗い出している。
			2．役割業務の洗い出しにあたっては，SWOT分析により，部門の強み・弱み・機会・脅威を分析し，課題の優先度，重要度を明確にして問題解決に取り組んでいる。
			3．優先課題，重要課題の問題解決にあたり経費予算が必要な課題については，予算（項目，内容，課題達成のスケジュールなど）を立案し，提案している。
			合計点，（平均点（6捨7入））
上司補佐	上司補佐（係長，課長主体業務）	・担当分野の情報収集，問題解決提案 ・上司不在時の業務代行	1．担当分野の役割業務について，常にアンテナ（個人的なネットワークやインターネット，専門書の活用）を張り，問題解決案を適宜適切に提案している。
			2．問題解決案の提案にあたっては，手段方法のメリット，デメリットを明確にし，関係者からの質問には的確に回答している。
			3．上司の不在時は，職務権限を十分理解し，その範囲内で判断しながら業務を代行している。
			合計点，（平均点（6捨7入））
人事考課の実施	目標面接の実施（係長，課長，部長主体業務）	・目標の設定の仕方の指導 ・目標面接，中間面接，育成面接の実施 ・随時面接の実施 ・面接後のフォロー（職務改善の指導と行動改善の指導）	1．面接制度の流れや，それぞれの面接（目標面接，中間面接，育成面接）の目的，効果，留意点を理解して，タイミングよく，そのとき，その場面，その人に合った面接を実施している。
			2．課業一覧表，職能要件書，役割要件書により，部下の現在の能力を把握した上で，部下と期待像のギャップを確認しながら職務基準を設定している。また，それに関連した能力開発目標を設定している。

第3章　人事システムの選択と設計の進め方〜能力主義人事を構築する作業〜

自己評価	1次考課	2次考課	確認資料
+2 +1 ± −1 −2 コメント	+2 +1 ± −1 −2 コメント	+2 +1 ± −1 −2 コメント	☐ 部門方針書 ☐ 部門予算書 ☐ 業務改善提案書 ☐ 業務マニュアル
+2 +1 ± −1 −2 コメント	+2 +1 ± −1 −2 コメント	+2 +1 ± −1 −2 コメント	
+2 +1 ± −1 −2 コメント	+2 +1 ± −1 −2 コメント	+2 +1 ± −1 −2 コメント	
＿＿＿（　　）	＿＿＿（　　）	＿＿＿（　　）	
+2 +1 ± −1 −2 コメント	+2 +1 ± −1 −2 コメント	+2 +1 ± −1 −2 コメント	☐ 業務マニュアル ☐ 改善提案書
+2 +1 ± −1 −2 コメント	+2 +1 ± −1 −2 コメント	+2 +1 ± −1 −2 コメント	
+2 +1 ± −1 −2 コメント	+2 +1 ± −1 −2 コメント	+2 +1 ± −1 −2 コメント	
＿＿＿（　　）	＿＿＿（　　）	＿＿＿（　　）	
+2 +1 ± −1 −2 コメント	+2 +1 ± −1 −2 コメント	+2 +1 ± −1 −2 コメント	☐ 基本方針，年間事業計画書 ☐ 部署年間業務計画（前年度の業務計画） ☐ チャレンジカード ☐ 職務基準の設定メモ ☐ 育成メモ ☐ 人事考課表綴り
+2 +1 ± −1 −2 コメント	+2 +1 ± −1 −2 コメント	+2 +1 ± −1 −2 コメント	

役割業務	役割	役割内容	遂行レベル
			3．育成面接にあたっては，意図的，計画的にフィードバックメモを作成して，面接の準備をしている。
			4．職務基準設定の面接では，部署目標を具体的な仕事に置き換えながら，当事者意識を持たせ，個人目標を自主的に設定させている。
			合計点，（平均点（6捨7入））
	人事考課の実施	・人事考課，コンピテンシー評価の実施 ・結果のフィードバック ・考課者間の甘辛調整（課長以上） ・昇進昇格者の推薦（課長以上で昇進・昇格推薦書を作成）	1．絶対考課を理解して，人材育成や有効な人材活用を図るため，育成メモなどを使いながら，定期的に面接を実施している。
			2．課題のレベルに応じて，また，部下の能力レベルを考えて，個別面接，ペア面接，グループ面接を随時実施している。
			3．考課基準に基づき適正に人事考課を行い，行動事実の確認，甘辛調整などを通して，適正な処遇に結び付けている。
			合計点，（平均点（6捨7入））

自己評価者コメント	
1次考課者コメント	
2次考課者コメント	

第3章　人事システムの選択と設計の進め方～能力主義人事を構築する作業～

自己評価	1次考課	2次考課	確認資料
+2 +1 ± -1 -2	+2 +1 ± -1 -2	+2 +1 ± -1 -2	
コメント	コメント	コメント	
+2 +1 ± -1 -2	+2 +1 ± -1 -2	+2 +1 ± -1 -2	
コメント	コメント	コメント	
＿＿＿（　　　）	＿＿＿（　　　）	＿＿＿（　　　）	
+2 +1 ± -1 -2	+2 +1 ± -1 -2	+2 +1 ± -1 -2	☐ チャレンジカード
コメント	コメント	コメント	☐ 職務基準設定メモ ☐ フィードバックメモ ☐ 育成メモ ☐ 人事考課表綴り ☐ 役割業務要件書 ☐ 考課表
+2 +1 ± -1 -2	+2 +1 ± -1 -2	+2 +1 ± -1 -2	
コメント	コメント	コメント	
+2 +1 ± -1 -2	+2 +1 ± -1 -2	+2 +1 ± -1 -2	
コメント	コメント	コメント	
＿＿＿（　　　）	＿＿＿（　　　）	＿＿＿（　　　）	

氏名		印	日付	／　／
氏名		印	日付	／　／
氏名		印	日付	／　／

図表3-12　役割等級の定義

役割等級	定義
V	部長クラスの役割業務，経営補佐，トップ補佐業務 経営方針，事業計画に基づく戦略目標の立案，業界情報等の収集と分析，提案，部門および企業全体予算の立案，部門目標の立案と達成管理，人事考課最終調整など
IV	課長，部長クラスの企画開発，管理統率業務 課レベルの問題解決業務および労務管理，予算の遂行管理，職能要件書の管理，人事考課，面接，労務管理，指導，モチベーション管理，メンタルヘルスなど
III	主任・係長クラスの役割業務 部署内の業務の実行を監督，指導しながら自らも参加する，職能要件書の更新，上司を補佐して目標の達成管理，チーム内の日常課題の解決，労務管理など
II	高度の熟練や専門知識を駆使して行う定型的業務，判断業務 業務手順書・マニュアル等の作成・更新・上申，職能要件書の内容把握・上申，新人や後輩のOJT教育や能力開発業務など
I	定型的，補佐的業務 指示された仕事を手順書に従い忠実に実行，定型的な熟練業務を含む

公平な目標が部下の納得を得られるように設定できるか否かが問題である。

上司は面接を行う前に，部下を集めて全体ミーティングを行う。その場で部門長は部門方針や部門目標，また，その分担や達成基準を部下にわかりやすく説明する。達成基準の困難度や援助，協力，指導などについても，部下が納得できるように，膝を交えて徹底的に話し合う。また，この面接では業務目標の設定だけではなく部下の今後のキャリアアップや適材適所の配置についてもよく話し合い，役割分担をしっかりと行うことが大切である。

・部下各人は成果目標を理解して主要目標を設定しているか
・目標達成に向けた計画は具体的か
・計画を実行する上での難問をよく理解しているか
・達成基準は組織目標の達成に連結しているか
・達成基準は評価期間中の業績を客観的に測定できるか
・目標の重要度，困難度を理解しているか
・業務遂行過程におけるプロセス成果やそのチェックポイントは明確になっ

ているか

など，能力・実力・成果主義賃金制度を真に力ある賃金にするためには，賃金制度の仕組みそのものよりも，賃金を動かす目標の妥当性，役割の明確化などに留意し，能力トータル人事制度をきちんと設計整備することが必要である。

② 加点主義でチャレンジを引き出す

先述のとおり，能力主義人事制度には，社員のチャレンジを引き出すチャレンジ＋１点の加点方式が特徴として取り上げることができる。

加点主義人事には，企業の期待像を基準に一人ひとりの持ち味を引き出し，ほかにはない，無から有を創り出す創造と革新の効果が期待されている。たとえば，業務改善や改革など特に功績のあった社員や，また，地域貢献などといった他の社員の模範になる活動をした社員を積極的に褒め称えることによって，組織をチャレンジブルに変える仕掛けがある。

しかし，組織は多様な人材の構成部隊である。与えられた仕事しかしない人も多いが，人が嫌がる，リスクのある仕事に挑戦する人もいる。また，まったく同じ仕事を同じ能力を持つ２人の社員に与えたとき，その出来栄えを見てみると，結果はやる人によってまったく違ったものとなる。問題意識を持ちながら，やり方はこれでよいか，もっとよいやり方はないか，もしこの仕事をなくしたら，どんな問題が起きるだろうか，こんな手順にしたらもっと経費は安くできるのではないか，など，いつも最もよい方法はないかを考えながら仕事をしている社員が大勢いる組織は一流企業である。

人間はチャレンジをすることによって，その可能性を大きく広げるし，能力も伸びる。チャレンジによって社員一人ひとりが成長すれば組織も成長する。新しいことに挑戦すれば失敗はある。しかし，新しいことに挑戦しなければ未来はつくれない。決まったことしかしない，現状維持の人が評価されるとすれば，それは企業の退歩を意味している。

組織が大きくなればなるほど，マニュアルや過去の前例に従うことが無難と考える社員が目につくようになる。減点主義の職場では，新しいことをやって

失敗すれば厳しく罰せられる。イノベーション（改革）とは，前例にないことをやることであり，挑戦するからこそ失敗もあり，成功もある。イノベーションは働く者の意識を変え，仕事変え，組織風土を変える。

挑戦加点は能力主義，加点主義人事制度の上に成り立つ制度である。挑戦の第一歩はまず，勇気をもって一歩を踏み出すこと，次の挑戦はそれから考えればよい。挑戦することの大切さを理解し行動した者は伸びる。チャレンジは社員の人生を，よりよく，充実したものにすることは間違いない。

③ 能力を伸ばすチャレンジ＋1点方式

やるべきことはきちんと伝える。その上で，「あなたは，今，なにをやりたいのか」と部下に問いかけ，確認をするのが，できる管理者のマネジメントである。できる管理者は，「あれやれ，これやれ」とはいわない。部下の自主性や，やる気を引き出すことが上手な人である。

人にはそれぞれの持ち味がある。しかし，組織に入ると，その個性の輝きが消え，同じような行動をとる社員が多い。いつも頭を空っぽにして，受身で他律的になるのが一般的なサラリーマンだ。上で決まったことを，ただいわれるままに，皆と一緒に無難にやっていればよい，といった発想である。

思考を停止して自己を否定し，上司のいうことは，みんな正しいのだと納得して動く。これらのスタイルに慣れてしまうと，何事に対しても問題意識すら持たなくなり，物事はすべて他律的に決まるようになる。社員は皆，受動的にしか動かないので，組織としての意思決定力は弱くなり，その結果，組織の活力は失せ業績も上がらない。また，他律的な繰り返しの業務だけをやっていると変化がないので，緊張感がなくなる。これが大きな事故につながる。これではいけない。

各人のチャレンジや自己主張を，精一杯引っぱり出し，業務推進状況や問題解決策を話し合うのが上司と部下の面接制度である。この面接制度を通じて，部下は自己啓発や将来の希望達成に向けての課題に柔軟に対処することができる。

これからの経済の環境情勢は刻々と変わる。これらの厳しい経営環境に即応していくためには，人材の多様性をいかに組織の力にするか，すなわち，一人ひとりの個性や持ち味を生かす能動的で自立的なマネジメントが求められている。組織の論理よりも個人の論理を大切にする考え方だ。人と違ったことをやる，異の主張，異の認識を褒め称えるような人事制度が求められている。たとえば，何も新しいことをやらなかった人より，何かをやって失敗した人を褒め称えるのである。

現在は，まさに個別異質異能主義時代，皆違うことを大切にして，社員一人ひとりが顧客満足のために知恵を出し合い，ほかにないサービスを工夫することが大切だ。一人ひとりの行動の集約が会社全体の経営満足につながり，ひいては，組織の社会的格付け成果（グレード）に結びつくことになる。そのためには，プロとして既成概念にとらわれない考え方や行動がとれる人材を育てなければならない。

ここで大切なのは，チャレンジの概念である。何がチャレンジなのか，どこまでがチャレンジでないのか，また日常業務としてやらなければならない定型業務を明確にしておかなければならない。その基準となるのが，課業一覧表と職能・役割要件書である。この2つのアウトプットを，「職能資格等級制度」，「等級基準」または「能力主義人事制度」などと呼んでいる。

これらのアウトプットは，「職務調査」という手法によって作成する。現在は役割・実力・成果主義時代であり，こうした能力主義人事は時代遅れではないかという批判も多いが，それは違うのではないかと思う。役割や実力，成果は能力があって，初めて成立するということを，再認識したい。

④ 人材育成は管理者の最大の職責

能力主義人事は能力開発主義の考え方の上に立つ。能力主義人事では管理者の一大使命は部下の掌握育成であるが，日常，プレイングマネジャー業務に忙殺され管理業務を放棄している管理者が実に多い。できる管理者の要件を企業研修会などで質問してみると，管理者の多くはリーダーシップのある人と答え

る。それでは，リーダーシップとは何かと尋ねると，まともに答えられる人は少ない。その答えは，「人間関係能力」，「問題解決能力」，「リーダーシップ促進力」の3つのコンピテンシーで説明することができる。それでは，リーダーシップを発揮する管理者の要件を次に確認してみよう。

　ご覧のとおり，リーダーシップは3つの基軸で構成される。その1つは人間関係能力である。リーダーは組織目標を達成するために，組織内メンバーとの信頼関係やメンバー同士の関係を維持発展させなければならない。2つめは，問題解決能力である。リーダーはメンバーに対し，組織目標を納得と理解のもとに分担遂行してもらうように働きかける。3つめは，リーダーシップ促進力である。リーダーは部下が憧れる何かを持った人でなければならない。すなわち，リーダーの資格要件として人間性や倫理観などの資質面が大切であり，ほ

図表3-13　管理者のリーダーシップ発揮の要件

基軸	クラスター（評価項目）	ディクショナリー（行動特性）の留意点
1．人間関係能力	1．部下とのコミュニケーション力	1．部下との信頼関係を構築するための行動特性
	2．組織間協力関係構築力	2．リーダーがかかわる組織の役割を効果的に果たすために必要な組織間連携行動
2．問題解決能力	1．問題解決能力	1．外部環境の変化に対応する問題解決のための変革的行動
	2．企画開発力	2．具体的かつ実践的な戦略企画目標を立案し目標達成を推進する力
3．リーダーシップ促進力	1．人間性	1．他人の痛みや喜びに共感でき，思いやりのある行動を起こす力
	2．社会性	2．社会のモラルや秩序を尊重し常に周りの状況にも目を配り，いつも同じ常識的な行動がとれる力

かに，リーダーとしての判断力や社会性などが求められる。

　リーダーは言葉どおり，リードできる人である。目標はリーダーのリードにより，確実に達成されていく。部下は目標を持つと勇気が湧いてくる。目標を1つずつ達成していくと，自然と力がついてくる。また，物の見方や考え方が違ってくる。できる部下をうまく育てることができる上司は，部下が目標を達成したときの喜び，進歩したときの喜び，責任を果たしたときの喜び，認められているときの喜び，また仕事に没頭したときの喜びを部下と共有している。そして，部下に次のような勇気づけのメッセージをタイミングよく発信している。

＊上からいわれたことを，ただ実行するだけでいいのか。
＊上司の指示にどう対応すればいいのか。
＊上司は何をいおうとしているのか。
＊その仕事をこなすことは，あなたにとってどんな意味があるのか。
＊いつまでにその仕事をやればいいのか。
＊指示を待たずに，こちらから報告，連絡をしているか。
＊状況変化への対応は十分か。
＊普段やっている，慣れている仕事にも，何か「新しい知恵」を出しているか。
＊わからないこと，知らないことは，いつでも素直な気持ちで部内外者の知恵を借りているか。
＊自己中心的では他人の協力は得られない。組織は運命共同体である。皆の力を結集して，いい仕事をやっているのだ。他人の知恵や協力で自分の仕事がうまくいくようになったら，その協力者に感謝を忘れないようにしよう。
＊仕事の先輩，人生の先輩の師（お手本）を探して，少しでも近づけるように努力をしよう。また，人生の生き方も学ぼう。
＊自分自身のことは，見えているようでよく見えないことが多い。他人からの評価も参考にして自分自身を知り「自分の良さ」を最大限に発揮しよう。

＊いつも，明るく前向きな気持ちで，具体的な目標を持ち常に工夫と努力を惜しまないように前進しよう。
　＊自分と違った考え方や意見を述べる人についても，異質の存在を尊重し理解するように努力をしよう。
　＊心穏やかで明るければ健康にも恵まれる。いつも心にゆとりを持てるよう感性を磨こう。
　＊人が何かを成し遂げるためには，他人からの援助や励ましが大きな力となる。また，よい仕事をする人たちは自分の弱さを知っている。だから，他人の力を借りることができることを理解しておこう。

　勇気づけのメッセージも上手である。相手の貢献に着目した表現をうまく使っている。
　＊あなたのおかげでうまくいった。あなたが楽しそうなので私も楽しい。

　今までの仕事のやり方やその過程を重視したアプローチも，タイミングよく行っている。
　＊○○のやり方はよかった。△△というやり方には，私は問題があったように思うけど，君はどう思う。

　すでに目標が達成できている成果のポイントを押さえて，うまくフィードバックしている。
　＊この部分はとてもいいと思う。以前よりも○○の部分が大分進歩しているように私は思う。

　このように，いつも部下やその行動を肯定的に表現し，「私は…と思う」といったように自分の価値感を押し付けない。
　相手の主体性に任せて考えてもらう。相手に判断を委ねている。
　＊あなたはどう思う？　一番よいという方法はどんなやり方ですか？

　人との出会いは人生を変える。私の能力をストレッチしてくれる，そんな魔法をかけてくれる，そんな魅力的な管理者や上司に出会いたいといつも部下は願っているはずだ。

第4章

新時代の人事考課再構築

人材育成を一歩進めるためには評価が必要で、そこから育成点を見つける。これが、人材育成のスタートになる。
　さて、評価はしてもその結果をフィードバックしなければ、人材育成にはつながらない。評価制度を人材育成に結びつけるのであれば、目標面接は必要不可欠である。目標面接制度は単に人事考課のステップではない。目標面接を通して上司と部下が膝を突き合わせてコミュニケーションを行うことによって、お互いが理解と納得の上で仕事に取り組むことができるようになる。目標面接をきちんとやれば、部下と上司の信頼関係ができるし、人間関係、信頼関係が、働きがい、生きがいにもつながる。私たちは人生の中で多くの時間を職場で過ごす。職場での時間をいやいやながら過ごしている人がいたとしたら、こんな不幸なことはない。
　企業は人なり。この言葉に、異論を唱える経営者はいない。だが、キャリアパス、CDPやOJT計画書を持ち、実際に人材育成を実行している企業はまれである。だから、いくら時間がたっても、人材は育たない。人がいないのではなく、人を育てていないのである。
　さて、人事制度を動かすのは評価制度である。評価制度いかんによって、人事制度の味付けが変わるといってもよい。その人事制度構築の鍵を握るのが、人事考課と面接制度だ。評価制度と人材育成の仕組みについて、そのポイントを見てみよう。
① いくら目標面接や人事考課を実施しても組織活性化や業績向上に結びつかないのなら、評価システムに問題がある。制度の流れを一度見直してみよう。
② 面接は部下が主役である。「業務目標」を上司と部下で手作りで作成する。一番大切なのは、信頼関係づくりである。
③ 「結果」を公正に評価するシステムをどう作成するかが課題になる。「朝から夜遅くまでがんばっている、一生懸命やっている」ということで、成績がよい、能力もあるとみなすような考課は絶対にやめなければならない。
④ 目標達成基準は、部下と上司の2人で手作りで作成する。

⑤ 考課者訓練，面接訓練も受けていない無免許の管理者には，絶対に人事考課をさせない。
⑥ イメージ考課では，皆は納得しない。成績や行動など目で見える可視化した事実やアウトプットで考課をすることが大切だ。結果の記録，行動の記録が必要である。
⑦ 作成された「目標やチャレンジカード」は部下だけの目標ではない。上司の指導や援助，協力等の役割を付け加える管理手帳の覚書である。
⑧ 仕事だけではなく，今後の部下の指導や育成の方向性，またキャリアパスについても，その課題を明らかにして，OJT指導や育成指導を行う。

従来の査定中心の人事考課は上からの一方的な目線の考課であったが，これからの考課は下からのボトムアップ方式である。従来の人事考課との違いは次のとおりである。

1 人事考課制度設計の基本的考え方

これからの人事考課とは何か，これは素朴な質問である。人事考課はあくまでも手段，また，方法にしかすぎない。また，人事考課は，その組織の期待像に対しての充足度，達成度を評価するものであり，自社の組織，人づくりのためのツールである。自社の社員として，立派であるか否か，また，仕事ができるか否かを問うものに限られた評価である。

仕事はできても，職業人や社会人としては，未熟な人もいる。人間性や社会性に欠ける人もいる。話し方が横柄であったり，また，人間関係をうまく作れなくて，顧客とよくトラブルを起こす社員もいる。こうした社会性や人間性，誠実，ロマンなどの人物適性は，コンピテンシー評価の範疇である。もし社会人としても職業人としても立派な人材を育てるというのであれば，コンピテンシー評価も一緒にセットして実施しなければならない。

コンピテンシー評価は，クラスター（評価項目）とディクショナリー（行動基準）の２つによって構成される。このコンピテンシーモデルを基準に現状と

のギャップを確認し，能力の補足や行動の充足を行うことが人間性を含めた人材育成にほかならない。

　人事考課にはまた，チャレンジ＋１点という人材育成システムがある。難易度の高いチャレンジ業務を遂行したとき，また，自分の能力（職能資格）よりも難しい（上位）仕事を遂行したときに，点が加算される仕組みがある。難易度が１つ上の仕事を期待レベル（普通）で遂行したときにはＢ評価で１点を加算しＡと評価される。また，２つ上の仕事を期待レベル（普通）の出来栄えで遂行したときには２点を加算しＳと評価する。同じく１つ上の仕事をＣ（問題あり，やや劣る）で遂行したときには１点を加算しＢ（期待レベル＝普通）と評価する。すなわち，人事考課にはチャレンジを褒め称える，チャレンジを引き出す人材育成のシステムが盛り込まれているのである。

　人事考課に盛り込むべきチャレンジシステムには，次のようなものがある。

2　未来をつくる人事考課のチャレンジシステム

(1)　成績考課におけるチャレンジ

　目標チャレンジカードの「業務目標」および課業一覧チェックリストで，チャレンジがあったか否かを評価する。半年間の目標達成度合いを評価するもので，上司や先輩の助けを借りても，目標を達成すれば立派と評価するのが成績考課だ。先述のとおり，チャレンジ（上位等級の仕事）をすればプラス１点とする仕組みだ。したがって，考課がＢ考課であればＡ考課，Ａ考課であればＳ考課とつける。これらの考課を，チャレンジ＋１点の考課といっている。

　係長以下の社員に適用される考課を成績考課というが，この考課では上位等級の仕事をやるとチャレンジとなる。チャレンジによって，その人の可能性を引き出す考課だ。チャレンジをしていればプラス１点，上司や先輩の援助を受けても結果が出れば，その結果どおりに考課する。

(2) 業績考課におけるチャレンジ

通常，課長以上になると仕事の裁量権を持つようになる。これらの管理者に適用される考課を業績考課といっている。できる管理者は，どんどんとチャレンジ業務を作り出しパフォーマンスを発揮する。どれだけ組織に貢献をしたか，組織にどれだけ利益をもたらしたのかなど，やった仕事の価値（レベル）が問われることになる。

どんなに成果を上げても課長が一般社員の仕事をやっているようであれば，褒められたことではない。したがって，ここで問題になるのは，課長としてどれだけ高いレベルの目標にチャレンジをしたのかである。このクラスになると，「課業」レベルの仕事ではなく企画開発や業務改善，利益貢献などの役割業務が中心になる。管理者であるので，もはやプロセス（情意）よりも「どれだけ利益貢献度の高い仕事をやったのか，どのような成果を出したのか」という成果評価にウエイトが置かれる。高いレベル業務の遂行とその結果が問われるクラスである。

業績考課はチャレンジをすれば断然有利になる考課であり，このチャレンジを褒め称えるチャレンジ点が設定されている。成績と業績考課の違いは，成績は与えられた目標の達成度を問うものであり，職責や役割の重さは関係ない。しかし，業績は職責の広がりと役割の重さを重要視する。業績を公式で表せば，役割×達成度＝業績となり，役割の大きさが小さければ，業務遂行結果の業績は必然的に小さくなる。組織貢献，利益貢献などの役割チャレンジ目標の一例を示せば次のとおりである。

1）拡大チャレンジ……見える問題のチャレンジ

今，すぐに対策を考え，現状をプロモートしなければならない問題解決へのチャレンジ。

　→売上拡大，新規顧客開拓件数の向上

　→利益改善率の向上

　→ミスや無駄の削減

　→経費の節減

2）革新のチャレンジ……探す問題のチャレンジ

　兆候，傾向から将来を見て，今から検討し対策を講じておかなければならない問題を解決し，現状ベースを新しい手法や方法に変えるチャレンジ

　　→事務の標準とコンピュータ化

　　→新人事システムの導入

　　→新役割・実力主義賃金の設計と導入

　　→前払い退職金制度の設計と導入

3）創造のチャレンジ……無から有を創り出す問題解決へのチャレンジ

　拡大，革新等のチャレンジを通じて新たな知恵を生み出し，過去にない，まったく新しいものを創り出すチャレンジ

　　→新規事業開発

　　→新技術の開発，新商品の開発

　　→組織やモチベーションを向上させる新人事制度の開発

4）人材育成のチャレンジ……部下の能力開発，行動改善に寄与するチャレンジ

　部下（後輩）の職務拡大，能力開発行動，業務改善などにかかわり，未経験業務も遂行できるように育成するチャレンジ

　　→カンファレンスの司会，進行

　　→プロジェクトのリーダー担当

　　→未経験業務が1人で完全にできるように部下を育成

5）確実のチャレンジ……誤りなく事務・作業業務を手順に沿って推進するチャレンジ

　　→日常，顧客，利用者に対して，何のトラブルもなく決められた手順どおりに業務を進めている

　　→定められた時間内にミスもなく，日常業務を齟齬なく推進している

6）自己啓発のチャレンジ……明日への自己啓発（含，行動改善）に努力したチャレンジ

　　→資格免許の取得

→自費で大学，大学院に入学，卒業などに努力した度合い
→未経験業務が1人で完全にできるようになったという実績

　以上，すばらしい人生を送るためには結果を求められる時代。その結果は，プロセスの必然の結果として甘受することができる。

3　人事考課制度の基礎知識

　人事考課は査定ではない。「公正さ」，「納得」，「動機づけ」という3つの視点から人を生かす人事考課のポイントを挙げれば次のとおりである。

(1)　考課基準の明確化

　考課の結果には，考課者の価値観が表れる。「ああいう行動がなぜ評価されるのか」という疑問や「期待されている成果や行動が評価時点までわからなかった」というようなことではフェアな考課とはいえない。そのため，考課基準の明確化と考課における考課価値基準の統一を考課者訓練で図らなければならない。

(2)　業績（成果）考課の視点

　成果といっても「継続的な成果」，「組織間連携による成果」，「オリジナリティの発想による成果」，「コンプライアンス（法令遵守）徹底による成果」など，いろいろなものがある。大切なのは業績を上げるために，どのような考え方や行動が必要なのかを示すことで，これを「方針の明確化」という。方針を明示すれば，社員は意識して行動するようになる。

(3)　人事考課基準の変更

　経営環境の変化があった場合には，タイミングよく考課基準を変更しなければならない。そのためには，常日頃から方針の変更が自分の目標や業務にどのような影響を及ぼすかを，部下にも意識づけをしておくことが望まれる。

(4) 変えてよい基準，変えてはいけない基準

考課者が変わることによって，行動事実の見方や印象による考課（イメージ考課）が行われることがあってはならない。しかし，管理者の違いで考課結果が変わるとしてもそれは不当とはいえない。新しい管理者が，前任者と異なる考え方で業績アップを図ろうと努力をするのは当たり前であるからである。たとえば，前任の管理者が「仕事の質」を重視し，後任者は「仕事のスピード」を重視するとしたら，評価は自ずと違った結果となる。

(5) 行動事実の確認

職務行動を通じて適切な成果や行動・能力が見られたら，それを賞賛し，また，反対に望ましくない言動は即，注意し，改善指導を行うことが大切である。考課は，期間内の事実を総合的に勘案して行うものである。考課事実を正しく把握し記録するためには，「定められた考課期間中にどんなことがあったのか」，「それはどんな行動だったのか」，「どのぐらいの頻度か」などを，忘れないうちに具体的に記録する習慣を身につけることが大切である。

＊行動事実の記録として不適な一例
- 彼女は日ごろから積極的に業務遂行に取り組んでいる。
- 彼女は各部署とのコミュニケーションが不足しているので，うまくいかない。
- 彼の技術は一人前といえる。

この事例には，「積極的」，「不足」，「一人前」というようにすでに考課が入ってしまっていることが問題である。行動事実とは，「積極的」，「不足」，「一人前」と判断した根拠になる事実を示すことにある。

(6) 考課ランクの根拠の明確化

A考課の理由を理屈で考えると，「Sではない理由」と「Bではない理由」の両方が必要になる。A考課の場合特に，「Sではない理由」が重要になる。「君は今期はがんばったのでAにしよう」ではだめである。このような対応だ

と，部下は「それだったらSにして」と思うだろう。

(7) 人事考課結果の分析の仕方

人事考課は考課結果を分析し，人材育成や能力開発の課題を見つけ出す重要なツールである。成果の原因を，「能力」と「プロセス」（努力，姿勢，行動）面から分析する。また，能力を判定するには成果から外的要因（ラッキー，アンラッキー，上司，先輩の援助，協力，指導など）を除く必要がある。能力とは，「何を自力で成し遂げたのか」を考課するものだからである。たとえば，「彼は今期高い成果を上げたので，能力が高いと考課できるだろう」では，正解とはいえない。彼が自力で高い成果を上げたことが確認できてはじめて，能力は高いと評価できるのである。

自社の人事考課について，以下の点を確認してほしい。
＊人事考課を実施して，部下の能力開発の課題が見えてきただろうか。
＊人事考課を実施して，今後の努力，姿勢，行動面の改革課題が見えてきただろうか。
＊あなたの会社では，考課要素の意味をよく理解して考課を実施しているだろうか。

(8) 絶対考課か，相対考課か

絶対考課は考課基準（絶対基準）に照らして，その達成度や資質の保有度を考課するので，他者の考課結果が影響しない。そのため，考課方法としては公正であると考えられている。しかし，絶対考課は社員の働きぶりを示すものとしては不十分という意見もある。反対に相対考課の問題は，比較対象となるグループのメンバー次第で自分の相対的位置づけが上下してしまう運・不運がある点である。相対考課はわかりやすいし，絶対考課よりもはるかに公正であるという意見もある。他人がいるから負けないようにがんばることができるという意見も多数ある。

このように，ともにメリット，デメリットがあるが，人材を育てることをメ

インとして人事考課を活用するのであれば絶対考課が，選抜や格差づけをメインとするのであれば相対考課が優れているといえよう。どちらを採用するかは，企業ニーズによる選択である。

(9) 短期の考課か，それとも長期の考課か

短期と長期，どちらの考課を重視するか。これは，能力主義をとるか，成果主義をとるかの問題でもある。言葉を換えれば，毎年の考課結果を長期に人事賃金処遇に反映させるのか，それとも短期で反映させるのか，どちらを選択するかの問題でもある。能力主義の考え方に立てば人事考課は穏やかな考課結果となるし，成果主義に立てば人事考課は期ごとにアップダウンの激しい考課結果となろう。

(10) ポジティブなフィードバックか，それともネガティブか

部下を育て生かす考課は，褒めるのと叱るのと，どちらが効果的なのか。言い換えれば，ポジティブなフィードバックがよいのか，ネガティブなフィードバックがよいのか。これは，意見が分かれるところである。短所を指摘したほうがよいという意見と，よいところをもっと伸ばすのがよいという意見がある。学習上の効果では，ネガティブなフィードバックがよいのだが，どう考えるかである。

(11) 人事考課事例ケースの作成の仕方

① ハイパフォーマーとローパフォーマーの両者の行動リストをクリティカル・インシデント法で作成する。
　　＊クリティカル・インシデント法とは，職務を遂行する上で優れた行動と有効でない行動のリストを作成するやり方をいう。
② その行動リストから似たような行動と異なった行動を分類して，複数の成績を描く。
③ 行動リストを比較検討して，ムダやモレや落ち，重複がないように，ま

た，考課項目として残すべきケース行動を決める。
④ 考課項目として取り上げたケース行動については，対象者が業務遂行上で示した行動の頻度を測定するため，考課段階（「ほとんどしていない」，から「よくしている」）の5段階（S，A，B，C，D）で行動事実を考課するようにする。
⑤ 最終的に10から20個の考課項目を持つケース行動（良い行動と悪い行動）に絞り込む。
⑥ 作成した事例をシミュレーションしてみる。事例作成者以外の考課者15名程度を対象に作ったケースを使って考課演習をしてみる。
⑦ 考課結果のバラツキを検証する。20〜30％のバラツキは許容の範囲である。これ以上のバラツキが出る場合は，ケースの見直しが必要である。

(12) 人事考課のつけ方の基本とその留意点

人事考課には，成績考課，業績考課，情意考課，能力考課の4つがある。それぞれの考課の機能を理解して，自社にマッチした考課制度を構築導入することが大切である。

さて，一般的に仕事ができる人かどうかの判断は，企業の期待像（基準）に対する充足度を確認する方式で行う。人事考課の出発点は，まず成績考課（業績考課）である。顕在化した能力から，潜在的能力（能力考課）を確認するという方式をとる。まず成績，業績であり，成績がよいので能力（知識，技術，技能，企画力，折衝力など）もあるのではないかと考える。そして，それぞれの仕事の結果は本人一人の力による達成であったのか否かを分析していく。自力で成し遂げた結果なのか，他人の援助，協力はあったのか，なかったのか，天災事変などの影響はどうだったのか，また上司の援助協力は得られたのか否かも能力考課の留意点になる。能力考課は真の力を見るので，天災事変や受けた援助協力を除いた結果＝能力考課の公式で能力を判定する。

課長以上のクラスでは，成績に替えて業績考課を適用する。業績考課では，業務レベル，組織貢献のチャレンジレベルを確認することになる。それでは次

に，それぞれの人事考課の実施上の留意点を確認しておこう。

① 成績考課は，仕事（課業）別遂行度評価である。課業には深まり，高まり，広がりがある。また，課業には習熟の深い仕事と浅い仕事がある。

② 人事考課の基準は，職能・役割要件書である。職能・役割要件書の習熟要件は成績考課，能力考課の基準であり，修得要件は知識保有度を確認する基準である。

③ 職能・役割要件書の習熟要件を満たしたとき，通常，人事考課はB（期待レベル）とすることが原則である。A考課（申し分ない出来栄え）とは，深まり，広がり，高まりのある課業を遂行し，申し分ない出来栄えのときのみである。担当する課業の等級（難易度）を確認しておくことが大切である。

④ 職能・役割要件書の習熟要件は能力考課の基準となるが，理解力，創意工夫力，表現力など，考課項目ごとにその内容を説明，記述しているわけではない。成績考課の結果を分析して，このような結果になったのは理解力があったからなのか，それとも創意工夫力があったからなのかを分析，判定し，考課項目を決め，考課を行うことになる。

⑤ 成績考課に類似する考課に業績考課がある。業績考課は，原則として課長クラス以上の裁量権を持つ管理者に適用される。期待レベルの役割業務を遂行し達成したとき（課長が課長相当の役割業務を遂行したとき）の考課はBとする。A考課は，チャレンジし達成したとき（課長が部長レベルの役割業務を遂行したとき）の考課である。課長が課長レベルの役割業務を遂行しA考課をつけるときは，誰が見ても明らかに高いレベルの役割業務を遂行し達成した場合に限る。その出来栄えは，目標カード（チャ

レンジカードともいう）などで明確に明示することが必要である。

⑥　問題解決の役割業務とは，課長が課長レベルの役割業務を単独で設定し，遂行することではなく，トップ方針の展開業務の遂行である。たとえば，部長はトップの方針を受けて部門目標を立案するが，その目標を達成する手段，方法を全体ミーティングでディスカッションをして決める。その手段，方法が，部下の目標として下に連鎖していく。これを目標の連鎖という。

⑦　業績考課では，組織への貢献度や利益貢献度を考課するので，仕事のレベルが問題になる。したがって，業績考課を適用する管理職クラスでは，皆，必然的に高いレベルの問題解決に挑戦することになる。そこで，結果（業績，成果）＝能力と見ることができるようになるので，上級管理職クラスでは能力考課を省略することもできる。

⑧　外部条件の変化など本人の責に帰さない事由が業績に影響を及ぼした場合は，目標を下方修正し改めて業績考課を行うことになる。業績考課とは実力を見る考課であり，真の成果＝実力を考課することになる。

⑨　チャレンジ業務には2種類ある。課業難易度でいうチャレンジと，もう一つは役割業務のチャレンジ（たとえば，係長が課長の役割業務を遂行したとき）である。

⑩　チャレンジには，拡大，革新，創造，確実，人材育成，自己啓発などがあるが，自己啓発のチャレンジは担当職務に直結するものでなければチャレンジとは認めない。

⑪　役割業務の難易度判定は，難易度評価基準（A～E）で実施する。役割

業務の判定は，難易度判定基準C以上の役割業務を担当したときに行われる。C評価とは非熟練判断指導監督業務，D評価とは企画立案，開発業務，E評価とは政策，決定，承認，決定業務であり，CかDか迷ったときは下位のCを適用する。

⑫　情意考課実施上の留意点は，考課項目の定義（考課項目の意味）を十分理解することである。たとえば，考課項目の「積極性」の意味は「積極的に」仕事をしているかどうかということではない。改善提案をしていたかどうか，今日の仕事を手順よく片付け，明日の仕事を今日に職務拡大していたかどうか，自己啓発（勉強）をしていたかどうか，の意味である。このように，情意考課項目の定義をよく理解することが大切である。

⑬　能力考課は，ややもするとイメージ考課に流される。したがって，必ず行動事実の記録（6ヶ月単位でフィードバックメモ）を人事考課表に添付させるようにする。能力考課は成績を媒体にして行われるが，成績がよかったときはまず能力ありと考える。その後，自力による結果であったのか，それとも上司や先輩の援助や協力があったのか，などを分析し，真の力を判断する。

⑭　部長や課長の考課は，部下の考課の合計点である。部下が重大なミスを犯したとき（D評価），同様のペナルティーを課せられるのは当然である。

⑮　目標については，部長から一般スタッフまで統一して目標カードを作ることが大切である。その他，考課者訓練，面接訓練を毎年2回定期的に実施し，考課技術のステップアップを図っておくことが必要である。

⑯　人事考課は成果や行動事実の把握，分析からスタートする。予測，推測，思惑など，事実に関係ないものは一切考課の対象とはしない。その他，行

動事実については，ありのままの事実を記述することに留意する。
- × 道子は責任を持って一生懸命，翌日の役員会の資料作りに取り組んでいた。
- ○ 道子はいつもより30分も前に出勤し，翌日の役員会の資料を作成，その後，すべての資料の内容点検を行い，退出したのは午後9時であった。

(13) 人事考課システムの公平性とは

　人事考課には，フェアで公平なシステムが必要である。公平な人事考課を行うためには，考課実施前に基準を公開し，基準の見方を説明して考課者間のコンセンサスを得ておくことが大切である。自分の業績をアピールする機会を設け，ネガティブな人事考課の結果に対して不満を申し立てることができる苦情処理委員会や，事実に基づいた多面考課（他部門の管理者や患者家族，同僚，部下などで構成され，各メンバーが持っている行動のみを考課する）の制度化を急ぎたい。

　人事考課では，考課者，被考課者を含めた多くの人が確認できる「事実」を材料にすることによって，不公平感を払拭することができる。最後に面接制度で留意すべきことはネガティブなフィードバックを行う場合である。怒りをもたらすような面接は失敗である。人事考課，面接制度は，あくまでも手段，方法にしかすぎないのである。

　基準に基づく人事考課であれば，当人も素直に受け入れることができよう。基準を上回るプラス点はさらに自分の強みとして意識して伸ばすことができるし，逆に基準を下回るマイナス点は能力開発や行動改善のターゲットとして明日への努力目標となる。

(14) 人事考課の加点の考え方

　人間は安定を求めると成長が止まってしまう。目標を立てたら，目標を達成するために計画を「逆算」してみるとよい。目標は低すぎても，高すぎてもい

けない。目標のレベルは，スリルとサスペンスを感じる程度がちょうどよい。

　目標達成のためには，最後まで絶対に諦めないこと，やり遂げることが大切である。そのためには，仮に失敗してもチャレンジしたことを評価するチャレンジ加点制度を導入することが有効である。新しいことに挑戦して失敗した人より，何もしない人が評価されるのは納得がいかないとする考え方を大切にしたい。チャレンジをして，10個の失敗の中から1個の成功が生まれる。この成功を褒め称えるのが，加点主義育成型人事考課である。

　大企業病などといわれる組織では，マニュアルや過去の前例に従うことを無難とする考え方が目立つが，この考え方に立てば人事考課は必然的に減点主義になり，前例にない失敗は厳しく罰せられることになる。

　いわれたことをただ日常的に間違いなくこなすだけの仕事ならば，ある程度のスキルと知識があればできる。たとえ小さな仕事でも，もっといいやり方はないか，仕事の手順を変えたらどうなるか，もし，この仕事をやめたら，どんな問題が起きるだろうか，を常に考えながら仕事をやるのも小さなイノベーションである。イノベーションとは，すべて前例にないことを行うことである。

　また，イノベーションは人の可能性を引き出し組織を変えるが，これは，加点主義人事制度の上に成立する概念で，イノベーションは創造的，革新的な行動特性や思考特性がないとできない。「挑戦加点」は新しい企業の明日をつくるが，同時に社員のやる気を引き出し，また社員一人ひとりを喚起し，可能性を引き出す。

　この理念を大切にする加点のやり方がある。チャレンジ業務に成功すれば加点，失敗すれば加点なし，しかし情意考課の積極性の職務拡大，改善提案，自己啓発でプラス点とするのである。

　成功すれば加点されるのであれば，今期の「業務目標カード」に目標を設定しておきたいといった社員の率直な意見が聞かれるようになるかもしれない。こうなればしめたもので，加点主義人事制度導入は50％成功したといえるだろう。

4 目標設定の実務ポイント

(1) なぜ，目標設定ができないのか？

目標設定ができない理由としては，次のようなことが考えられる。
＊目標面接が「マネジメントシステム」であることを理解していない。
＊多種多様なマネジメントシステムが導入されており現場が混乱している。
＊役員が目標面接の対象になっておらず，目標達成に緊張感がない。
＊自分の能力（職能資格）に見合った目標や達成基準が浮かばない。

(2) 目標面接か「目標管理」か

「目標管理」という考え方や方法は，1954年に経営書『現代の経営』においてP.F.ドラッカーが提唱したが，管理という言葉にノルマ的な感覚を感じる人が多い。

(3) 目標面接は経営の手段，方法

目標面接に経営計画（事業計画）方針管理，予算管理，ISO，TPM，QC，BSC，コーチングなど，自社で実施しているすべての経営戦略ツールを統合することによって，経営戦術や手法は1つの力となる。

(4) 人事考課が難しい課業の考課

必ずしもチャレンジカードの達成度＝人事考課結果にならないのは，チャレンジカードに記載した目標の達成度ばかりではなく，チャレンジカードに記入されていない定型課業を含めたすべての課業，役割業務の推進度を漏れなく考課することによる。

(5) 課業の遂行度評価の仕方

① 定型的業務担当者の評価の仕方…多くは仕事の手順がマニュアル化されており上司の指示命令に従い，マニュアルどおりに業務を遂行すれば，期

待レベルの出来栄え「B考課」となる。後輩を指導するなどの役割を持ち，期待レベルの出来栄えで遂行した場合はチャレンジがあったとみなし，「A」と考課する。

② 非定型的業務担当者の評価について…ルーチン業務ではなく非定形的に発生する課題の解決や部課方針の遂行にあたっては，専門知識と判断，決断力を要する。これらの業務を担当させるには，一人ひとりの役割分担が明確になっていることと，裁量権があることが必要要件となる。

(6) 目標の取り上げ方

仕事全体の70～80％をカバーするような目標を設定する。重点目標を限定して絞り込むことが大切である。

(7) 目標の数はいくつが適切か

目標の数は統一する。部課によって目標の数が多かったり少なかったりすると，人事考課に甘辛が生じる。

目標の数は，普通「3～5項目」程度とする。

(8) 何を目標にすればよいかわからない

課業目標とは日常定型業務であり，手順が決まっている仕事である。通常は職務調査により日常業務の難易度は明確化（仕事の難易度，その仕事を遂行するために必要な知識，技能，技術の習熟要件，修得要件）されている。多くの時間を要する大きい課業，および所属部署の役割からやらなければならない役割業務と課業を重点的に選択し設定する。

一方，能力開発目標とは，マニュアルを作らせる，日常業務の改善提案書を作成させるなど，ある程度，時間的余裕がある目標で，考える力を必要とする問題解決業務である。意図的，計画的に，能力開発に結びつけることをねらいにした目標である。

問題解決目標とは，外部環境，内部環境の変化をすばやく察知し，自部門の

役割遂行上の問題点を把握し，その中から，優先度の高い課題（今，すぐにやらなければならない課題）を取り上げる。

(9) 目標とは成果目標である

目標とは，ある一定期間に成し遂げるべき成果目標である。抽象的曖昧なものではない。たとえば，予算達成102％必守，目標達成額70億円などとなる。

(10) 目標の3要素とは

目標は，以下の3つの要素を満たすことが求められる。
① 目標の設定…成果を何で見るかが明らかになっていなければならない。
② 達成基準…どこまで達成すれば目標を達成したことになるのか，達成基準を明確にしなければならない。
③ 期限…いつまでに目標を達成するのか，目標の達成期限は期末ばかりではない。期の途中の場合もある。

(11) 目標達成期間とは

目標達成は6ヶ月単位のほうが1年単位よりもはるかに高達成率となる。また，半期ごとのほうが緊張感があり経営環境の変化に対応しやすい。一方，目標達成の評価を賞与や半期年俸に反映させる場合には，半期サイクル型にしたほうがはるかに納得性がある。

(12) 目標の難易度の統一性とは

目標を設定（職務基準の作成）する場合，本人の資格等級に見合った目標であるか否かの検証が必要である。課業目標は，全社を通じて難易度の統一ができている。しかし，役割目標は経営会議等でレベルを統一させておくことが必要である。これを行わないと考課に甘辛が生じる。

目標の難易度の大分類は，おおむね次のとおりである。
A…単純定型補助業務

B…定型熟練判断業務

C…非定型熟練判断指導監督業務

D…企画立案管理業務

E…政策，承認，決定，答申業務

　目標達成の評価を4段階評価で考えれば，次のとおりである。5段階評価とすると「B」の達成レベルは「まあまあの出来栄え」となる。

S…大幅達成

A…達成

C…未達成

D…大幅未達成

（13）　共通目標の作成

　たとえば，全社で売上高105％以上の達成を目標として掲げた場合，この目標は全社共通目標となる。しかし，これはすべての部署で売上高105％以上を目標にするという意味ではない。営業課，支店・事業所によっては90％もあるだろうし，110％もあってよい。それは，それぞれの事業所の実態に応じて，本社，営業管理部または経理部を交えて決める問題である。現状が80％なのにそれをいきなり105％では，この目標は絵に描いた餅になる。105％達成は，あくまでも会社全体の平均目標を意味している。

（14）　定量化が難しい目標の評価

　数字で表現するよりも，言葉で表現したほうが適切な目標がある。それが，定性目標である。達成基準は，目標を達成した状況を言葉で鮮明に表現するようにする。

　たとえば，目標が「就業規則の改定」の場合，達成基準は「改正労働基準法の内容が落ちなく盛り込まれている」のように記載する。また，「電話応対マニュアルの作成」の達成基準は「新人がマニュアルで即対応できるマニュアルの作成」などのように記載する。

（15） 組織目標と個人目標の作り方

チームやプロジェクトで目標達成に向かって努力をする場合，チームリーダーやプロジェクトリーダーの目標は組織目標の達成となるが，スタッフ一人ひとりの目標は上司と部下が話し合って決めた組織パート目標の達成度になる。

（16） 定型業務（ルーチン業務）の達成基準の作り方

目標設定の要件はチャレンジングであること，また，目標は効率化や改善改革の意味が含まれるものであることが大切である。

たとえば，事務処理のスピードアップ，ミス低減，コスト削減などの視点で作成する。

（17） 目標達成基準の複数化

目標達成基準は複数あってもよい。たとえば，「①売上高：月1,200万円以上，②新規顧客獲得数：月25軒」，「①新人が理解できる，②業務マニュアルの作成」など。

（18） 目標の修正，加筆の仕方

新たに発生した重要業務は発生時，その時点で追加する。目標の追加で優先順位が下がった目標は削除する。また，目標の見直しについては，その都度，目標ごとに優先順位を含めて上司と部下で検討する。見直しでは，目標のウエイトづけ，難易度，削除を併せて検討することが大切である。

（19） 業務目標の記述の仕方

原則として，能力開発目標は業務目標とはしない。能力開発目標とは，一般的に仕事に関する資格の取得，業務に関するマニュアルや知識の修得，研修や通信教育の受講，専門書の購読などである。マニュアルの作成，制度，規定の作成なども，能力開発目標の１つと考えられる。知識・技術の修得，すなわち勉強することは原則として仕事ではない。勉強は，あくまでも仕事をするため

の手段，方法である。

5　人事考課制度の信頼性とは

　自社の人事考課制度は，公正さを重視した仕組みといえるだろうか。被考課者（部下）は，制度と考課者のどちらに問題を感じているのだろうか。
　自社の人事考課制度が公正で円滑に運営されているかどうか，以下のポイントでチェックしてみてほしい。

* 評価で大事なことは信頼関係である。誰でも信頼できない人の考課を理解納得することは難しい。
* 考課者訓練，面接訓練ばかりではなく，被考課者の考課・面接訓練も定期的に実施しているだろうか。
* 部下の性格や価値観を知っているほうが，コミュニケーションはスムーズにいきやすい。コミュニケーションの機会を持とうとしている企業は風通しがよく，コミュニケーションが円滑に進む。
* 上司は部下の人となりをどの程度知っているだろうか。
* 部下は上司の人となりをどの程度知っているだろうか。
* 仕事以外にもざっくばらんに話し合い，お互いに理解を深められる機会があるだろうか。
* フィードバック面接で動機づけを行うには，部下がどのような考え方や気持ちで業務を遂行したのかを知ることも大切なポイントになる。
* 成果を上げたとしても，「今期はとても充実していた」と感じているか，「もっと大きな成果が出せたはず」と感じているかでは，随分異なる。
* 仕事のやり方にはその人の価値観が表れる。たとえ明確に意識していなくても，その人なりの会社への貢献スタイルが必ずあるはずである。
* 日常のコミュニケーションからはもちろんのこと「何気ない一言」や「立ち振る舞い」，「しぐさ」等からその人なりの充実度を読み取るのも大切な評価スキルである。

(1) コミュニケーションギャップ

　上司は部下の話を最後まで聞けないことが多く，そのためにコミュニケーションギャップが起こりやすい。課題はフィードバック面接をどううまく活用するかである。この面接では，部下が主役である。上司の側から時間をとる場合は，趣旨を十分伝えて面接時間を確保することが望ましい。

(2) 360度多面評価フィードバック

　考課結果をただフィードバックするだけでは，行動変容を期待することはできない。何を，どうすればよいのか，内容豊富なフィードバックを提供できなければ評価のための評価に終わってしまい，個々人の人材育成（自己の強みと育成点の認識）へつなげることはできない。フィードバックの質が極めて大切である。管理者は，以下の点に留意して，フィードバックの質を高めておきたい。

- ＊　管理者であるあなたは，部下のよい点を今までどれだけフィードバックしているだろうか。
- ＊　部下は自分ではちゃんとしていると思っていても，上司やチームメンバーからは認められていない場合がある。その仕事や行動のあり方について，タイミングを逸せずに気づいた都度，指導をするのが管理者の職責である。
- ＊　360°多面評価（上司だけでなく先輩，同僚，部下，後輩，取引先，顧客などからの評価）をフィードバックし，評価の信頼性を一層高めたい。

　360度フィードバック面接の主なメリットは次のとおりである。
  - ・上司・部下双方のコミュニケーション活性化の客観的な材料となる。
  - ・社員の声を大事にしている姿勢を明示し，組織へのコミットメントを高揚させる。
  - ・顧客や取引先の声を反映した顧客志向を徹底することができる。
  - ・仲間の期待を敏感に察知してもらえると同時に，チームワークを促進できる。

6　加点主義育成型人事考課とは

　人事考課がどういう形で賃金や処遇に反映されているかは別として，どこの職場でも人事考課は行われている。人事考課が制度化されていなくても，ある日，突然，同期の社員が課長やプロジェクトリーダーに抜擢されることもある。評価で問題となるのは，好き，嫌いの主観で行われる人事考課とイメージ考課である。

　人材の育成，活用，処遇への反映は人事考課活用の基本的機能である。緊急課題の問題解決時には，わが組織のとっておきの切り札（人材）に託す。これは，至極当然のことである。ピンチのときには，抑え投手として監督が絶対に信頼しているリリーフエースを，ピッチャーマウンドに送る。彼を使わなければ，今日の試合は勝てないからである。このようなピッチャーは，どこのチームにもいる。深い経験と実績に基づき，選ばれたエリート社員である。

　この世の中では，人が集まれば，必ず何がしかの評価が行われるのが常であるが，そうであるならば，働く者はその評価をポジティブに受けとめて自己の成長に結びつけ，経営側は人材を適材適所に有効活用し，自社の発展につなげようというのが人事考課を実施する本当の理由である。また，最近では，各人のチャレンジを精一杯に引き出し組織風土をチャレンジブルに変えるために加点主義人事考課制度を導入する企業が多数ある。

　人事考課は経営戦略のツールであり，また経営活性化の手段，方法でもある。このことは，人事担当者は当然のこととして理解しているはずであるが，ややもすると人事考課の真の目的を忘れて査定のための人事考課になっていたり，格差づけのための人事考課になっていたりする。このような職場では，人事考課に対しての不満や問題点についてもきちんとした説明がなされず，暗い雰囲気で業績が低迷している場合が多い。

(1)　人事考課基準の明確化

　では，優秀な社員とはいったいどんな仕事がどのように，どの程度できる人

なのだろうか。

　企業の一般的な人事考課では，仕事の質と量で評価する。しかし，産業によっては仕事の質，量の評価項目はピンと来ない職場もある。医師や看護師の仕事の質はどうか，量はどうだったかと聞かれてもピンとこない。

　人を評価するためには，評価の材料が必要である。この評価のターゲットがしっかりとしていないと，きちんとした評価はできず，イメージ考課になる危険性がある。評価の不平不満は，この評価材料，基準の問題が大半である。

　部下によい仕事をしてもらうためには，ゲームのルールは試合前にきちんと知らせ，納得を取りつけておくことが大切である。すなわち，部下の働きを評価するポイント（考課の着眼点とその基準）を明確にして公開し，納得させた上で試合に臨ませなければならない。そうでなければ，人事考課は一方的な査定になる。言葉を換えれば，よい働きとは，いったいどういうものか，つまり，「ジョブ」が明確になっていない限り，正しい評価はできない。また，部下も基準が明確でなければがんばりようがないし，そのような状態では，能力主義や成果主義の人事，賃金制度を導入することはできない。

　成果目標の作成が難しいのは，その人の能力や実力に見合ったレベル目標の作成である。目標のレベルは妥当か，達成基準は明確かが，能力・成果主義人事賃金制度導入成功の鍵を握る。

(2)　人事考課の証の明確化

　評価にあたっては，誰が見ても考課段階に差異が生じないように考課の証を明確にすることが大切であり，そのために次のような資料を添付することが望まれる。また，人事考課の客観性，納得性を高めるために，考課者に人事考課をつけた証を添付させる企業も増えている。

① 　実際に業務遂行時に使用した各種データ（資料）
② 　職務遂行行動の事実（行動観察メモ，フィードバックメモ）
③ 　テスト結果，アンケート調査結果資料
④ 　仕事場面の写真など

(3) 職務基準，役割目標とは……その留意点

係長以下一般職員の人事考課は，課業（職能要件書）をベースに実施する。今期やるべき課業を，上司と部下で膝を交えて納得がいくまで話し合う。個人目標と組織目標の調和をいかに図るかが重要ポイントになる。目標面接では，部下の将来につながるキャリア目標の達成に結びつく職務基準が作成できれば最高である。

① 職務基準の作成と評価

1）課業ベースを基本とする。課業が少ない職種，または課業があっても業務量が少ない職種については，役割業務（後輩を指導する，業務マニュアルを作成する，経費節減案を提案する，など）を自己申告の上，業務量があること（データに基づく提示）を証明する資料を添付することが必要である。
2）役割目標（問題解決業務）には，全社共通役割目標，部内共通役割目標，部内個人割当役割目標の3つがある。
3）部内個人割当の役割目標（問題解決業務）については，本人の自己申告による。自己申告目標（チャレンジ）の難易度の判定は，人事担当部で行うものとする。
4）自己申告目標（チャレンジ）が申し分ないと判定されたとき，定型課業の遂行度評価が期待レベル「B」以上であれば，成績考課は「A」と考課する。

部課長クラスになると，係長以下一般社員のようなルーチン課業ではない。マニュアルもない問題解決業務や，権限や責任を持って遂行する役割業務を担当する。役割業務には，部員全員を巻き込んで組織目標を達成する経営方針，部課方針の展開と日常問題解決がある。方針展開役割業務の推進にあたっては，次により全社員の知恵と英知を結集して問題解決にあたる業務である。

② 役割目標の作成と評価

1）役割目標の作成にあたっては，部署ごとに全部員（課員）が集まり，自部門（課）の役割目標について話し合う。役割業務要件書をベースに，今期，

取り上げるべき優先課題を全員で侃々諤々議論をして抽出する。
2）抽出された課題について，優先度の順位づけを行う。課題には，部門（課）共通目標，ペア目標，個人目標の3種類があり，種類ごとに分類する。
3）課題が明確になった段階で，その達成基準と手段・方法について，全体ミーティングで知恵を出し合いその知恵を共有する。その後，役割目標の割り当てについては自己申告で担当者を決める。
4）共通目標が設定された場合は，その目標の遂行結果は，部門（課）全員の成績考課として考課する。したがって，100点満点のうち何点を配点するかのウエイトづけは部門（課）全員で話し合い，その結果を人事担当部へ申請し，承認を受ける。

③ 部課長の成果責任

今日は，実力・成果主義時代の真っただ中にある。一般産業界では，能力主義人事から成果主義人事へ猛スピードでパラダイムを転換中である。

時代を反映した人事賃金システムを設計するためには，まず，制度構築のためのベースを作らないといけない。このベースは，先述の役割等級制度である。役割とは，職責にチャレンジ目標を加えたものをいう。人によってはチャレンジ行動をしない者もいるので，職責がそのまま役割になる人もいる。役割等級は，「成果責任」すなわち成果目標の大きさと困難性を表す。別の言い方をすれば，「等級」の概念は「成果責任レベル」を表したものであり，成果責任の大，小によって行動の仕方，行動の大きさが異なることになる。

すなわち，成果評価とは仕事の結果に対する評価である。コンピテンシー評価やバリュー評価は，成果達成に向けてのプロセス行動評価である。いずれも「仕事を遂行する能力」を顕在化した行動レベルで押さえ評価するので，明快であり，皆が納得しやすい。この仕事こそ，職責，役割にほかならない。それぞれの職責，役割に応じて，果たさなければならない成果責任がある。一般的な能力を職責を通じて役割レベルに落として，成果責任を追求する役割等級制度が，今，一般的な社員処遇軸である。

④ 職責評価の実施

　成果主義人事の一番の難関は，職責評価の実施である。役割等級制度をベースにして，全職責について職責評価を行い，各職責を一定基準で点数化し，総合点の高い順（高い職責価値）に役割等級に格付けを行う。つまり，成果目標の大きさ，成果達成に向けた困難性，複雑性，重要性などで職責の価値を算定し役割等級に格付けていく。

　したがって，役割のグレードはどのような部署に配属されるかによって決まってくる。すべて，本人の意思や裁量によるものではない。ただし，役割（職責）が小さいグレードに格付けされても，本人がチャレンジ目標をつけ加えれば役割の価値は変わってくる。

　欧米の場合の役割は，上から与えられる職責そのものであり，仕事に人をつけるという発想である。これに対し，わが国の場合は，人が仕事を創るという発想であり，今，日本で進行中の成果主義はチャレンジ行動を引き出す加点主義人事を前提にして成立する。

　職責評価では，量的側面と質的側面の２つから役割の大きさを測定する。量的側面，すなわち，職責の大きさは人的サイズ，物的サイズ，金額的サイズの３つの要素により評価される。すなわち人的サイズとは「管理する部下が何人いるか，もしパートタイマー，アルバイトなどがいるならば0.5人という形で換算される。

　そして，２つめの物的サイズとは，各部門で各管理者が責任をもって管理しなければならない備品，物品の数である。具体的には，パソコン，什器備品等の数である。これらの物品，備品等が万が一紛失した場合は，管理不十分として管理者は管理責任（降職，減給など）をとらなければならない。管理部門と直接部門（現場）においてのサイズは，当然に違うはずである。

　最後の金額的サイズとは，担当する職責に与えられた予算管理の大きさであり，全予算に占める管理予算の割合で評価される。全予算に占める割合が高ければ，金額的サイズは大ということになる。つまり，役割の大きさは人的サイズ，物的サイズ，金額的サイズの３つでとらえる。

それぞれのサイズの点数化については，サイズのとらえ方やウエイトづけ，また，換算点数等については基準を明確にして総合点数を算出する。各役職者の職責の点数化ができたら，その中から標準職責のサイズを把握し，標準職責を基準にして相対考課をすることにより，その他の職責の上下サイズが明らかになる。職責は固有業務の価値づけである。

　ここで大切なのは，職責の難易度評価である。職責の難易度は，3つの側面から評価される。その1は企業への貢献度である。言い換えれば，どれだけ貢献度の高い問題解決業務を遂行しているかである。2つめは職責遂行の知識，技術で，その職責を遂行するために必要な知識，技術である。求められるノウハウの高さと広がりを評価する。3つめは心身の負担度である。職務遂行にあたって伴う肉体的，精神的負担度の大きさを評価する。

　以上が職責評価の中身であるが，もうお気づきのように，職責サイズは量的側面と質的側面の2つを掛け合わせた面積で決まる。すなわち，職責の価値は小さくてもチャレンジ目標を付け加えれば，役割を広げることができる。

　そもそもできる管理者は，決められた職責だけを遂行しているのではない。日々発生する問題の解決をはかりながら，将来のチャレンジ業務や課題業務を先取りして遂行している。チャレンジとは，具体性，効率性，実現性等に裏打ちされた課題解決への挑戦であり，それはロマンである。人生も企業も，チャレンジによって発展し成長していく。チャレンジは，上から与えられるものではない。自分で行動を起こし，そして自ら変わることだ。チャレンジとは，到達成果を明確にして目標達成のための手段，方法を具体的行動に落とし込むことにより成果を収めることなのである。

図表4－1　職責評価表（例示）

所属		役職		氏名	

1．組織への影響度	
仕事結果の影響度	①上位管理職の概括的な指示のもとで規程に基づいて職務を遂行する。 　決裁内容はいくつかの課組織に影響を与える。 ②上位管理職の概括的な指示のもとで前例などを参考に職務を遂行する。 　決裁内容は自部門の組織全体に影響を与える。 ③上位管理職の概括的な指示のもとで目標が与えられ職務を遂行する。 　決裁内容は複数部門の組織全体に影響を与える。 ④役員の概括的な指示のもとで目標が与えられ職務を遂行する。 　決裁内容は法人の全組織に影響を与える。 ⑤役員の概括的な指示のもとで目標が与えられ職務を遂行する。 　決裁内容は法人の全組織に重大な影響を与える。
2．人の指揮・管理	
(1)　指揮・管理領域	①管理する部下がいない。 ②同質な作業を担当する部下だけを管理している。 ③専門的知識・技能を必要とする職務を担当する部下を管理している。 ④ラインマネジャーを含む部下を管理している。
(2)　職能係数 　　（等級別人数）	1等級…　　名　　　2等級…　　名　　　3等級…　　名 4等級…　　名　　　5等級…　　名　　　6等級…　　名 7等級…　　名　　　8等級…　　名　　　9等級…　　名
(3)　指揮・管理人数	正職員…　　名　　　契約職員・パート職員…　　名
3．責任の範囲	
(1)　責任の広がり度	①同じ業務の繰り返し。 ②緊密に関連し合った2〜3の業務だけを担当する。 ③互いに関連のあるいくつかの業務を担当する。 ④同系列の職務で構成される部門を統括する。 ⑤異系列の職務で構成される部門を統括する。 ⑥一部門または法人全体を統括する。 ⑦複数の部門または法人全体を統括する。
(2)　権限の度合い	①すべての仕事について細かく指示されており，完全指揮下にある。 ②限られた範囲内の仕事だけを任せられている。 ③日常業務の仕事を任せられているが，要所要所でチェックを受ける。 ④通常業務の裁量権を委ねられており，業務遂行後に報告する。 ⑤戦略目標だけを与えられ，達成のプロセスは任せられている。

		⑥法人全体の戦略目標達成のための計画実施の権限を持ち，社長の直接指揮下にある。
(3)	役割遂行の 必要知識	①所属する部門に関する知識だけが必要。 ②他部門に関する相当の知識も必要。 ③法人全体および業界情勢についても一定の知識・情報が必要。 ④法人全体および業界情勢についても広範囲の知識・情報が必要。 ⑤法人全体および業界情勢についても広範囲かつ高度な知識・情報が必要。
4．他組織との折衝度		
(1)	内部折衝	①利害の反するような折衝要件はほとんど発生せず，交渉力は必要としない。 ②利害の反するような折衝要件はたまに発生するが，ある程度の交渉力があればよい。 ③1〜2の部門と利害の発生するような折衝要件がときどき発生し，通常の交渉能力が求められる。 ④数ヶ所の部門と利害の反するような折衝要件が多発し，粘り強い交渉能力が求められる。 ⑤多くの部門と利害の反するような折衝要件が頻発し，高度な交渉能力が求められる。
(2)	外部折衝	①情報交換や業務支援のため，他の法人や団体と通常の連絡を行う程度。 ②業務上の商談，あるいは官公庁に対して正確な業務連絡を行う程度。 ③業務上の商談もしくはやや困難な購買取引のための商談，あるいは官公庁や顧客に対して慎重を要する業務連絡を行う程度。 ④新たな業務のための商談もしくは困難な購買取引のための商談，あるいは官公庁や顧客に対して説得力を要する業務連絡を行う程度。 ⑤業務上の難しい商談・交渉を顧客トップマネジメント層とたびたび行う程度。
5．資格要件		
(1)	教育水準	本人の学歴にとらわれず，外部から募集する場合の要件を考慮して記入してください。 ①義務教育修了　　　　②高校卒業 ③短大・専門卒業　　　④大学卒業以上（修士を含む）
(2)	経験年数	本人の経験年数にとらわれず，外部から募集する場合の要件を考慮して記入してください。 ①経験不要（社内で基礎的な研修を修了した程度） ②6ヶ月程度までの経験　　　③2年程度までの経験 ④2年以上5年程度までの経験　⑤5年以上10年程度までの経験 ⑥10年以上の経験

6．問題解決		
（1）課題のレベル		①部門の業績または部門の発展に影響を与えるほどの課題がない。 ②部門の業績または部門の発展に影響を与える課題を持つ。 ③部門の業績または部門の発展にかなり大きな影響を与える課題を持つ。 ④企業の業績または企業の発展に影響を与える課題を持つ。 ⑤企業の業績または企業の発展に大きな影響を与える課題を持つ。
（2）問題解決の 　　方法の範囲		①問題解決にあたり，その都度具体的な指示を受けることが多い。 ②大まかな指示が与えられ，必要に応じて目標の達成や課題解決の指示を受けることが多い。 ③大まかな方向性が提示されるだけで，自らそれに沿った目標や課題を設定する必要がある。 ④方向性や指針自体を責任を持って自律的に決めなければならない。
7．仕事の環境		
（1）精神的緊張，身体 　　的負荷の度合い		①特段の精神的緊張や身体的負荷を強いられることはない。 ②ある程度の精神的緊張または身体的負荷を強いられる。 ③やや高い程度の精神的緊張や身体的負荷を強いられる。 ④かなり高い程度の精神的緊張や身体的負荷を日常的に強いられる。 ⑤かなり高い程度の精神的緊張や身体的負荷を日常的に強いられ，時として非常に高い程度の緊張を強いられる。 ⑥非常に高い程度の精神的緊張や身体的負荷を日常的に強いられる。
（2）目標達成に向けて 　　の心理的負荷の度 　　合い		職務の遂行にあたって通常課せられる目標（数値目標，期日等）の達成に向けての心理的負担（追い立てられる程度）は一般的に， ①軽い　　　　②やや軽い　　　　③やや重い ④重い　　　　⑤かなり重い　　　⑥非常に重い

第 5 章

人事考課者訓練, 面接訓練の実施

ここまでで，加点主義人事考課制度を動かす諸制度の設計整備ができあがったが，これで加点主義人事考課制度がスムーズに動き出せるわけではない。現場で加点主義人事考課制度をいかに定着させるかという難問が残っている。制度に魂を入れるのが人事考課者訓練，面接訓練である。これら訓練実施のねらいは，次のとおりである。
① ペーパーケース，ビデオケースを用いて，行動の選択，要素の選択，段階の選択などの考課のプロセスを理解してもらう。
② 受講者が主役であることをよく認識させる。グループ内でよい話し合いの場を作るように留意させる。
　　㈵ 話し合いでコーディネーターを1名選出させる。
　　㈺ グループのコーディネーターが決まったら，起立して全受講者に挨拶をさせる。
　　㈻ 拍手をする。
　　㈮ 各グループ内で正しい考課をつけるための決意表明をしてスタートさせる。
③ グループ討議に参加しない受講者もいる。個人評価とグループ評価との違いについて，感想を個人指名で発表してもらうなど，きめ細かいリーダーシップをとるよう留意させる。
④ グループ討議が活発に行われていても，理論を踏まえた議論ではなく，今までの一般的会話の延長になっている場合がある。人事考課の考課要素の定義を理解して学習しているか否かを確認しながら，討議を進めるように留意させる。
⑤ 明るい雰囲気の研修ムードづくりに留意させる。ケース演習において正解者が多い場合は，必然的にムードが盛り上がる。逆の場合は自信をなくす。正解者がいない場合，次のケース演習で正解者が多数出るように講義内容を工夫することが大切である。

1 人事考課者訓練の実施

考課者訓練の目的は、人事考課のルールを理解してもらい、管理監督者としての実践的能力を身につけ、1つの事実の評価については誰がつけても同じ考課になるまで訓練を続けることが大切であることを理解してもらうことにある。

(1) 能力開発主義，育成の論理

今や人事考課は賃金，賞与に格差をつけるための経営ツールと答える人はいないと思う。人事考課はまさに人材育成の手段，方法として理解されてはいるが，それでは実際に人事考課を人材育成や行動改善にどのように活用するのか，また，人事考課結果の公平，公正な賃金処遇への結びつけ方など，理論と実践のいくつかのルールについての認識はまだ大半の企業において不十分といえる。

人事考課を絶対考課で行うとすれば，理論的には全員が「A」(優秀)または，問題あり「D」(問題あり)となる場合もある。こうしたとき，「A」考課が多すぎるということで，「A」を「B」に修正する企業がある。いわゆる原資の問題だと考えられるが，相対区分と絶対区分による原資の取り扱いを理解していない結果でもある。本当の人事考課は「A」。しかし，「A」が多すぎるので「B」にした，では人事考課はそのときの気分次第の考課となる。

人事考課はあくまでも手段，方法にしかすぎないものだ。したがって，人事考課は時と場合によっては事態を考慮した運用も必要である。ただし，この運用は人事部の仕事である。各考課者は，いかなる場合でも事実に基づいて記録を行うことが使命である。推定や想像を一切排除して，事実に基づいて考課をつけなければならない。インストラクターの徹底指導が望まれる。

人事部における人事考課の運用例を挙げれば次のとおりである。

「製品加工の納期が迫ったある日，山田君は課長に進言した。製品加工品の歩留率で，ミスというほどのミスではないが多少不良品が散見される。永年の得意先への納品であるので慎重には慎重を期し，今日の納品をもう1日延ば

し，明日にしてもらいたいと課長に進言した。しかし，課長は，ミスというほどのミスではないので，この程度だったら，このまま出荷しようという指示で製品を発送した。案の定，早速，得意先から返品と取引を中止したいというクレームが入り大騒ぎになってしまった」

こうしたケースでは，山田君の成績考課はどうつけたらよいのだろうか。このミスは課長のミスであることは誰の目にも明らかであるが，成績考課は結果がすべてである。そこで，成績考課は「D」と考課をつけなければならない。実際，人事部に問い合わせた結果，人事記録には確かに成績考課「D」と記録はされているが，山田君の今期の実際の賞与は普通「B」考課の支給額であった。

人事部ではミスの情景，背景を鑑みたということであった。人事考課結果は結果がすべてであるのでD考課，しかし，実際の賃金処遇は人事部の政策判断によりB処遇，これが人事部の役割である。

(2) 絶対考課（基準主義）

基準主義に立った考課を絶対考課という。考課者訓練では，①行動の選択：どのような行動が人事考課の対象になるのか，②要素の選択：その行動は，どの考課要素に結びつけて考課をしたらよいのか，③段階の選択：その考課要素はS〜Dのどの段階で考課されるべきか，という3つの判断行動を勉強する。人事考課で取り上げる行動は職務遂行行動に限ることを，種々のケースを使い理解させる。

(3) 公開主義（オープン考課）

人事考課を能力開発や育成に活用するためには，結果をオープンにしなければならない。人事考課表そのものを見せるのではなく，チャレンジカード（能力開発カードなどともいう）を上司（面接者）と被考課者（部下）が共有して膝を交えて話し合う。面接では，原因分析が中心の話し合いとなる。褒めたり，叱ったりしながら，上司と部下が問題点を共有して，上司は部下のさらなる成長のために能力開発や行動改善へのアドバイスを親身になって行う。部下は上

司の期待像や職務基準達成のためのギャップ点の解消に向けて，能力開発と行動改善，自己啓発に努めることになる。面接制度がなければ，オープンな育成型人事考課にはならないことを理解してもらうことが大切である。図で示せば次のとおりである。

人事考課制度の実施サイクル

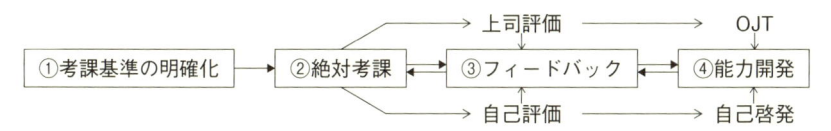

```
                    ┌─→ 上司評価 ──────→ OJT
①考課基準の明確化 → ②絶対考課 → ③フィードバック → ④能力開発
                    └─→ 自己評価 ──────→ 自己啓発
```

(4) 人事考課の留意点

人事考課訓練の大切な留意点は，考課者間の価値基準の統一である。自分の考課は甘いのか辛いのか，基準に沿って客観的に人事考課を行っているか，好き嫌いの感情で考課を行っていないか，事実に立った考課を行っているか，3つの判断行動の順番に沿って，ステップを進めて考課を行っているか，人事考課のルールを理解しているか否かを，多数のケースを使って確認させることをねらいとしている。

(5) 人事考課の3つの基準（期待像）

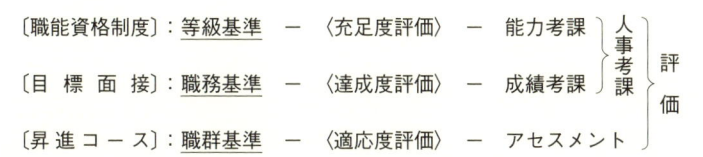

〔職能資格制度〕：**等級基準** － 〈充足度評価〉 － 能力考課 ┐人事考課
〔目　標　面　接〕：**職務基準** － 〈達成度評価〉 － 成績考課 ├評価
〔昇　進　コース〕：**職群基準** － 〈適応度評価〉 － アセスメント ┘

　人事賃金制度は，主に3つの基準により成立する。その1つは，職能資格制度である。職能資格制度は，別名，等級基準や能力主義とも呼ばれている。能力ランクの異なる新人と旧人を一緒にして人事考課を実施することはできない。1年生には1年生の期待像があり，2年生には2年生の期待像があるからである。等級基準はいわば期待像のメニュー帳といえるもので，この等級基準を上司と部下が共有して，メニュー帳の中から今期，食べる食事を選択するこ

143

とになる。上司は、お勧め上手のボーイさんの役割を果たすことになる。目標面接では、メニュー帳から部下が選択した職務について、等級基準をベースにして、どこまで、どのように、どんな結果を出すのか、達成すべき条件や手段、方法について、上司と部下で徹底的にコンセンサスを図る。

1年（6ヶ月）前に決めた職務基準の達成度評価が、成績考課（課長以上は業績考課）である。この成績考課の達成度評価を通じて能力考課が行われる。ただし、能力考課はそんなに単純ではない。能力を考課するためには、必ず各人の能力（職能資格等級）以上の職務に従事した結果から、自助努力による真の能力を判定することになる。他人に手伝ってもらった成果は排除して、真の能力を考課するのが能力考課である。

すなわち、能力と成績の間には中間項があり、この中間項が成績に大きく関与する。中間項とは、外部条件（好・不況、季節異変、天災など）、内部条件、（上司の方針、指示のあり方、指導・援助の適否、仕事のレベル、配置された職場など）、本人条件（精神的スランプ、やる気、健康状態など）の3つであり、この中間項をニュートラルの状態（正常の状態）に置かないと能力考課はできない。もし、外部条件や内部条件、本人条件が成績にマイナス、プラスの影響

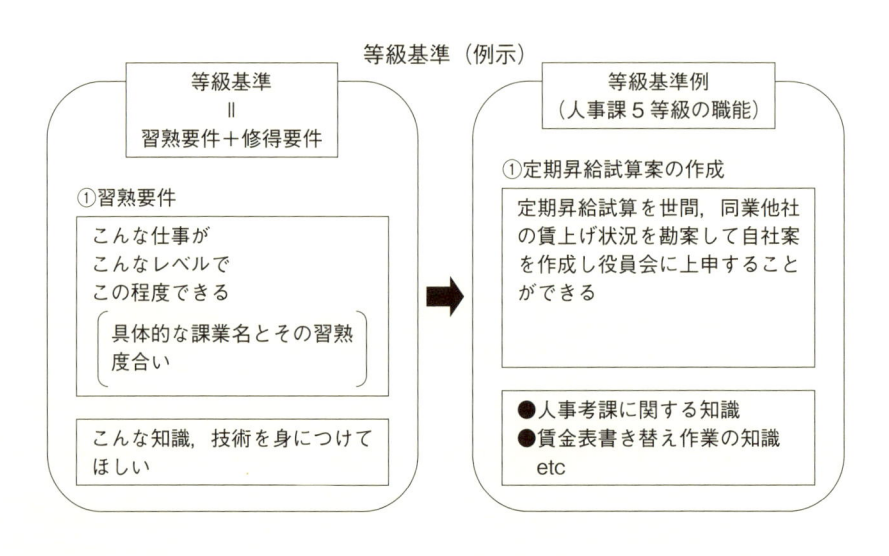

等級基準（例示）

等級基準 ＝ 習熟要件＋修得要件	等級基準例 （人事課5等級の職能）
①習熟要件 こんな仕事が こんなレベルで この程度できる 　具体的な課業名とその習熟 　度合い こんな知識、技術を身につけて ほしい	①定期昇給試算案の作成 定期昇給試算を世間、同業他社 の賃上げ状況を勘案して自社案 を作成し役員会に上申すること ができる ●人事考課に関する知識 ●賃金表書き替え作業の知識 　etc

職務基準設定のポイントメモ（例示）

被面接者		面接者	
	ストロークのポイント		職務拡大のプラン
背景	（職務基準設定の背景を説明）	◆今期の当面の課題 ◆2～3年後のキャリア形成目標	
ギャップの修正	（上司と部下の目標ギャップをどのように理解させるか，その手段，方法等）	◆方法，手段等 ◇OJT	
設定ポイント	（ゆずれない点，ゆずれる点）	◇Off JT	
援助協力	（上司としての職務基準達成に向けての援助，協力事項）	◇SD	
エンディング	（激励の言葉，動機づけ）	◇その他	

を及ぼしているならば，その分を修正し能力を判定しなければならない。課長，部長になっても成果を出せないというのは，この中間項の分析が曖昧であったことに起因するケースも多い。

(6) 人事考課のフィードバック

人事考課結果をフィードバックしなければ，人事考課は賞与，昇給を決める

賃金査定だけの機能となる。今や人事考課は，能力開発，業務改善，昇格，昇進など，チャレンジを引き出す経営ツールとして実施している企業が大半である。このように，人事考課を能力開発や人材育成に活用するために，基準主義に立つ育成型絶対考課を採用している企業が主流である。

しかし，人材が豊富な一部の大企業においては，相対考課論（比較論）を展開する企業もある。これらの企業では，選別の論理で人事考課を賃金処遇の格差付けに活用している。稀なケースではあるが，人材を育てる必要がない格差と競争の世界に生きるグローバル企業といえるだろう。

さて，結果のフィードバックがきちんと行われる公正・公平な人事考課は，昇格，昇給・賞与，昇進などの処遇に活用することができる。昇格には能力考課，昇給・賞与には成績考課，昇進にはアセスメント（事前考課）を主として活用することになる。主としてというのは，人事考課は万能ではないという意

人事考課による処遇とフィードバック

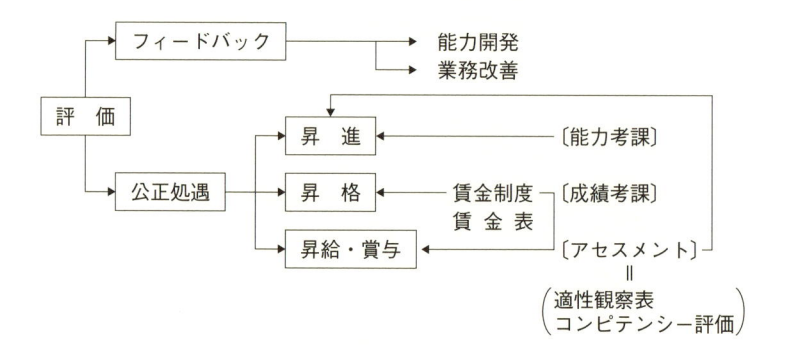

評価 → フィードバック → 能力開発／業務改善
評価 → 公正処遇 → 昇進〔能力考課〕／昇格〔成績考課〕／昇給・賞与〔アセスメント〕＝（適性観察表／コンピテンシー評価）
賃金制度・賃金表

人事考課の条件

基準の明示 — 公平性
フィードバック — 納得性
考課者訓練 — 透明性

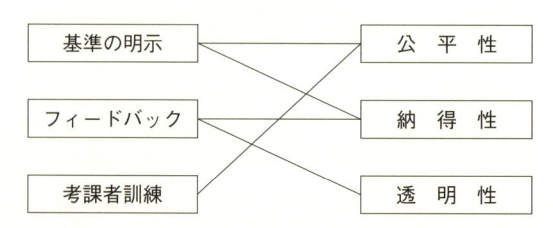

味で，他の参考資料を加えて実際の公正処遇が行われることを理解していただきたい。

　目標面接で人事考課結果をフィードバックする。フィードバックの主なねらいは，図で見るように能力開発と業務改善である。しかし，人事考課がきちんと行われているとすれば，賃金処遇に適用することも極めて重要な機能である。能力考課は昇格，成績考課は昇給・賞与，アセスメントは昇進を決める事前考課として主に活用されるが，昇進については，あくまでも適性観察表やコンピテンシー評価のアセスメントによって最終決定され，人事考課はあくまでも間接的な選抜審査資料として確認するのが一般的である。

　人事考課を人事賃金の経営戦略，政策に適用することは，経営そのものであり，人事考課もまともに実施していない組織では，とても明日の発展を期待することはできない。人事考課が成立する条件は，図で見るように基準の明示，フィードバック，考課者訓練である。この3つの条件が整って初めて，人事考課の公平性，納得性，透明性が成り立ち，人事考課の信頼性に結びつく。人事考課の基準は，課業一覧表，職能要件書，役割要件書の3点セットである。

2　考課者訓練，実技演習の進め方

* 個人評価とグループ評価の考課結果の違いを経験させる。
  グループ考課集計をもとにして，自分の考課は多数派なのか，少数派なのかを確認させる。
* グループ討議を通して，人事考課の3つの判断行動の選択に誤りはなかったか否か，他の考課者はどうだったのか，行動事実の見方，考え方に偏りはないかを自己評価させる。
* グループ討議で価値観が統一できない場合や納得がいかない場合は，基準の解釈の違いが原因であり，グループ内でこの問題について相互のコミュニケーションを十分に行うように留意させる。
* 考課要素の選択がよくわからないとき，すぐに人事考課マニュアル「考

課段階基準」を見て，行動を探し，考課要素を決める受講者がいる。しかし，これではいつまでたっても考課要素の定義が理解できない。演習においてはまず，定石どおりに定義を理解して考課要素を選択し考課段階に落とし込むことが留意点であることを理解させる。

(1) 人事考課の判断基準

人事考課を正しく行うためには，次のプロセスに従って判断しなければならない。それは，「観察，分析，記録」である。

まず，第1には「行動事実の選択」である。

人事考課の対象になる行動は限定されている。すなわち，考課者は，人事考課の対象になる被考課者の行動を選択しなければならない。行動の選択の留意点は，日常の職務における行動の事実を記録しておくこと，記録は忘れないうちに行動観察メモなどに具体的な事実だけを記入すること，考課期間を明確にすること，である。

次に，人事考課の対象となる行動の把握ができたら，その行動事実はどの考課要素で考課をするかを判断する。これを「要素の選択」という。考課要素の選択の留意点は，要素の定義（内容や意味）をよく理解することである。

特に情意考課の考課要素の定義（意味）は，一般にいわれる日本語的な解釈ではないので留意を要する。たとえば，積極性とは，「がんばって一生懸命にやっている」という意味ではない。改善，提案や自己の職務に直結する自己啓発をしているか否か，自分に与えられた職責以上の仕事にチャレンジをしているか否かなどが考課の基準となる

規律性	日常の服務規律の遵守度（服務規律を守っていたかどうか）
協調性	守備範囲外だが，チームワークにプラスになる行動，および守備範囲の内外を問わず，他と調子を合わせて行動していたかどうか
積極性	①改善，提案　②自己啓発　③職務拡大などチャレンジへの意欲の度合い（事態改善やプロモートに対し意欲的に臨んでいたかどうか）
責任性	自分の守備範囲を守ろうとする意欲の度合い（守ろうとする意欲を持って職務に臨んでいたかどうか） 細心の注意

人事考課は職務遂行行動を介して行うものであり，職務の遂行過程と結果に現れたすべての行動がその対象となる。そこで，数ある職務遂行行動のうちから，どの行動がどの要素に密接な関係があるかを判断して，考課要素を決める。その際，1つの行動は，1つの要素で考課をするようにしなければならない。1つの行動を2つ以上に結びつけると，1つの行動が良い（悪い）とあれも良い（悪い）になってしまうからだ。これは，人事考課の中でも最も陥りやすいエラーの1つである。ただし，例外はある。人事考課は，「成績」，「情意」，「修得能力」，「習熟能力」の4つの島から構成されるが，この島が違えば1つの行動を最高4つの要素に結びつけてもよい。しかし，この場合は極めて相関度が高い場合に限られる。要素の定義をよく理解した上で，該当する要素に結びつけることが大切である。

　第3の留意点は，「段階の選択」である。一般的に人事考課は，S，A，B，C，Dの5段階で行う。考課段階の基本は，期待レベル（普通）のB，優秀（申し分ない）のA，劣る（問題あり）のCの3段階である。したがって，後は各社の事情に合わせて5段階でも3段階でも7段階でもよいが，5段階がノーマルである。

　段階の選択ではまず，各人に期待し求めるレベル＝B段階を明確にする。そして，Bを中心に，Aレベル（期待レベルを上回る，申し分ない），Cレベル（期待レベルを下回る，問題あり，かろうじて業務は動いている）の3段階の判定を見極めることが大切である。

S	上位等級としてもA（申し分ない）
A	（期待し要求する程度を上回る）申し分ない
B	（期待し要求する程度）少々ミスや問題はあるが（あったが）業務は支障なく十分に行われる（行われた）
C	（期待し要求する程度を下回る）いろいろ不十分な点（ミスや問題）はあるが，何とか業務は遂行されている（遂行された）
D	業務に支障をきたす（きたした）

(2) 目標のつくり方と評価の仕方

目標設定にあたっては,「何を」,「いつまでに」,「どのくらい」,「どのように」の設定基準を明確にする。それは,「望ましい姿」,「変化してほしい姿」,「あってほしくない状態」,「維持してほしい状態」などを明確にすることである。目標には,数値で表示できる定量的目標と,数値では表示できない定性的目標の2つがある。次に例を示す。

① 目標の設定の仕方（S病院の例示）

1）定量的目標の設定
医療収入高・病床利用率・病床回転率
外来患者数・訪問看護訪問回数・訪問時間数
在院日数・苦情処理件数　　　　　　　　　等

2）定性的目標の設定
方針の立案・問診と診察・機能訓練
看護サービスの改善・院内感染症対策
入院時オリエンテーション・観察
身体清潔援助・食事の援助・調剤　　　　　等

② 数値目標達成基準（K社の例示）

評価	売上高 目標達成率	付加価値額 （利益高）達成率	売上 伸び率	得意先 リピート率
S	105％以上	110％以上	10％以上	85％以上
A	103％以上105％未満	105％以上110％未満	5％以上10％未満	75％以上85％未満
B	95％以上103％未満	98％以上105％未満	1％以上5％未満	65％以上75％未満
C	90％以上95％未満	95％以上98％未満	0％以上1％未満	60％以上65％未満
D	90％未満	95％未満	0％未満	60％未満

③ 本社・事業所業績目標達成基準と評価内容（K社の例示）

自助努力で数字を作れる部署（営業部）と作れない部署（事務部）のウエイト配分の違いに留意する。

	業績目標		ウエイト				備考
			営業部	技術部	生産部	事務部	
管理職（Mクラス）	数値目標	売上高目標達成率	35%	30%	25%	15%	目標達成数値については，別に定める基準による
		付加価値額（利益高）達成率	35%	30%	25%	15%	
		売上伸び率	15%	20%	25%	20%	
		得意先リピート率	15%	20%	25%	50%	満足度調査による
		数値目標　合計	100%	100%	100%	100%	
	役割目標	役割行動の推進度	—	100%	100%	100%	役割行動基準による
	部門目標	部門別重点目標の達成度	100%	100%	100%	100%	部長会で目標難易度の統一を図る
	情意，コンピテンシー目標	情意，コンピテンシー基準	100%	100%	100%	100%	情意・コンピテンシー行動基準による（情意考課）

＜100点満点（上記評価S）換算ウエイト＞（K社の例示）

数値目標は，営業部を除き裁量権を持つ役職者のみにウエイトを課している点に留意する。

区分 \ 目標	部門	営業部	技術部門			生産部門			事務部門			物流（発送）部門	
			役職者	一般		役職者	一般		役職者	一般		役職者	一般
				Sクラス	Jクラス		Sクラス	Jクラス		Sクラス	Jクラス		Jクラス
数値目標		60%	25%	—	—	15%	—	—	15%	—	—	—	—
役割目標		加点目標にチャレンジしたとき+α点	30%	10%	+α点	30%	10%	+α点	30%	10%	+α点	10%	+α点
部門目標（課・科内目標）		10%	15%	30%	40%	15%	30%	50%	15%	30%	40%	10%	30%
情意目標（含コンピテンシー）		30%	30%	60%	60%	40%	60%	50%	40%	60%	60%	80%	70%
合計		100%	100%	100%	100%	100%	100%	100%	100%	100%	100%	100%	100%

※役職者とは，課長以上の管理者

④ **課業別遂行度評価がスタート点**

病院勤務の一般職員の課業目標を次に例示する。次のように，連名課業一覧表を作成することによって，課業配分の公平さ，公正さ（チャレンジ，レベル，アンダー業務の配分，割り当てなど，人によっての偏りなど）を把握チェックすることができる。

連名課業分担一覧表

氏　名		山田孝子			大森教子			青木和子		
格付等級		5			3			2		
役職		主任			－			－		
課業	等級	担当業務	評価 自己	評価 上司	担当業務	評価 自己	評価 上司	担当業務	評価 自己	評価 上司
入院時の対応	2	○	＋	＋	○	－	－	○	＋	＋
観察	2	○	±	－	○	＋	＋	○	＋	±
身体の清潔援助（1）	1	○	＋	＋	○	－	±	□	±	－
身体の清潔援助（2）	2	○	±	＋	○	＋	＋	○	－	＋
食事の援助	2	○	－	－	△	＋	＋	△	±	－
排泄の援助（1）	1	○	＋	＋	○	＋	±	○	＋	＋
排泄の援助（2）	2	○	＋	＋	○	－	－	○	＋	－
環境の整備	1	□	±	－	○	＋	－	○	＋	±

○印はメイン課業　□印はサブ課業　△印はカバー課業
評価は3段階　＋…期待レベル以上の出来栄え
　　　　　　±…期待レベル
　　　　　　－…期待レベルを下廻る

⑤ **考課点の集約の仕方**

被考課者が担当した課業のすべてを問題なく遂行したのか，一つひとつその出来栄えを確認し，考課結果を要約していく。問題なく業務を遂行しているのであれば，±と考課をつける。＋評価は，チャレンジ（1等級者が2等級の仕事を遂行した，または後輩を指導するメンターの役割を見事に果たしたなど）をして期待レベルの出来栄えであったときに＋評価「A」考課とつけるのが

第5章 人事考課者訓練，面接訓練の実施

図表5-1　チャレンジカード（一般職能層）平成　○　年度（上期・下期）（T病院の例示）

被面接者氏名（被考課者）	所属	資格等級	等級在籍年数	1次考課者	2次考課者	3次考課者
山田　太郎	事務部門	3	3	大野原　五郎		

業務目標		達成基準	ウエイト(%)	期日	等級基準	遂行手段方法	備考
査定金額の減少	＋ （±） －	前年度比　15％減 〃　　　10％減 〃　　　　5％減	40%	9月末	4	（±） （3点＋1点）×0.4＝1.6	
（チャレンジ）							
補助金関係の迅速な処理の徹底	＋ ± （－）	〆きり　10日前に発送 〆きり　 5日前に発送 〆きり　当日に発送	30%	9月末	4	（－） （2点＋1点）×0.3＝0.9	
（チャレンジ・レベル・アンダー）							
患者支援の充実	＋ ± （－）	後期高齢者退院調整加算の算定　月5名以上 月5名 月5名未満	20%	9月末	3	（－） （2点＋0点）×0.2＝0.4	
（チャレンジ・レベル・アンダー）							
時間外計算処理	＋ ± －	〆きり　7日前に完了 〆きり　5日前　〃 〆きり　3日前　〃	10%	9月末	2	（±） （3点＋0点）×0.1＝0.3	合計 3.2点
（チャレンジ・レベル・アンダー）							

項目	着眼点	達成度				項目	着眼点	達成度			
		自己	1次	2次	3次			自己	1次	2次	3次
規律性	常に時間の余裕を持って出勤した。	±（－）	（＋）－	±－	±－	積極性	常に必要な知識・技術・技能の維持向上のために自己研鑽を積んだ。	±（＋）	（＋）－	±＋	±＋
	上司の指示や組織のきまりを守れた。	±（－）	±（－）	±－	±－		困難と思われる仕事でも，前向きに，行動的にチャレンジした。	±（＋）	（＋）－	±＋	±＋
	私用電話・私的な会話・メール等公私混同はしなかった。	±（－）	±（－）	±－	±－		会議等でも自分の意見を発言した。	（＋）－	±＋	±＋	±＋
	身だしなみは清潔と品位を守り，注意を受けることはなかった。	（＋）－	（＋）－	±－	±－			±＋	±＋	±＋	±＋
	連絡・報告・相談は速やかに正確に行えた。	（＋）－	（＋）－	±－	±－						
	（3点＋2点＋2点＋3点＋2点）÷5＝2.4点						（4点＋4点＋3点）÷3＝3.66点				
責任性	与えられた仕事を完全に成し遂げようとベストを尽くした。	（＋）±－	±＋－	±＋－	±＋－	協調性	自分の意見に固執することなく，誰とでも協力して仕事をすることができた。	±（－）－	±＋－	±＋－	±＋－
	自分の仕事を勝手に他人に依頼したり押し付けたりすることはなかった。	（＋）±－	±＋－	±＋－	±＋－		自分の仕事はしっかり遂行し，かつ他のスタッフの業務も進んで手伝った。	±（－）－	±＋－	±＋－	±＋－
	業務遂行過程でのポイントをしっかり把握し，チェックを怠らず，ミスのないようにした。	（±）＋－	（±）＋－	±＋－	±＋－		自分だけが良ければ良いといった利己的な言動はみられなかった。	±（＋）－	±＋－	±＋－	±＋－
	自分の仕事の責任を転嫁したり，言い訳をすることはなかった。	（＋）±－	（＋）±－	±＋－	±＋－		他部署の関係者との良好な人間関係を維持し，より良い連携づくりに努めた。	±（＋）－	±＋－	±＋－	±＋－
	（4点＋4点＋3点＋4点）÷4＝3.75点（1次の点数化）						（2点＋2点＋2点＋2点）÷4＝2点（1次の点数化）				

能力開発目標・啓発課題	時期	修得方法（OJT, OffJT, 自己啓発など）	自己	1次	2次	3次
医学知識を高める。	8月	Off JT セミナーへの参加	±＋	±＋	±＋	±＋

1次考課の点数化＋は4点　±は3点　－は2点

◎達成基準の記入の仕方：達成基準（±）の評価は，職能要件書のとおり遂行したとき期待レベル（±）と評価する。
◎評価：（＋）目標・期待水準を上回る，（±）目標・期待水準どおり，（－）目標・期待水準を下回る。
◎職能要件のない役割業務については，その都度，期待レベルの水準について被考課者と直属の上司でよく話し合い，客観的にどこまでやればよいかを決めておく。
◎情意考課欄には，まず被考課者が執務態度・行動改善の内容を事前に記入しておく。
◎能力開発目標，啓発課題については，原則として業務目標に直結する目標課題を設定する。しかし，業務目標遂行において特に，能力開発が必要でない目標については資格等級に期待される能力開発課題を目標として設定する。
◎着眼点については，各人の執務態度の状況・能力などを考慮し，必要があれば追加項目を加えてもかまわない。
◎業務目標については，必ずチャレンジ等の項目を1つはあげておくこと。

※ チャレンジカードから考課表への落とし込み（T病院の例示）

成績・情意考課表（一般職能層）

平成24年度	考課実施日	考課対象期間	被考課者					
	平成○年○月○日	自 平成○年○月○日 至 平成○年○月○日	所属	役職	職群	資格等級	在級年数	職員コード	氏名
			事務部	──	総合職	3	3年	H1310	山田太郎

考課欄

区分	考課要素	定義	着眼点	1次考課	2次考課	3次考課
成績考課	課業（役割）の遂行度	与えられた課業、役割の遂行度はどうであったか。	課業一覧チェック表…職務基準の達成度を評価する。 役割の遂行度評価…プロジェクト業務または各種委員会等に参加の役割貢献度を評価する。	3.20点 S A ⒷC D	点 S A B C D	点 S A B C D
情意考課	規律性	日常の服務規律の遵守度合いをいう	①常に時間の余裕を持って出勤した。 ②上司の指示や組織の決まりを守れた。 ③私用電話、私的な会話やメール等公私混同はなかった。 ④身だしなみは清潔さと品位を守り、注意を受けることはなかった。 ⑤報告・連絡・相談は速やかに正確に行えた。	2.40点 B ⒸD	点 B C D	点 B C D
	責任性	自分に与えられた仕事に対する意欲・姿勢の度合いをいう	①与えられた仕事を完全に成し遂げようとベストを尽くせた。 ②自分の仕事を勝手に他人に依頼したり押し付けたりすることはなかった。 ③業務遂行過程でのポイントをしっかり把握し、チェックを怠らず、ミスのないようにした。 ④自分の仕事の責任を転嫁したり、言い訳をすることがなかった。	3.75点 ⒶB C D	点 A B C D	点 A B C D
	積極性	自分の仕事に関し、質的向上・量的拡大・改善提案等を行う度合いをいう	①常に必要な知識・技術・技能に維持向上のために自己研鑽を積んだ。 ②困難と思われる仕事でも、前向きに、行動的にチャレンジした。 ③会議等で自分の意見を発言した。	3.66点 A ⒷC D	点 A B C D	点 A B C D
	協調性	組織の一員としての自覚を持ち、他の組織、または人に対するチームワークに配慮した度合いをいう	①自分の意見に固執することはなく、誰とでも協力して仕事をすることができた。 ②自分の仕事はしっかり遂行し、かつ他のスタッフの業務も進んで手伝った。 ③自分だけがよければよいといった利己的な言動はみられなかった。 ④他部署の関係者との良好な人間関係を維持し、よりよい連携づくりに努めた。	2.00点 A B ⒸD	点 A B C D	点 A B C D

＊点数は小数点第3位を切り捨て、第2位までを記入

所見欄

	考課者氏名	総合所見		合計		点数早見表	
		成績考課	情意考課	評点	評価	S	4.7〜5.0
1次	役職位 (　　　)印	がんばっているが結果につながっていない	自己中心的なところが多い	2.8点	B	A	3.70〜4.69
2次	役職位 (　　　)印					B	2.70〜3.69
3次	役職位 (　　　)印					C	1.70〜2.69
						D	1.69〜

（3点＋2点＋4点＋3点＋2点）÷5＝2.8点

ルールである。

　＋は原則としてＡ（4点）と置き換え，顕著な場合はＳ（5点）に置き換える。±は原則としてＢ（3点）と置き換え，顕著な場合はＤ（1点）に置き換える。－は原則としてＣ（2点）と置き換える。

（例　示）

課　業	等　級	評　価	
採用活動	4	＋（A）	4点
新人配属（案）の作成	5	－（C）	2点
定期昇給試算（案）の作成	5	＋（A）	4点
人件費予算の実績分析事務	3	－（C）	2点
計（平均点）			12点÷4（3点）

　　成績考課は平均点3点で，「B」評価となる
　　※切上げ，切捨ての単位を決めておくことが留意点である。6捨7入，5捨6入など

■3　面接訓練，実技演習の実施

　人事考課を育成型加点主義制度として人材育成やチャレンジ風土醸成のための経営ツールとして活用するためには目標面接は必須である。面接によって，問題解決の手段や方法について，上司と部下が膝を突き合わせて話し合うことができるからである。面接実技訓練のポイントは，次のとおりである。
＊　面接訓練においては，演技者より演技に参加していない人が主役であることを理解させる。
　　「私だったらどうやるのか」，「良かった点・悪かった点」のコメントを記述しておくことが大切であることを理解させる。
＊　面接トレーニングにおいては，周りの雰囲気づくりの即興にまどわされず，面接の理論や手順に沿って進めることが大切である。講師のコメントにも，よく耳を傾けるように留意させる。
＊　「職務基準設定メモ」，「フィードバックメモ」は，面接理論に基づいて，

きちんと具体的に作成する。面接メモの各項目や内容については，組織目標の達成や各人の能力開発およびキャリア開発につながるものであるか否か，ケース演習であっても手を抜かずグループ討議でよく検証をすることが大切であることを理解させる。

* グループ内でケースによる面接実技演習を行う。実技に参加できない者には，コメントを述べてもらうなど，全員参加の雰囲気をつくるように留意させる。
* 面接実技演習では，上司役，部下役を選び，参加者全員の前で模範演技をしてもらう。面接の流れ等を十分理解し，褒める点，叱る点，注意する点，育成点等，ポイントを押さえた演技に留意させる。
* 全体面接では，全グループの代表者が演技をするが，主役は演技者以外の参加者である。職場に戻って理論と手順どおりの面接ができるか否か，気がついた問題点と改善点をメモにしておくことが大切であることを理解させる。
* 面接役割演技の全体の締めとして，講師は最終コメントを述べる。参加者は理解ができなかった点などをきちんとメモをしておき，講師は参加者の質問を受け，疑問点の解明に努めるように参加者をうまく誘導する。

4 面接訓練，実技演習の進め方

上司役の役割演技においての留意点は，次のとおりである。面接において，顔の表情と言葉と語調の一致は大切である。

① 言語のコミュニケーション

音声の長短，強調，抑揚，話し方，優しさ，愛情，親しみ，感謝，喜びなどのプラスの感情と表現の仕方が大切である。管理者として，上司として魅力的な話し方とはどんな話し方だろうか。話し方が優しい，抑揚がメリハリがあるなど，参加者は意識して各面接演技者の優れている面を指摘することが大切で

ある。

② 非言語のコミュニケーション（目線と視線）
上司は相手よりも低い目線で，動作と姿勢にも注意する。
上司役の役割演技者の姿を，演技者以外の参加者はチェックする。面接を行う上司の態度の良い悪いで，面接の成否が決まるからである。面接は部下との人間関係を醸成する絶好の機会であることを認識したい。これからの上司と部下はパートナーであり，役割分担の関係である。

③ 相手の気持ちに耳を傾けているか
面接の主役は部下であり，答えは部下が持っている。大切なのは，相手の気持ちに問いかけるマネジメント（コーチング）の徹底である。一人ひとりの気持ちを結集できれば，大きな組織目標を達成できる。従来のブレイクダウン方式のマネジメントからボトムアップ方式の経営に切り替えるマネジメント手法の1つがコーチングといえよう。

④ 自己決定を促す
これからの組織に必要なのは，ダイバーシティ（人材の多様性）を尊重するマネジメントである。ダイバーシティとは，異質なものと異質なものがぶつかり合うことで新しい知恵が生まれリスクへの感度が高まるとするリスクマネジメントである。画一的な環境の中で似通った者同士が集まる組織では，さらなる発展は期待できない。特にグローバル化時代では，一層の多様性が求められている。これからの組織発展には，チャレンジと創造が求められるが，その源泉は各社員一人ひとりの自立性である。

次の例示は「看護職職能チェックリスト（3等級レベル）」である。上司は面接時に部下の能力開発状況を職能要件書のチェックリストに沿って，課業（仕事）別に確認していく。また，課業をベースに，いつまでに，どのような

知識や技術，技能を，どのように身につけていくのかという具体的な目標を，上司と部下で共有する。現状の能力充足度だけではなく，これからの能力開発やキャリア開発の方向づけについても，上司は部下と一体になって忌憚なく膝を交えて話し合うのが真の面接制度の進め方といえよう。

看護職職能チェックリスト（3等級レベル）　例示

「終末看護の援助」

	○	△	×
(1) 危篤時の患者の状態を観察判断することができる。			
(2) ときには，指導者の指導を受けながら患者の身体的，精神的安楽をはかることができる。			
(3) 家族の精神的支援ができる。			
(4) 死後の処置および手続きができる。			
(5) 危篤時患者の身体・精神・社会的変化を理解している。			
(6) 死後の身体的変化を理解している。			
(7) 危篤時の対応についての看護技術を体得している。			
(8) 疾患状況の基本的知識を持っている。			

「診療・治療の介助」

(1) 創傷を持った患者の安全，安楽，自立を考えた援助ができる。			
(2) 所定の手続きに従って無菌操作を行うことができる。			
(3) 注射法に応じた適正な準備と実践ができる。			
(4) 注射薬の確認と指示書に沿った注射の実践ができる。			

(5) 使用薬剤の副作用および異常の早期発見と報告ができる。

(6) 治療が効果的に実施されるよう患者の援助および医師の援助ができる。

(7) 治療中および治療後に予測される患者の状態の変化を観察，報告できる。

(8) 治療上患者が感じるであろう不安を予測し対応ができる。

(9) 創傷に対する生体の反応と創傷の治療過程の知識を持っている。

(10) 無菌操作の知識と技術を持っている。

(11) 薬剤の一般的な知識を持っている。

(12) 医療器具の知識と取扱いの技術を持っている。

(13) 医療器具の消毒に関する知識と技術を持っている。

(14) 輸血の基本的な知識を持っている。

(15) 水と電解質の知識を持っている。

(16) 薬物取扱い上の法的責任の知識を持っている。

(17) 治療上の観察と患者への援助技術を体得している。

(18) 治療介助の技術を持っている。

(19) 疾患と治療の知識を持っている。

「呼吸・循環への介助」

(1) 各種吸入法の特徴を理解し，実施できる。

(2) 各種吸入法について，患者・家族に説明ができ，協力を得ることができる。

(3) 症状に応じた吸引ができる。

(4) 各種モニター測定値の異常の早期発見と報告ができる。

(5) 疾病と治療を理解し，Aライン等の安全管理ができる。

(6) 患者の安全，安楽を考えた援助ができる。

(7) 呼吸，循環動態の知識を持っている。

(8) 疾患と治療の知識およびそれに伴う看護技術を持っている。

(9) 適正なME機器の選択，安全点検，整備の技術を体得している。

(10) コミュニケーション技術を有している。

第6章

能力, 実力, 昇格, 昇進基準の作成

能力・実力主義人事の処遇軸の核になるものが昇格管理である。人事考課を昇格審査基準の一要素として使い，卒業方式，入学方式によって昇格可否を判定する。昇格は原則として能力主義で，昇進は原則として実力主義で実施するのがルールである。

　年功主義人事は等質，一律管理，心情基準であり，属性（勤続年数，学歴，労職身分，性別）をファクターとするため問題も多く，必然的に秘密管理となる。公務員の人事・賃金改革は一向に進まないが，それは勤続，学歴による賃金処遇などの既得権を排除できないことが原因である。納得性，合理性，社会性から見ても，これらの年功人事は除去していかなければならない。

　そこでこれからの人事諸制度は，能力・実力主義基準により客観的な基準を用意して全社員がチャレンジできるオープンなシステムとすることが留意点となる。なかでも，昇進，昇格制度は人事諸制度の基本骨格的な位置づけにあり，制度設計とその運用には特に留意する必要がある。その都度のご都合主義に陥らないように，基準主義（期待像）に徹することが大切である。

　さて，基準主義といっても，企業の論理と働く側の論理の2つの考え方があるわけだが，これからの時代の人事管理は，社員満足の結果として企業の発展，存続があると考えるしなやかな制度の設計が必要になる。昇進，昇格制度は，自らの意志と適性によって，挑戦すれば手が届く公募制度・JOBリクエスト制度を設計するのが要点となる。その一例が，昇進の多様化，職群管理制度等である。

1　複線型人事制度とは何か？
　　〜個と組織の統合の論理を大切にする〜

　人には持ち味や適性がある。人の力を借りて大きな仕事ができる人と，一人で仕事をして大きな成果を上げることができる人の2つのタイプがある。従来の経営では，仕事ができるといわれる人は，皆部下を持つ管理者になった。ゼネラリストといわれる人たちである。管理者の最重要職責は，部下掌握と人材

育成である。しかし，人間関係づくりや部下との関わりが苦手な管理者もいる。これらの人たちを管理者にするわけにはいかない。企業は部下の能力をいかに全開させるか，適材適所での人材活用や組織活性化策を期待している。たとえば，自社の社員の平均年齢が40歳であれば，この40歳層の働かせ方を考えるのが人事マネジメントである。

　逆に，働く側は働き方を考えるようになった。正解は1つではない。自分が納得した仕事であれば楽しく働ける。ワーク・ライフ・バランスの人事政策が話題になる時代になったが，これは，働く者にとっても一大関心事である。業績のよい優良企業には人を活かすいくつかの選択肢がある。一流といわれる企業には，社員一人ひとりが自己実現に向けて自己責任のもとに主体的にキャリア形成を行い，プロとしてのエンプロイアビリティ（雇用される職業能力）を身につけることができるいくつかの選択肢が用意されている。

(1) ダイバーシティ（人材の多様性）のマネジメント

　組織が社員に求める能力も多様化していると同時に，働く側の意識や労働感も変化している。異質なものと異質なものがぶつかり合うことで新しい知恵が生まれ，これがリスクへの感度を高める。価値観や労働感が異なる人たちが1つの企業の中で働いている。この異質，異能の人材を1つの組織に取り込み，各人の持てる力を発揮させる複線型人事管理が広がっている。本人の意思と適性，そして能力を基準にして人材をいくつかのグループにセグメント（細分化）し，この細分化したグループごとに人材を評価，育成，活用，処遇していく多元的人事管理方式を導入する企業が増えている。

　これらの管理方式を，複線型人事制度，職群管理制度，コース別人事管理制度などと一般的に呼んでいるが，ここでは複線型人事制度と呼称を統一する。この複線型人事制度は，労働力の質の違い，育成進路の違いに対応するものであり，賃金差をつけるための制度ではないが，巷では総合職，一般職の賃金格差付けのための制度になっているのが多いように思う。また，一般職から総合職への転換時には試験制度があり，職群転換は実際には難しい状況になってい

るのが現実だ。一般職は女性，総合職は男性というように労働条件を設定しているケースが多い。表向きには本人の意識と適性により，コースの選択は自由であるが，実際は総合職には人事異動や研修受講，コンピテンシー評価など，クリアすべきいくつかの条件があり，女性の総合職選択はハードルが高い。

(2) 人材育成コースと人材活用コース

　複線型人事制度は，前半と後半に分かれる。前半は本人の意思による人材育成選択コース，後半は適性による人材活用コースである。前半のコースには，新規学卒者が仕事の実態を把握するまでの猶予期間を設定している。一定の期間中（1～2年間程度）はプール職群へ配置し，その後，基幹職員として将来の経営幹部を計画的に育成する総合職コース，その他，特定分野の職種に限定し経験を積み高度熟練者を目指す専能職，限られた担当業務について深く習熟を極める一般職，担当職務を限定して技能資格免許保持者を採用する技能職の5職群がある。職群は，この中から本人の意思によって選択する。

　後半は経営が求める人材で経営判断により経営がそれぞれの適性人材を選択する。管理職か，専任職か，専門職かまたは役職なしの4職群でいずれも経営が人材をセグメントする。

　「管理職コース」は，部門統括，部下掌握育成を主な役割にしながら，部門課内の方針展開，企画開発や問題解決を推進する。総合職から管理職コースに入るのが一般的である。

　「専任職コース」は，一定の分野での深い経験を生かし，高度熟練者として担当業務を推進する。担当業務推進においては，高い成果を上げ続けることを期待されているベテラン職群である。専能職から専任職へ入るのが一般的である。

　「専門職コース」は，今すぐにでも大学の教壇に立てる特定分野での極めて高い知識と技術を身につけ，研究をはじめ企画開発業務に従事する専門家グループである。

　以上のように，これからの自分のキャリアを考えるとき，前半のコース選択

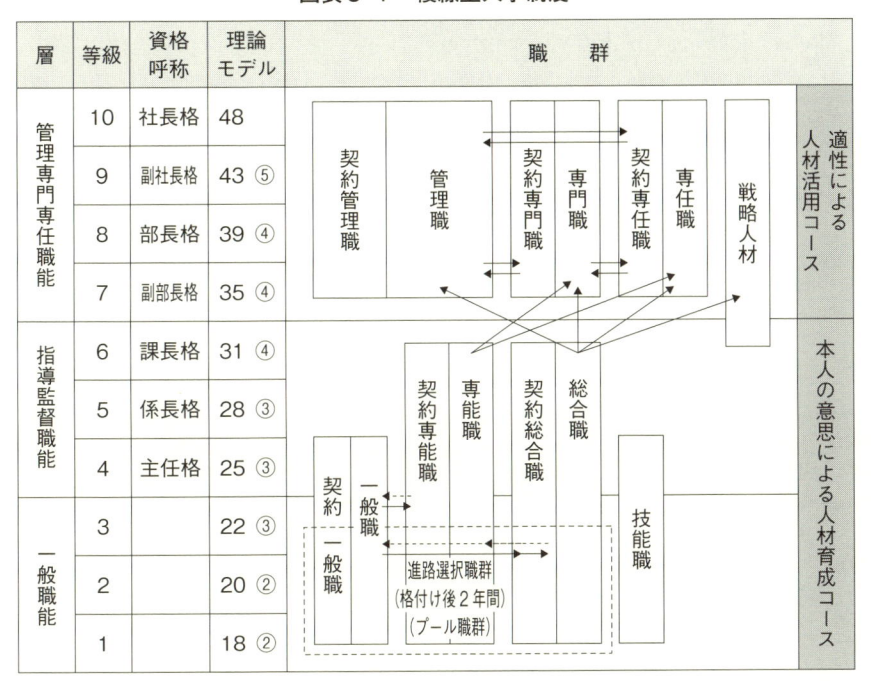

図表6-1　複線型人事制度

層	等級	資格呼称	理論モデル	職群	
管理専門専任職能	10	社長格	48	契約管理職／管理職／契約専門職／専門職／契約専任職／専任職／戦略人材	適性による人材活用コース
	9	副社長格	43 ⑤		
	8	部長格	39 ④		
	7	副部長格	35 ④		
指導監督職能	6	課長格	31 ④	契約専能職／専能職／契約総合職／総合職	本人の意思による人材育成コース
	5	係長格	28 ③		
	4	主任格	25 ③		
一般職能	3		22 ③	契約一般職／一般職／技能職	
	2		20 ②	進路選択職群（格付け後2年間）（プール職群）	
	1		18 ②		

- 総合職群はすべての仕事において積極的に目標を持って行動する人材。
- 専能職群は，自分の資格内だけの仕事を忠実にやりこなす人材。
- 一般職群は資格内でも限られた部分しか行わず，条件をつける人材。
  夜勤ができないなど，時間的制約等がある者。
- 進路選択職群は新入職者が対象…職場になれるまでの猶予期間として設定している。

※職群転換は2回まで
※総合職群への移動の場合は，職種転換試験を行う。
※初任格付け後1年以内に本人の意思を確認の上，どの職群でキャリアをつくるかを決める。
※41歳から実力・成果主義へ

が大変重要な意味を持つ。

　自分の職業感や職務遂行能力，生きがい働きがいなどの欲求を明確にして，キャリアプランニングを自立的に追求していくことが求められる。自分のキャリアビジョンに向けての具体的な目標とスケジュールが必要で，これが人生を

図表6-2 職群の定義（例示）

職群名	進路選択職群	一般職群	技能職群	専能職群	総合職群	専任職群	管理職群
定　義	入職後1年間，職群を定めず教育訓練・経験を積んだ上で，本人の意思と適性によって，総合職群・専能職群・一般職群のいずれかの進路を決定するまでの人材群。	経験を主体として日常業務を推進しており，一般定型業務で経験を深め，業務遂行能力を修得する人材群。	特定の技術職種の中で，職務経験を主体として業務を遂行できるよう，担当業務の経験を深め，業務遂行能力を修得する人材群。勤務地の異動は原則としてある。	限定された範囲内の職種の中で経験を主体として業務を遂行できるよう，担当業務を深め，業務遂行能力を修得する人材群。職種を限定した異動はある。	法人の将来を担う基幹職員としてグローバルな考え方で活躍できるよう，判断力・決断力・指導力などの総合力を身につけるとともに，法人事業全般にわたる幅広い知識や技術・技能も修得する人材群。	特定の分野で深い経験と実績に基づく技能，技術を駆使して，自己が担当する分野の業務を推進するとともに，主に日常ベテラン業務や企画・立案業務を担当する人材群。プロジェクトや一定の業務を必要に応じてスタッフとともに遂行する。	課以上の組織の統括・管理と部下の掌握・育成を主たる業務とし，かつ自己が担当する分野で研究・企画開発と業務推進にも当たる人材群。
必要とされる要件		担当業務を期待レベルで正確に遂行するために，所属長の指示・援助を受けながら職務経験を積み，業務知識を修得できる能力を必要とする。	担当業務を正確に遂行するために，所属長の指示・援助を受けながら職務経験を積み，知識を修得できる能力を必要とする。	担当職務を効率的に遂行するため，所属長の指示を受けながら職務経験を積み，自己研鑽・自己啓発により担当職務内の業務知識を深める能力を必要とする。	基幹職員として職務経験を積み，旺盛な意欲を持って自己研鑽・自己啓発などを重ね，広範囲な業務知識を修得できる能力を必要とする。	担当業務でのたゆまざるチャレンジ精神に富み，自立性に基づいて日常ベテラン業務，企画・立案業務を担当し，情勢の変化に敏感に対応して担当業務を完遂する責任性を必要とする。また，担当分野での，極	組織を統括・管理するための責任感に富み，魅力あふれる人間性と豊かな感受性をもって部下の育成・指導に当たるとともに，積極的かつ柔軟に業務を遂行できることを必要とする。また，秀でた統率力・判

職群名	進路選択職群	一般職群	技能職群	専能職群	総合職群	専任職群	管理職群
					めて高度な技術・専門知識に基づいて主に日常業務を推進する。したがって,企画力・決断力・説得力を必要とする。		断力を持って部下の育成・指導に当たり,有事の際には,それを分析・活用する能力と,担当分野での専門知識を必要とする。
教育訓練自己啓発	社会人・組織人として必要な基礎的な教育訓練を受講するとともに,職場内OJTによる基礎実務能力の修得を図る。	限定された担当業務を遂行するための基礎教育や,早期戦力化を目的とした技能向上に主眼を置いた教育訓練を受講する。OJT教育を主眼とする教育を受講する。	限定された担当業務での基礎知識や,早期戦力化を目的とした技能向上に主眼を置いた教育訓練を受講する。OJT教育を受講する。	担当業務の基礎知識や,早期戦力化を目的とした職能教育訓練およびOJTを受ける。他に,階層別教育OFF-JTによる専門知識・技術の強化を図る。	管理職・専任職を育成するため,高度な専門能力や組織広範囲にわたる業務知識の修得を主眼に置いた教育訓練を受講する。階層別教育を受講する。資格免許取得など。	職種別に指定された専門教育を受講する。また,研究成果または業務推進の成果のレポートを提出する。	教育体系に基づいた戦略,戦術的なマネジメント教育や訓練,指定された通信教育・研修などを受講する。

決める。

　詳細は後述のとおりであるが,その運用方法については各企業なりのニーズにより弾力的に行うべきであろう。話題の飛び級昇格,昇進もその一例と思われる。昇進,昇格は,職能資格等級制度を基本として,その中で昇格年数,資格と対応役職位の関係でセットされる。能力主義,実力主義人事は,すべて基準主義の人事をベースにして運用される。その場限りの思いつき人事制度では,到底組織の活力は高まらない。

2　能力・実力主義の昇格管理基準とは

　「能力を高め，仕事を高め，賃金を上げる」という3者の高位均衡を目指して，まず職能資格等級制度を導入する。メリハリのある能力主義人事制度を推進するため，職能資格等級制度を能力主義の基本軸に据え，評価→育成→活用→昇格→昇進→賃金処遇の流れで人事トータルシステムを構築する。能力主義の昇格基準は，「在級資格等級の能力」を満たしたか否かの卒業方式である。

　能力は職種別資格等級ごとに，この等級でマスターしなければならない修得要件（知識，技能），習熟要件（この仕事がこんなレベルでできる）が明確化された職能要件書を，また役割を持つ管理者は実力主義の基準である役割要件書の基準を満たさなければならない。能力主義人事制度は，本人の意思と適性を尊重し，社員が自ら目標設定に参加しチャレンジができるしなやかな人事制度として設計することがポイントである。この能力主義人事制度のエンジン部分に当たるのが，「昇格管理」といえる。

　今，多くの企業では職能資格等級制度の見直しに取り組んでいる。職能資格等級制度は，「職能要件書」や「役割要件書」が整備されていないと学歴や等級滞留年数，勤続による年功主義に流れる傾向がある。また，昇格基準要件を満たしていても，人件費予算の枠にとらわれ相対区分（定員枠）で昇格人数を絞り込むという企業も多い。このようなやり方では，昇格はその年ごとの企業業績や収益状況などに左右され「昇格管理」の運，不運が生じることになり，誰も前向きに挑戦をしなくなる。

　人事制度構築は，いかなる場合でも一本筋を通した公正，公平な理論と実務の考え方を貫くことが必要である。制度，規定の管理・運用面においても，その時々の場当たり的な対応では能力主義人事とはいえない。これらの不公平を払拭し，働きがい，生きがいを実現し，絶えざる能力向上を図り，高い生産性に直結させ，公平な処遇の実現へと好循環サイクルを回したい。

(1) 役割・実力主義の昇格基準とは

能力主義人事制度は能力開発を中心とする制度であるため，対象は主に係長以下としている企業が多い。実際，課長クラス以上では能力開発人事制度の適用では経営はやっていけないという経営者の意見が一般的である。

課長クラス以上になると，「仕事の価値」イコール賃金とする，実力等級制度（役割等級制度ともいう）の適用が一般的である。ジョブによる人事制度の適用分類である。仕事は難易度により，「高い専門性と判断力，企画力，折衝等を必要とする業務」，「高い専門性は必要とはしないが，定められた方法，手段に従って正確に効率的に遂行する業務」の2つに大きく分類することができる。また，仕事の発生頻度では，「定型業務として毎月，毎週，毎日発生する業務」，「短期間で一定の成果が出る業務」，「一定の成果を出すまでに長期間を要する業務」に分類することができる。

さらに，第3の分類方法は，「コア業務」か「専門業務」か「定型業務」かである。

「コア業務」とは，高い専門性を必要とし，企業の核になる業務である。これらのコア業務を遂行するためには，企業のノウハウの熟知と信頼に基づく人脈の活用が求められる。

「専門業務」とは，専門性の発揮によって企業に貢献する業務である。また，専門性は組織ではなく個人に帰属し，この専門性を駆使して単独で業務を担当推進する。

「定型業務」は，「継続的定型業務」と「時期的定型業務」に分けることができる。

まず，継続的定型業務とは，1年以上にわたり継続的に発生するルーチン業務である。経験を積むことで，仕事の正確さや効率性が高まる業務である。

時期的定型業務は，短期貢献型の業務であり，一定の時期に集中的に発生する。判断力や創意工夫などは求められない業務である。

このように，ジョブグループは仕事のタイプ，特徴によって分類されるグループである。たとえば，1つの部署の中にも「コア業務」もあれば，「専門

業務」もあるし「継続的定型業務」もある。

　さて、課長以上クラスまた完全習熟年齢といわれる40歳以上ともなれば、今何をやっているか、結果はどうか、の実力で評価される。したがって、係長または40歳までは可能性を中心とする能力主義で人事賃金を決めるが、課長になったら、また40歳になったら、役割・実力等級制度へ切り換え、可変性豊かな賃金処遇へ移行する。人事賃金のフレームは、職能資格等級制度と役割・実力等級制度のツーラダーシステムをベースに展開されるが、職能資格等級制度と役割・実力等級制度との相関関係はない。能力はあっても実力はないという場合も多々ある。

　能力は5等級係長格であるが、実力はV等級経営管理責任者クラス、また逆に能力は10等級部長クラス、実力はⅢ等級係長クラスといった奇妙な現象が当たり前となったのは、まさに実力・成果主義が広がっていることを表している。

　能力主義における昇進、昇格は、原則として規則正しく職能資格等級制度を基本ベースにして行われるが、役割・実力主義の昇格においては、2階級特進・降格も自由自在に行われる。そこには、役職や等級に入学したという客観的な事実を確認できる基準（職責評価、モデルコンピテンシー）とシステムが必要となる。まさに実力の世界といえよう。

(2) 昇格管理設計の実務ポイント

　「能力を高め、仕事を高め、賃金を上げる」という3者の高位均衡を目指して、完全習熟年齢といわれる40歳までは職能資格等級制度を、40歳を過ぎたら役割・実力等級制度のツーラダーシステムを導入する。40歳までの社員に対しては、メリハリのある能力主義人事を推進するため職能資格等級制度を能力主義の基本軸に据えて評価（人事考課）→育成（能力開発、配置）→人材活用・昇格昇進（資格のグレードアップ、役職昇進）→処遇（賃金）の流れで人事トータルシステムを構築する。しかし、40歳を過ぎたら、従事している仕事の価値と担当している仕事の成果で決める役割・実力等級制度を導入しなければならない。また課長になったら、年齢に関係なく役割・実力等級制度の適用とする。

能力主義人事制度は，本人の意思と適性を適切に反映させ，社員が自ら目標設定に参加しチャレンジができる制度として設計されていることが大切である。そして，自己の意思と適性によって未来が描ける内容であることが制度の成否を決める。従来の組織の論理優先のマネジメントとは異なり，能力主義には，働く人たちの働きがいや生きがいを大切にするしなやかな人事管理の選択肢が用意されている。これが，先述した複線型人事制度や職群管理制度といわれるものである。

　しかし，多くの企業では職能資格等級制度から役割・実力等級制度へ切り替えを行っている。その主な理由は制度管理や運用面，また人事考課の不備で勤続，学歴，性別，滞留年数に流れた昇格審査であるために，年功処遇制度となんら変わらなくなっていたからである。また，昇格基準を満たしても，人件費予算の枠にとらわれて相対区分（定員枠）で昇格者を絞り込むという企業もあり，昇格がその年ごとの企業業績や収益状況等に左右され，「昇格管理」そのものをゆがめ，昇格審査の信頼性を失う結果になった例もある。その年による昇格審査の甘辛が生じているのだ。能力主義人事制度が時代感覚にマッチしないのではなく，その機能をうまく引き出した人事管理ができていないことが問題であること，役割や実力は能力主義人事の定着の上に成り立つことを再認識することが大切である。

　能力主義人事の推進は異質・異能主義の考え方に立ち，本人の意思と適性を汲み取ったフレキシブルでクリエイティブな制度の構築を目指している。したがって，その人事理念には一本筋を通した考え方が必要である。制度規定の管理・運用面においてもその時々の場当たり的な対応ではなく，働きがい，生きがいを実現し，絶えざる能力向上を図り，生産性の向上に直結させ，公平，公正な処遇の実現へと好循環サイクルを回すことが大切である。そのためには，客観的で誰もが納得する基準主義による「昇格管理」を行うことが必要である。

① **昇格管理の実務**

　能力で，または実力で人を処遇するには，能力の明細表（職能要件書）およ

び職責評価表（役割要件書）を作成しなければならない。ここでは，人事設計のベースになる能力主義人事（職能資格等級制度）の昇格基準作成ポイントを確認しておこう。

　基準作成にあたっては，可能な限り主観を排除した客観的な「企業が期待し求める人材像の明細」が必要である。その人材像の明細は，職能資格等級制度であり，これを人事制度の目標軸として位置づけ全社員に公開をする。各社員はこの目標に向かって能力を高め続け，生涯にわたりキャリア形成に努力をする。職務調査により仕事を職群別，職種別に，また難易度別に洗い出して整理し，次にその仕事を遂行するための能力（知識，技術，技能，資格，免許）を一覧表にまとめた職能・役割要件書を目標軸とする。この基準がなければ職能資格等級制度は動かないし，適正な「昇格管理」はできないことになる。いつ，誰がどのように能力を判定するのか，その能力の媒体（審査要素項目），合否判定の方法などを規定化し，これに基づいて行う手続きと審査作業を「昇格管理」といっている。そのため，「昇格管理」は決められた実施要領，規定，基準，手続きにより厳正に行わなければ能力の中心軸が崩れることになる。「昇格基準」の基本パターンを図示すれば図表6-3のようになる。

　すなわち，「職能資格等級制度（職能要件書）」の中身は，習熟要件（必要な仕事の習熟，仕事を覚える，○○の仕事ができる），修得要件（勉強をする，知識，技術，技能，資格免許，研修受講，通信教育，必読図書，試験など），職歴要件（経験を積む，キャリアパス，最短必要年数の設定）の3本柱で構成されている。習熟要件とは課業名とその課業ができる度合いであり，修得要件とはどんな知識を・技術・技能を身につけたらよいのか，その履修・検定内容等をいう。また，職歴要件とは，職務経験，最短等級滞留年数でセットする。滞留年数は，年功ではなく真の能力判定のために設けられた期間である。能力の有無判定にはある一定の年月が必要である。

　能力審査の基本は，職務遂行の結果（成績）から判定するが，ある一時の成績をもって能力の有無を断定できない難しさがある。成績とは与えられた職務の遂行度であり，能力とは必ずしも一致しない。人事考課における中間項の問

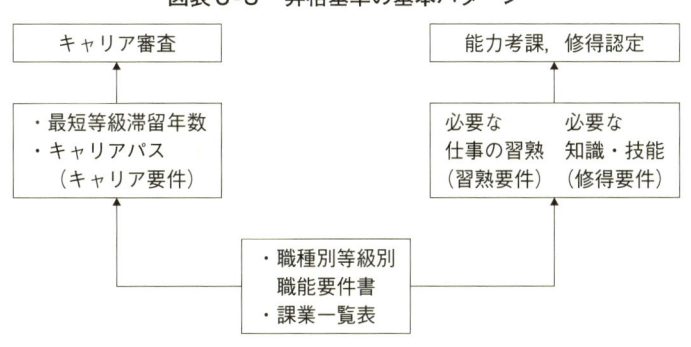

図表6-3　昇格基準の基本パターン

```
┌─────────────┐              ┌─────────────────┐
│ キャリア審査 │              │ 能力考課，修得認定 │
└─────────────┘              └─────────────────┘
      ↑                             ↑
┌─────────────┐         ┌──────────┬──────────┐
│・最短等級滞留年数│       │ 必要な   │ 必要な   │
│・キャリアパス │         │ 仕事の習熟│ 知識・技能│
│ （キャリア要件）│       │（習熟要件）│（修得要件）│
└─────────────┘         └──────────┴──────────┘
      ↑                             ↑
      └──────┬──────────────────────┘
             │
      ┌─────────────────┐
      │・職種別等級別     │
      │  職能要件書      │
      │・課業一覧表      │
      └─────────────────┘
```

題であり，ここでは省略するが等級昇格における能力の判定は能力考課を持って行うのが原則である。この基準は，職能・役割要件書の能力とその内容の具体的明細書であることを理解することが必要である。

②　昇格は「絶対区分」が原則

昇格は賃金原資や人件費予算から分布規制を行うべきであるとの意見があるが，果たしてそうであろうか。上位資格等級の能力要件を十分に満たしているのに今年は昇格者が多すぎるので人数を絞りたい，絞らなければ人件費枠をオーバーするとの意見である。先にも触れたように，これでは能力主義人事の形はとりながらも，中身はその場限りの場当たり的な審査である。

たとえば，賞与などの一過性の審査であれば，そのときの事情により変化する相対区分でも理解は得られるであろう。しかし，昇格は違う。絶対区分によって基準能力に達した者は全員昇格させなければ，人事の公平性，納得性を失うことになる。優秀な者は，どんな条件下でも優秀と評価し，その評価に見合った処遇をすべきである。昇格人数との兼ね合いから，優秀であっても優秀でないと判定することは，いかなる理由をつけても納得は得られない。

昇格や昇給の原資は，総人件費枠から優先的に先取りし，残額をもって賞与，昇進の原資に振り分けて配分するのが人事賃金の公平性である。人事考課でいうと，考課をする段階での分布規制はありえず，人事考課はすべて基準に対し

てどうであったかの絶対考課を前提にする。相対区分と絶対区分を図示すると，次のとおりである。

図表6-4　絶対考課の人事，賃金への結びつけ
（相対区分と絶対区分）

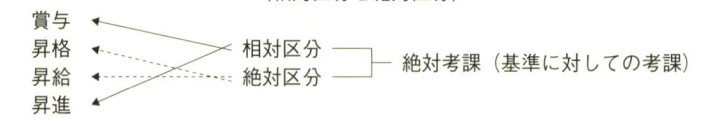

賞与　　　　　　　　　　相対区分
昇格　　　　　　　　　　　　　　　　　絶対考課（基準に対しての考課）
昇給　　　　　　　　　　絶対区分
昇進

③　人事諸制度と昇格管理の関連

「昇格管理」が基準に従い制度としてきちんとしていれば，人事制度の半分は完成したといっても過言ではない。資格制度と賃金，役職昇進との対応，退職金，人事考課，能力開発，人事異動と配置などの関連制度はすべて資格等級制度をベースに運用できる。

　この資格等級制度を能力の柱にするか，それとも役割・実力等級にするか，または能力と役割・実力の併用を柱にするかは，その企業のニーズによる選択となる。問題は，昇格審査の運用である。能力主義，または役割・実力主義の柱を導入していても，昇格審査のやり方，すなわちその運用により年功主義人事と変わらなくなってしまう場合が多々ある。能力の明確化は「職能要件書」，役割・実力は「役割要件書」によって行うことになるが，その能力や実力をどのように人事諸制度に結びつけるか，その関連性をはっきりとさせておかなければならない。

　ここで留意しなければならないことは，能力の範囲と実力の仕事を明確にしておくことである。「職能要件書」，「役割要件書」で把握する能力，実力は限定されたものになるからである。それは，職務遂行能力と役割遂行の権限と責任の限られた範囲の明細書である。すなわち，能力は「今やっている仕事がどれくらいできるか，またできたのか，どの程度の職務遂行能力を持っているのか」で評価されるのに対し，実力では「組織に対してどれだけ利益貢献をしたのか，今，何をしているのか，その役割業務はチャレンジであったのか，その

結果はどうであったか，責任を十分に果たしたのか」，すべて結果で評価される。

能力には，将来何がどのくらいできるか，またどの程度の能力を持っているのか，など日常の職務遂行行動の結果からは把握できない部分も含まれる。将来の能力把握については，ローテーションや職務経歴およびアセスメント，適性観察制度，研修場面評価などにより多面的に把握することになる。能力は卒業方式を前提にした制度であり，上位の等級に昇格，上位の役職に就任すればできるはずだとする可能性を中心とする多面的な情報の集約である。

一方，実力は入学方式を前提にするので，アセスメントを中心にした事前考課がベースになる。たとえば，課長として優秀なので部長にするのではない。現在課長で部長の上位職責も無難に遂行しており，しっかりとした成果を出しているので部長にするという事前評価方式である。部長の力があるから部長にするのである。まさに実力主義である。したがって，実力主義では職責ランクごとの役割業務（権限と責任）の明示が必要となる。

現在，産業によっては能力と実力のツーラダー制度を採用する企業もある。人材が育つまでは能力主義人事で，人材が育った後は役割・実力等級制度で処遇を組み立てる2本立ての人事戦略である。このとき，役職を能力主義人事で格付けするか，それとも役割・実力主義人事で格付けするのかの問題が生じる。能力開発主義で育てる発想をとる企業と，現時点でこの仕事で結果を出せる人が社内にいないのであれば，外部からでもスカウトをして配置するという考え方の2つがある。これらの選択はあくまでも企業ニーズ，トップの選択，判断によって決める問題である。

④ 昇格管理基準の設計と運用

昇格管理基準の設計と運用の仕方を実務でみてみることにする。

能力主義人事の昇格は，「卒業方式」を原則とする。現資格等級の「職務遂行能力要件」を満たしたと判定をされれば，1つ上位の資格等級に昇格をする。したがって，在級資格等級の能力はいまだ取得をしていないとする考え方に立つのが能力主義人事，すなわち職能資格等級制度である。

図表6-5　職能資格等級・役割実力等級フレーム

層	等級	資格呼称	理論モデル	最短	最長	対応役職 管理監督職	対応役職 専門職	対応役職 専任職	役割等級	役割定義
管理専門専任機能	10	社長格	48歳	—		統括本部長	専門部長	専任部長	V (professional skill)	会社全体の経営管理責任者（経営戦略）
管理専門専任機能	9	副社長格	43歳⑤	—		統括部長			IV (advance skill)	業務管理責任者やスタッフ・専門職集団グループの責任者業務
管理専門専任機能	8	部長格	39歳④	—		統括副部長	専門課長	専任課長		
管理専門専任機能	7	副部長格	35歳④	30歳		統括課長			III (upper skill)	管理・監督・専門職としてチームをリードする計画的課題遂行の責任者業務
指導監督職能	6	課長格	31歳④	28歳②		統括係長				
指導監督職能	5	係長格	28歳③	26歳①	48歳∞				II (middle skill)	高度な熟練や専門知識によって判断業務を遂行する裁量的な仕事（熟練，判断，指導業務の遂行）
指導監督職能	4	主任格	25歳③	24歳①	39歳⑨					
一般職能	3	—	22歳 大卒③	22歳②	30歳⑨				I (biginner skill)	指示された仕事を忠実に実行する定型的・補佐的な仕事および担当者としての自己判断と責任を要する仕事（含む定型業務）
一般職能	2	—	20歳 短卒②	20歳②	24歳⑥					
一般職能	1	—	18歳 高卒①	18歳②	18歳⑥					

- ●○付き数字は滞留年数を表す。
- ●7等級以上は残業手当適用外。
- ●6⇒7等級昇格時，昇格試験実施。3⇒4等級昇格時，レポート提出。
- ●役職定年制　部長55歳　課長50歳　係長45歳。
- ●役職任期制　2年間とする。2年間の実績により再任あり。
- ●「副部長」は組織が大きいために部長を補佐する役割。

　たとえば，高校を卒業したばかりの定期入社（18歳）の初任給格付けは1等級，短大，専門学校卒（20歳）は2等級に，大卒者（22歳）は3等級とする場合の能力判定は，高卒，短大，大卒の位置づけを決めただけのことである。1等級に格付けされた者も2等級，3等級に格付けをされた者も，それぞれの資格等級を満たしているとはいえず，これから該当等級の職務遂行能力要件（習熟要件，修得要件，職歴要件）の履修に努めることになる。

　問題は，スタート時の高卒1等級，大卒3等級の格付けの違いをどう考えるかである。能力主義人事制度の推進において学歴年齢格差を制度に持ち込むのは望ましくないとするならば，高卒，短大，大卒とも1等級のスタートにすれ

ばよい。等級格差をつける理由は，習熟能力と修得能力に違いがあるからである。高卒18歳が１等級に格付けされた当時は，１等級の能力をいまだ身につけてはいない。１等級の仕事を早く覚え，知識や技能を身につけて２年間で２等級に昇格し，さらに努力をして２年間で３等級に昇格をする。このとき年齢は22歳，ちょうど，大卒者が22歳で３等級に資格格付けされて入社してくる。このときに，大卒と同じスタートラインに並ぶ。

　能力の伸長度の確認期間として，最低２〜３年は必要と思われる。真の能力を確認するためには，単年度では危険である。１つの等級をクリアする在級年数は，最短でも２年程度にする慎重さは欲しい。高卒者が１等級２年，２等級２年で３等級に昇格すれば，ここで大卒者と同じ年齢で同じ格付けとなり，ここから学歴には関係ない真の能力主義人事制度がスタートすることになる。これは，高卒後４年間の学習で得た習熟能力と大卒４年間の修得能力が同じであると理解することができる。

　２つ目の留意点は，「昇格には定員がない」ということである。役職ポストに欠員があろうとなかろうと，また上位資格等級者の人数が多かろうと少なかろうと，一切関係はない。現資格等級の等級基準（職能・役割要件書）を満たせば昇格する。すなわち，仕事やポストに関係なく，また定員にしばられることもなく，能力の向上が認められれば昇格させる絶対区分方式を採用し，１つの等級に何人集まろうともそれは仕方がない。職能資格等級制度は「能力開発制度」であるので，昇格者が増えることはむしろ喜ばしいことである。管理者は１つの等級に長期滞留者が出ないように，部下の能力アップに懸命に努めることになる。これが，本来の「職能資格等級制度の理念」である。先にも触れたとおり，人件費抑制のために政策的に昇格者を抑えることは，本来の能力主義人事制度の骨格を崩すことにもなる。

　職能資格等級制度に基づく職能給は，職員の能力が高まれば確実に人件費を増大させる。賃金の合理性を追求するならば，仕事で賃金を決める役割給，業績給，成果給，職務給が断然優れているはずだが，それではなぜ「職能給」制度を賃金設計のベースと考えるのだろうか。それは，わが国の風土は，前向き

なチャレンジを褒め称える人材育成のロマン人事制度を追求する経営であるからである。能力を高め，仕事を高め，賃金を高めることが，結局は経営を発展させると考える。また，能力が先で，能力があるから成果を出せるという論理に基づいている。

したがって，政策的に賃金原資を抑制したい，昇格の上限を定めたい，昇格してもらっては困る職種や職務がある場合などは，能力主義人事を導入することは適切ではない。能力開発を期待していないからである。たとえば，ウエイトレスや電話交換手などを考えてみれば納得がいくだろう。ウエイトレスには，ウエイトレスだけの仕事を期待している。電話交換手には，それ以外の仕事は一切期待をしていない。この２つの職種の場合，職種を限定して熟練と経験を買う職種給や仕事の価値そのものの対価としての職務給のどちらかが適当ということになる。

次に，職能資格等級制度を進める上での留意点は，企業の実態に合わせて制度導入の効果が上がるように工夫をすることである。たとえば，ある等級に滞留者が固まってしまったりすると，どんなによい制度であっても不満や疑問が出てくる。この結果，組織全体の空気がよどんで活気がなくなっている場合がある。このようなとき，上位等級と当該等級の間にもう１つ新しい等級（階段）を設定し，滞留者のうち優秀な者は上の等級に昇格させる。この場合，新設等級の等級基準（職能要件書）は，当該等級を２つに分割させる考え方で作成すればよい。これからの企業の発展（事業計画，売上高，利益高，社員数，高齢化現象など），役職と資格等級との対応，資格等級別の人員構成分布状況等の実態をよく把握して，適宜制度のメンテナンスを実施していくことが望まれる。

第２の留意点は，職能資格等級制度の活用である。高齢化，高学歴化，女性化，多価値化する社会において，従来の「ポスト」を処遇の対象とすることは難しい状況にある。そこで，低成長時代のポスト不足の対応策として，職能資格等級制度の「資格」そのものを社内外の共通のグレード（肩書き）として活用するのも一法である。「資格名」を，社内外のステイタスとして魅力ある呼称をつけ，誇りを持って名刺肩書きに使用する。資格そのものが役職よりも重

要であるという意識を徹底することが，職能資格等級制度を導入する最大のねらいである。これが能力主義人事制度を導入する職場活性化の手段・方法といえる。

いずれにしても，昇格と昇進を分離することによって，これからは資格が一番大切であるとの意識の徹底を図り，基準主義により厳正な昇格管理を行うことが大切である。

⑤ **自社の職能資格等級制度のフレーム設計**

それでは，自社の昇格基準をどのように設計し運用したらよいのだろうか。ステップを追いながら次に見てみよう。職能資格等級制度のフレーム設計にあたっての基本的な考え方およびその留意点は，各社の実態に応じて異なるわけであるが，目的は人事改革であり，役職職階数が多い場合等は職階数を減らすなど，組織改革を含めて十分な検討を行わなければならない。

ア．**等級数の設定**

職能資格等級制度の等級数は，どのように設定したらよいのだろうか。資格等級数は，その企業の置かれている諸条件に即応して設計する。先に触れたように，企業の成長に応じた社員数，資格等級別人員構成の変化や管理者層の分布，および資格等級別人員の滞留人数などをよく見極めながら，ある資格等級に長期滞留者が発生しないように留意して等級数を決めることになる。もし，1つの等級に滞留する傾向が見られるならば，上位資格等級と該当長期滞留者の等級の間に新たな資格等級段階を設ける。資格制度がスタートした後にも，これらの作業は精度の維持，活性化のため最低必要不可欠なメンテナンスであり，企業の状況や政策により決めることになる。

役職職階数が5つは必要と政策として決めれば，これだけで5つの等級数が必要になる。これに一般職能のランクで4つぐらい必要と考えれば，計9等級制となる。等級数を決めるポイントは，社員数と役職職階数の2点である。役職は，統括（管理）専門職能（M）と指導監督職能（S）に2区分してセット

する。等級数を小刻みにしすぎると職能の違い，習熟レベルの違い等を明確にしなければならなくなる。また，反対に等級数を少なく大くくりにすると等級レベルの違いが不鮮明となる。これらのことをよく理解した上で，企業の実態をよくみて決めるのが望ましいやり方である。

イ．資格呼称とは

何等級に格付けされたかは，その人の企業内での能力グレード（本籍地）と社会的なステイタスを表す。資格等級は処遇そのものであり，その意味からも大切な基本軸となる。したがって，資格呼称はできるだけイメージの明るい，モラールアップに結びつく他者に誇れるものを選びたい。できれば「社長格，副社長格，部長格」を使用したい。管理職と混同するというのであれば，部下を持つ役職者には頭書き（名前の上に書く役職名）に「統括」をつけて，「統括副社長」，「統括部長」とすればよい。資格呼称は特に賃金とは関係しないので，とびっきり上等で名刺肩書きとして使える名称を考えたい。

ただ，留意する点は社内秩序を乱さないことにある。したがって，従来の役職名を名刺に使うとしても，社内では役職名では呼ばないなどの取り決めや統一化が必要である。

資格にステイタスを持たせることによって，昇格（処遇）と昇進（配置）の分離を進めることができるし，処遇と配置のいずれも安定的に運用することができる。一方，能力や適性があってもポストがなければ役職には就けないが，資格というベンチに入ればステイタスは十分に満たすことができる。こうすることによって，役職に就いている者でも適性や能力が時代の変化に対応できなければ，自由自在に降職させることができる柔軟な制度とすることができる。これも資格をメインステイタスとした効用で，組織の活性化もここから生まれる。

ウ．等級定義とは

職能資格段階における習熟，修得レベルの発展段階のイメージである。等級

内容の概略でもある。したがって，抽象的に記述されているのが一般的である。職能資格等級の内容理解に役立つもので，ポイントを押さえて記述するようにしたい。

エ．初任格付け

学卒者の初任格付等級の設定は，どのように行ったらよいのだろうか。一般的には，高卒定期入職者は1等級に格付けし，短大卒は2等級に，大卒者は3等級に格付けする。大卒者の3等級格付けは4年間の修得能力（4年間の履修科目を修了したと考える）を満たしたと考える。したがって，初任格付けによる学歴等級格差は，修得能力と習熟能力の差によるものと考える。

しかし，企業によっては，トップの判断によりすべて1等級格付けでスタートとするなどの方法も考えられる。社員のニーズと理解・納得を得やすいというならば，それも現実的な対応だと思う。この場合，初任給が異なる分だけ，職能給の位置づけは変わる。短大卒は高卒より先に，大卒は短大卒より先の号俸に位置づけてスタートする形となる。

オ．対応役職位の設定

資格等級と役職との対応関係を表したもので，役職に昇進するためには，「昇格先行の原則」により，必ず先に役職対応の該当等級に昇格していなければならない。すなわち，役職就任は，まず役職対応の該当等級に昇格し，その後に役職がついてくるという考え方を原則とし，役職は下限でセットするというルールを守ることに留意する。

たとえば，部長の役職対応等級を8等級とした場合，部長になるためには，最低でも8等級に昇格していなければならない。どんなに能力があると認めても，7等級では部長にできない。しかし，実力・業績・成果主義時代の到来により，最近では若手抜擢登用も頻繁に行われる。経験や性別に関係なく，役割を果たせる実力者については，役職対応にこだわらずに登用しようという考え方が出てきた。これが，やむを得ない対応の代行職である。部門統括や政策推

進力，企画開発等の役割業務は，必ずしも経験や学歴，性別には関係ない。しかし，若手実力者登用ができるといっても，代行職になれる範囲だけは明確にしておく必要がある。

このように考えると資格は「野球」のベンチに入ることを意味し，役職昇進はピッチャーマウンドに立つことと解することができる。今日，一番調子のよい選手を見つけてマウンドに送る。これが昇進の理屈である。役職の「役割」を考えれば，至極当然のことである。役職登用年齢は一般的に企業の実態（役職登用年齢）に世間および他企業における役職昇進年齢の動向等を加味して設定する。また，資格等級と対応役職位の関係については，7等級は課長，8等級は部長というようにタイトに結びつけるのではなくレンジで設定する。このほうが人材選抜の幅も広がり，能力開発の面からも望ましい。

カ．等級滞留年数

これは別名，経験年数といわれるもので，当該資格等級に期待し求められる習熟，修得能力を身につける期間である。それでは，この資格等級滞留年数をどのように設定したらよいのか。結論をいえば，それは対応役職位など企業の実態に即して決める。たとえば，この資格等級は3年で卒業することを期待するなど，経験年数を明示しておくことは社員にとってひとつの励みになるし，自己啓発の目安にもなる。一般的に，昇格年数は次の4つの方法で示される。

ⅰ．標準（理論モデル）年数

モデル理論年数とも呼ばれる。この年数が，職能資格等級制度の設計の理論的な根拠となる。上位資格等級昇格への習熟年数を理論的に設定したものである。上位資格等級へ昇格するためには，当該資格等級を卒業しなければならない。当該資格等級に求められる仕事の習熟や知識，技術を，たとえば3年程度で修得するように期待されていることを示す。

しかし，誰でもこの年数を経れば昇格できるわけではない。この理論モデル年数は，職能資格等級制度や賃金表（ペイスケール）を作る足場となるものである。賃金表を作成したらこのモデル年数は，はずしておく。この理論モデル

は，平均や並数（多くの者が昇格できる経過年数）ではない。これは，部長まで昇進するエリートモデルとしての絵柄を描いたものにすぎない。通常よくモデル賃金というのは，この年数に基づいて設計した賃金を指している。

ⅱ．最短昇格年数

どんなに能力があるとみられる人であっても，この最短昇格年数をクリアしなければ昇格できない年数として設定する。最短昇格年数とは，真の能力を把握するための絶対必要年数である。スカウト人事，抜擢人事に適用する年数である。また，この最短昇格年数は研鑽の年数でもあり，当該等級の期待像（習熟，修得能力）をマスターする最短期間として設定されている。

この期間に考課を行った場合も処遇には結びつけず，能力の成長度合いの確認参考資料とする。人事異動者や昇格者が同一部署長期在籍者により仕事がわからない，できない等の仕事の習熟を理由に不利な扱いを受けることは公平ではない。配転をした者，昇格をした者がバカをみないように，不利をカバーする期間として，また新部署での当該等級の期待像をマスターする期間として設定されている。昇格年数を社員に公開する場合は，この最短年数をターゲットに全社員が積極的にチャレンジすることを期待する。

ⅲ．自動昇格年数

定型業務を中心に遂行する１～３等級までは，例外者を除いて一定年数の経験により昇格する。この経験とは，仕事の習熟度，修得度をいうが，勤続によって習熟，修得は順調に伸びるのが一般的である。やる気さえあれば，成績もある程度期待できるので，自動昇格とするのが一般的である。

ⅳ．最長自動昇格年数

この年数設定は，まったくの企業政策，労使間の取り決めである。この年数は賃金水準，労務構成，年齢分布，平均勤続などの企業実態により賃金保障は最低どこまで行うのかで決める一種の救済措置である。当年数を経過すれば誰でも昇格するので，上司はよほどの覚悟をもって各人の能力を開発しなければならない。部下を育てる覚悟を各管理者に示した年数といえる。

⑥ 昇格と昇進の違い

　能力主義人事（職能資格等級制度）の骨格は，基準をどう決めるかが重要なポイントになる。昇格基準で「能力により行う」という抽象的な表現をしている企業事例が散見されるが，このような表現では人事考課，学歴，性別，等級滞留年数，年齢など属人的要素を中心にした年功処遇に流れてしまう場合がある。昇格の基本は，現在在級している資格等級に対応する職能要件を満たしたときに上位の資格等級に昇格する卒業方式である。卒業の時点では，上位等級の職務遂行能力はまだ身についていない。これから習熟能力，修得能力を身につけなければならない。

　しかし，昇格をしたときにその等級の業務はある程度支障なくできなければならないとするならば，入学方式も考えなければならないだろう。あくまでも卒業方式の理論構成を貫くのであれば，上位等級の仕事や知識，技術を下位等級に落とし込んでおくことも必要だと思う。

　マネジメントクラス以上の昇格では，その等級に対応する役職位（管理職）がセットされる。当然，期待し要求される職務（役割）はさらに大きくなるため，職務遂行実績などを含めた入学方式の考え方を取り入れるのが一般的であり実務的といえよう。その際の留意点は，「入学」審査の内容である。

　一方，管理者とジュニアクラスのちょうど真ん中に位置するシニアクラスには，卒業方式プラス入学方式を取り入れる企業も多い。その理由は，年齢的にも気力体力が充実しており，能力の伸長がめざましいときである。多くのことを体験させ，新しい分野の能力を身につけさせる絶好期でもある。あらゆる仕事に積極的に挑戦させ，「能力の開発と活用」や「能力に対応した処遇」を進めていかなければならない時期でもある。本人の前向きなチャレンジ（入学方式）と着実な実績（卒業方式）の積み重ねを重視することから折衷方式が望ましい。

　（注１）卒業方式…人事考課・上司推薦（審査）などが中心で，現等級の職能要件
　　　を満たせば１つ上位の資格等級に昇格させる方式。

　（注２）折衷方式…卒業方式の中における職能レベルを試験（筆記・レポート，論文，

図表6-6　昇格と昇進の違い

項目	昇格	昇進
制度	定員なし	定員あり
定義	処遇（賃金・肩書）	ポスト（権限の付与）
組織	部下なし	部下あり（管理責任あり）
処遇の基本	本籍地	居所（現住所）
	降格なし	降職自由自在
考課結果の活用	絶対区分	相対区分
人物評価	不要	必要
能力考課	能力の総合判定	リーダーシップ力，管理統率力，部下育成力などの能力要件，アセスメントが必要
賃金	基本給に反映	手当に反映
運用	卒業方式	入学方式
手続	任用「…任ずる」	登用「…命じる」

　　面接など）か，教育場面評価，人事考課によって確認する。（卒業方式＋入学方式）÷2の考え方で昇格を確認した上で，1つ上位の資格等級に昇格させる方法。
（注3）入学方式…現等級の資格等級の職能要件を満たしていることは当然と考え，それより1つ上位の資格等級の期待し要求する職能要件レベルを満たしているかどうかを事前にチェック・確認した上で昇格させる方式。

　以上のように，昇格原則については，卒業方式を踏まえながらも，企業ニーズによっては職能資格の発展ごとに多少の加工修正も取り入れ現実に対応しているケースも多い。

⑦　昇格審査要素の合否判定

　昇格は卒業方式を基本とするが，このことはすべての審査項目について卒業をしたと認められることが大切である。ある科目の得点は極めて高いが反対にある科目は極端に悪いとなれば，昇格は不適格とするのが妥当である。まず，昇格合否判定においての留意点は，その企業においての「絶対的資格要件」は何かということである。普通，絶対的資格要件として決められているのは，

●最短滞留年数をクリアしていること。
●上司推薦または本人の自己申告があること。
●必要な人事考課要件を満たしていること。
の3点が多い。

(3) 管理職昇進管理の実務

　経営環境の激変に対応して，企業ではドラスティックなリストラや組織・人事制度などの改革が行われている。従来の仕事の仕組みややり方を捨てられるかどうかが問われている。今こそ，変化に対応できる能力が管理者に期待されている。期待される管理者を中心に，専門職，専任職への登用基準の設計および登用発令までの一連の手続きと運用実務について次に見てみる。

　＜昇進管理の留意点＞

　昇格管理をしっかりと運用すれば，昇進管理はメリハリのある本来あるべき姿となる。力のない管理者のインフレ現象は，昇進を処遇としてきた結果といえる。管理者としての期待像をしっかりと受け止めた実力者の登用であれば何の問題もない。

　しかし，現実は永年勤務の功労報奨として昇進した管理者も多く，仕事のできない管理者を降職できない苦しみを抱える企業が多い。組織形態の上では，従来の課制の廃止とグループ制移行による組織のフラット化，あるいは部・課・係のピラミッド型組織を部・室という大くくりでフラットな組織へと移行する動きも活発である。これらの問題点を分析してみると「管理者昇進基準」がないか，あっても公開されていないことが原因である。管理者としての考え方や行動規範，あるいは企業を代表する役付者としての企業倫理などを身につけていない者もいる。これらは「昇進基準」がなかったり，不明確であるための結果であり，そのため，勤続年数，年齢や心情面にウエイトを置いた年功主体の昇進管理が行われてきたといえよう。年功要素にプラスして，休まず遅れずといった「忠誠心」にウエイトを置いている企業も多い。

　最近では，役職昇進は実力によるべきと考えて，成果をより重視すべきとす

る企業が大勢を占めつつある。しかし，十分な結果は出ていない。原因は，人事考課にあるが，第一線で実績を上げている者が必ずしも管理者として力があるとはいえないからである。名選手が必ずしも名監督とはいえないのである。

そこでここでは，実績の中身を検証する形で，管理職（役付者）昇進の必要条件や能力資質審査要素の考え方，あり方について整理してみる。

① 管理職の職責とは

管理者は，部下の指揮命令権を有する。したがって，管理職位の席は「定員あり」である。1つの部の部長ポストは1つである。同じ課の課長のポストも1つである。各企業の実態は，部長付，部長代理，部長補佐，副部長，次長，副長など，ラインかスタッフか，わけのわからない不明瞭なポストも多く，組織の混乱を招いている企業も多い。ポストと処遇が混在し，職位名か，役職か，それとも能力を買った資格か，それとも過去の貢献に報いる処遇か，あえて不透明にしてきたのも事実である。これが，「和と安定」を重視する日本の伝統的な人事管理を支えてきたことも確かである。

しかし，経済のグローバル化や国際競争が激化する中で企業が生き残っていくためには，即断即決ができる仕事の体制づくりが急務になった。その結果，組織の効率的運営を第一義的に進めるフラットな組織づくりが一般化している。これらの流れの中で管理職の実力成果昇進に向けて，張出し管理者や処遇職の削減，管理職リフレッシュ研修，管理職能力再評価制度，役職任期制度，役職定年制度の導入等の動きが活発である。また，管理職サポートシステムといわれる管理職を対象にする体力の維持，増進，メンタルヘルスの支援や心の痛みの相談，助言システムを持つ企業も増えつつある。これらのソフト面まで心配りができるのは，大企業，優良企業中心であるが，今後は一層盛んになるものと思われる。

管理職の人材要件としては，仕事ができることはもちろんのこと，社会性や人間的魅力を持つことが要求される。そして，今一番調子のよい者がピッチャーマウンドに登る。調子が悪くなればマウンドを降り，ベンチで充電をし

て再登場する。このように定期的にピットインし給油を行い、また、機種や機材の点検や整備をすることによって、長い生涯耐久レースを走りぬくことができる。

② 役職昇進の基準化

これからの昇進管理は、組織の機能と役割を認識して基準主義に立つことが求められる。役職昇進の基準化作業の留意点は、昇進よりもむしろ降職にある。役職勇退制度の制度化である。役職はあくまでも現住所（今の居場所）にすぎない。現住所は、環境が変わればどんどん移り変わっていく。能力・実力主義人事は、役職に替わって資格を絶対的な賃金処遇や社内のステイタス（肩書）に活用しようといった考え方である。これらの観点から「役職見直し基準」を明確にして、自分で自分の役割行動の実践度合いなどを客観的に評価できるようにしておくのも人事の新しい視点である。

企業サイドから管理職制度の見直し検討をすれば、役職任期制度、役職ローテーション、または、一時的な緊急避難措置としての役職定年制度、役職勇退制度などのあり方を試行錯誤しながら固めていくことになる。これらの諸制度を画一的に実施すると、当然能力・実力主義とは逆の流れになる。能力・実力主義人事は、社員一人ひとりの能力や意思が違うことを前提に成立するので、まさに多様性や一人ひとりの違いを認めていかなければならないことになる。それなのに、任期がくれば画一的に誰でも降職をさせてしまうという発想はおかしいという考え方がある。年をとるとすべての社員の能力が陳腐化するとはいいきれないからである。

人事の停滞から画一的に役職定年制度を採用する場合は、成果を上げている能力者は専任職（経験から得た業務知識を駆使して高度複雑熟練判断業務に従事する業務推進の名手）へ役割変更を行うことが望ましい。また、専門職（極めて高度な専門的な知識技術を駆使して研究開発業務を推進する社会的にもトップレベルの研究開発の名手）への道もある。しかし、専門職は若いうちからその進路にふさわしい専門能力を計画的に磨かないと頂点を極めることは困

第6章 能力, 実力, 昇格, 昇進基準の作成

図表6-7 役職位登用基準表（例示）

役職位区分	役職	前提条件（定員）	絶対基準			選考基準			見直し基準		審査	決定
			対応等級と年数	人事考課	キャリアパス	能力要件	適性要件	年齢制限	期間	判断基準		
GM ゼネラルマネジャー	部長	部長職に空席ができたとき、部が新設され、新たに部長職席が設けられたとき	10等級に1年以上在級している者	直近2年の総合考課がA以上の者	原則として2以上の異職種または部署の社内経歴を持つ者	統率・指導力・渉外力等、部長として必要な能力を有する者（人事考課表による）（アセスメントによる）	社内外の関係者から信頼され尊敬されるに足る人格、見識そして適性を有する者（適性観察表による）	35歳以上の者	2年間とする。再任を妨げない	部の2年間の成績 2年間の人事考課の結果 2年間の適性観察の結果	常務会で審査する	社長が決定する
	副部長	副部長職に空席ができたとき、部が新設され、新たに副部長職席が設けられたとき	9等級に1年以上在級している者	同 上	同 上	卓越した決断力と統率力等副部長として必要な能力を有する者（人事考課表による）（アセスメントによる）	同 上	34歳以上の者	同 上	部の2年間の成績 2年間の人事考課の結果 2年間の適性観察の結果	同 上	同 上
MM マネジメントマネジャー	次長	次長職に空席ができたとき、部が新設され、新たに次長職席が設けられたとき	8等級に1年以上在級している者	同 上	同 上	卓越した決断力と統率力等次長として必要な能力を有する者（人事考課表による）（アセスメントによる）	同 上	33歳以上の者	同 上	部・（課）の2年間の成績 2年間の人事考課の結果 2年間の適性観察の結果	同 上	同 上
AM アシスタントマネジャー	課長	課長職に空席ができたとき、課が新設され、新たに課長職席が設けられたとき	7等級に1年以上在級している者	同 上	同 上	管理力、業務遂行度、部下指導育成能力等課長としての能力を有する者（グループ討議またはアセスメントにより問題解決能力を評価する）（人事考課表による）	先見性・社会性等の行動において適性を有する者（適性観察表による）	31歳以上の者	同 上	課の2年間の成績 2年間の人事考課の結果 2年間の適性観察の結果	同 上	同 上
	課長代理	課長代理職に空席ができたとき、課が新設され、新たに課長代理職席が設けられたとき	6等級に1年以上在級している者	直近2年の総合考課がBA以上の者	同 上	指導監督力および業務推進力等統括課長代理として必要な能力を有する者（人事考課表による）	上司と部下からの信頼されるに足る人格、常識そして適性を有する者（適性観察表による）	29歳以上の者	同 上	係の2年間の成績 2年間の人事考課の結果 2年間の適性観察の結果	同 上	同 上
	係長	係長職に空席ができたとき、係が新設され、新たに係長職席が設けられたとき	5等級に1年以上在級している者	同 上	同 上	指導力・監督力およびバイタリティ等係長として必要な能力を有する者（人事考課表による）	良識・社会性等において適性を有する者（適性観察表による）	27歳以上の者	同 上	係の2年間の成績 2年間の人事考課の結果 2年間の適性観察の結果	同 上	同 上

図表6-8　上司観察（報告）表

所属事業所・部署	事業所　　　　　　　　　　部
部下氏名	役職　　　　　等級　　　年在級

			1次	2次
職務遂行度合いと適性についての観察	1	ここ１年の職務遂行能力の向上の度合いは？		
		著しく伸びている	□	□
		やや伸びている	□	□
		同じ水準を保っている	□	□
		やや後退している	□	□
		後退している	□	□
	2	職能資格等級の要求の水準に比べ職務の成果の信頼度は？		
		要求の水準をはるかに上回る	□	□
		大体信頼できる	□	□
		支障がない	□	□
		あまり信頼できない	□	□
		要求の水準には達していない	□	□
	3	現在の職務に対しての能力の面からの適性は？		
		極めて適している	□	□
		大体適している	□	□
		支障がない	□	□
		やや適している	□	□
		現職には適性がない	□	□
	4	現在の職務に対しての性格の面からの適性は？		
		極めて適している	□	□
		大体適している	□	□
		支障がない	□	□
		やや適している	□	□
		現職には適性がない	□	□
役職登用についての観察	5	現職を見て異動させる理由があるか？（A〜Dに回答）		
	A	将来も現職を続けるべき	□	□
		現職が適しているため	□	□
		他の仕事は殆ど経験済であるため	□	□
		現職以外に適性がないため	□	□
		変えても伸びる見込みがないため	□	□
		※　理由（健康上，その他） （　　　　　　　　　　　　　　　）		

			1次	2次
役職登用についての観察	B	当分は現職を続けさせたい	□	□
		現職が適しているため	□	□
		現職で伸びる余地がある	□	□
		現職では適否がわからない	□	□
		現状ではまだ経験年数が浅い	□	□
		※　理由（健康上，その他） （　　　　　　　　　　　　　　　）		
	C	できれば現職から異動させたい	□	□
		上位の仕事に就く能力ができた	□	□
		現職の経験年数が長くなった	□	□
		他の仕事も経験させたい	□	□
		他の仕事に興味を持っている	□	□
		職場環境を変えたい	□	□
		負担の軽い仕事にしたい	□	□
		他にも適性があると考える	□	□
		現職に適性がない	□	□
		※　理由（健康上，その他） （　　　　　　　　　　　　　　　）		
	D	ぜひとも現職から異動させたい	□	□
		上位の仕事に就く能力ができた	□	□
		現職の経験年数が長くなった	□	□
		他の仕事も経験させたい	□	□
		他の仕事に興味を持っている	□	□
		職場環境を変えたい	□	□
		負担の軽い仕事にしたい	□	□
		他にも適性があると考える	□	□
		現職に適性がない	□	□
		※　理由（健康上，その他） （　　　　　　　　　　　　　　　）		
適職観察	6	部下本人に最も適していると思われる職務は？		
		1次　⇒		
		2次　⇒		

第6章 能力，実力，昇格，昇進基準の作成

観察者	第1次	印
	第2次	印

適職観察

7 部下本人の能力発揮に適していると思われる職務は？

1次

2次

性格・気質についての観察

8 職務遂行上から見て性格や気質について特に該当するものは？（複数回答可）

1次 2次	1次 2次	1次 2次
□□ 明朗	□□ 要領が悪い	□□ 礼儀正しい
□□ 社交的	□□ 創造的	□□ 視野が広い
□□ 大胆	□□ 無口	□□ 感受性豊か
□□ 素直	□□ 淡白	□□ 積極的
□□ 柔軟	□□ 優柔不断	□□ 粘り強い
□□ 学究肌	□□ 大雑把	□□ 好奇心旺盛
□□ 冷静	□□ 野心家	□□ 感情的
□□ 短気	□□ 飽きっぽい	□□ 多趣味
□□ 謙虚	□□ やさしい	□□ 負けず嫌い
□□ 神経質	□□ 保守的	□□ 能弁
□□ 孤独	□□ 軽率	□□ 頑固
□□ 緻密	□□ 心臓が強い	□□ 理性的
□□ 誠実	□□ 勤勉	□□ 勘が鈍い
□□ 消極的	□□ 凝り性	□□ 自己中心的
□□ 勉強家	□□ 小心	□□ 真面目
□□ 円満	□□ 人がよい	□□ 評論家的
□□ バクチ好き	□□ 慎重	□□ 使いにくい
□□ 楽観的	□□ 理屈っぽい	□□ 堅実
□□ 気が利く	□□ 一匹狼的	□□ 勝負強い

マネジメントの能力観察

9 職務遂行上から見て，マネジメントの能力についての評価は？

	1次	2次
部下育成力は？	S A B C D	S A B C D
部下統率力は？	S A B C D	S A B C D
業務遂行力は？	S A B C D	S A B C D
問題解決力は？	S A B C D	S A B C D
企画力は？	S A B C D	S A B C D
先見力は？	S A B C D	S A B C D
判断力は？	S A B C D	S A B C D

将来性についての予見

10 現在の職務遂行度合いや能力・適性などから見ての本人の将来性は？

	1次	2次
相当のところまでは伸びると思う	□	□
かなり伸びると思う	□	□
平凡に進む可能性をもっている	□	□
現在のあたりが限界のように感じられる	□	□
能力はあるが仕事に熱意を向けていないのでこのままでは気がかりである	□	□
まだ何ともいえない	□	□

※理由（　　　　　　　　　　　　　）

健康状態観察

11 現状での健康状態での該当するものは？

	1次	2次
極めて健康である	□	□
健康な方である	□	□
普通	□	□
若干の問題がある	□	□
支障がある	□	□

総合所見（1次）

役職登用された場合の見通し，今後の成長等…

総合所見（2次）

役職登用された場合の見通し，今後の成長等‥

難である。ロングランで能力特性や素質・個性の発見に時間をかけてキャリア形成を進めていくことが必要である。

いずれにしても，昇進の多様化は時代のニーズである。専任職制度は役職定年制の有効な受け皿となろう。また，専任職制度は決して管理職の２軍選手ではないことをしっかりと念頭に置き，誰もが認める業務推進の名手を登用し続けることが必要である。

また，組織上の管理職も同様に，役職はただの役割にすぎないということを理解すべきで，能力が陳腐化すれば即座に役割を解任されることを周知徹底することが必要ではないかと思われる。

③ 昇進システムの構築

人材をダイナミックに配置し活用していくためには，処遇を安定的に保つことが大切である。それは，昇格（処遇）と昇進（配置）を分離することを意味する。処遇が絡むとメリハリのある人材登用ができないばかりか，組織の活力まで阻害する結果となる。たとえば，マウンドを降りても資格も賃金（基本給）もそのままであれば，配置換えや選手交代は思い切って行うことができる。これを行うためには，職能資格等級制度や実力等級制度を導入して，昇進管理をシステム化することが先決である。

等級が上がるのが昇格であり，上位役職位に上がるのが昇進である。昇格はステイタスであり，昇進は役割で権限と責任を持つ。すなわち，役職昇進には能力と定員が絡まってくる。昇進＝昇格＋適性の公式で表すことができる。このように，能力があっても適性がなければ役職昇進は不可能であり，また，適性があってもポストに空席がなければ昇進することはできない。昇進は入学方式であり，欠員や組織の新設などによるポストがなければ役職に就くことはできない。

しかし，社員の能力アップや組織活性化に対応していくためには，たとえ定年を延長しても若手の抜擢登用は継続して実施していかなければならない。ポスト不足というのであれば，役職ローテーション制度なども導入し，能力のあ

る者は誰でも一度は管理職を経験する機会を与えるということが公正,公平な人事ではないだろうか。管理者の計画的な育成を図り,同時に人材の有効活用をグローバルに推進することが求められる。具体的には,後継者育成のための人事異動,能力開発と適材配置,士気高揚のための異動,業務運営上のための異動(要員充足,業務エリアの拡大)などが考えられる。

役職機会均等のための異動は,本人の強みを異動の性格や種類にマッチさせる形で行うことが望ましい。役職交代を自然体で行える流れ(制度,基準,ルール)をまず作る必要がある。その流れに沿ってキャリア形成を広い視野で進めることができるように,今後,各企業なりの英知と工夫が求められるところである。

④ 昇進は相対区分

昇格を昇進と同一化して取り扱うことが今後の人事戦略でもある。しかし,組織は目的と機能を持ち,各人は組織の中にきちんと位置(ポジション)づけられている。これが職位である。部長,課長,係長も職位である。職位は経営組織における仕事と人を結びつけ仕事を分担している。職位には組織上一定の役割があり,義務と責任が課せられている。すなわち,部長,課長は1つの職位でありながら,部下の力を結集して組織目標を達成する権限と責任を持っている。

職能資格等級制度や実力等級制度では,仕事ができれば上位等級に格付けられるが,管理職になれるか否かはまったく別問題である。管理者としてのマネジメント能力や人間性,社会性などの資格要件が求められることはいうまでもないことである。また,昇進は配置の論理としての性格を持つ。組織の都合と経営の判断で,ベンチ(役職対応資格等級者)の中から最適な1名が選抜され1つの職位に就くことができる。多くの候補者が比較され,最上位に序列づけされた者がポストに就く。しかし,球威が衰えたら直ちにピッチャーを交代し,休養・調整し,再度マウンドに立つ覚悟が要求される。ポストにはこのように限りがあり,したがって,昇進は相対区分による比較論で現実対応をしていく

ことになる。

　昇進を昇進管理と能力・実力主義人事諸制度との関連で見てみると，昇進は組織の論理であり，昇格は処遇の論理に立つ理論構成である。これからの人事処遇制度の重点は，再三述べるように昇格管理の活性化である。しかし，一方の昇進管理も経営層にとっては経営の重大関心事である。したがって，昇進管理も職能資格等級制度や実力等級制度を柱に役職との対応関係を明らかにし，能力開発，人材の育成，活用を進めることが肝要である。反面，あまり資格との関係をがっちりと決めてしまうと役職登用が硬直化し現実に対応できなくなる恐れがあり，柔軟な運用も必要である。実力主義時代，職階人事管理からどう抜け出すのかを考える，真の人事管理が各企業の命題になっている。

⑤　管理者の選抜と方法

　マネジメント力，資質の評価方法やツールには，一般的にコンピテンシー評価，会議等での活躍，場面観察も含めたグループ討議，面接，筆記試験（教養，論文，レポート），適性検査，自己申告などがある。問題は，その採点方法である。

　管理者に求められる最重要能力をあえて挙げれば，「部下の掌握と部下を育てる能力」といえるであろう。また，部下の力を使い組織目標を達成するためには，「戦略力」，「問題解決能力」，「コミュニケーション能力」なども必須の資格要件といえる。管理者の大切な役割業務の1つである「部下掌握育成の役割」を遂行するためには，部下一人ひとりの能力や適性をロングランでじっくりと見つめ，分析，評価して能力開発や人材活用を進めなければならない。

　高度情報化，高度先端技術の開発と技術の伝承，また，国際競争激化の中で，極めて高度な専門的知識，深い経験と業務知識が要求されているが，研究企画開発の名手といわれる専門職，業務推進の名手といわれる専任職の果たすべき役割は大きくなっている。これまでの専門職，専任職制度の失敗は，管理職不適者の「受け皿」的な処遇になっていることに原因があった。人には持ち味がある。人の力を借りて大きな仕事ができる人と自分一人でこつこつとやること

で成果を出せる人の2つのタイプがある。専門職,専任職制度の導入はポスト至上主義からの決別であり,本来の仕事主義体制,プロ仕事集団への転換を意味する。組織の改革および資格と役職の分離をより強力に進めることが焦眉の急である。

　今は,メリハリのある管理者登用が求められる時代である。管理者登用は成果昇進であり,数値成果,業務改善実績,履修検定,研修受講,アセスメントなど,できるだけ客観的,実務的な審査要素にウエイトを置き選抜が行われる。また,管理者,専門職,専任職に登用発令後も再評価をきちんと行い,条件付発令,能力再評価制度のルール化などを通し,真に成果を出せる者には任用継続を行う。画一的な任期制は導入しないように留意すべきである。

　さらに,部下を管理する管理監督職位には,適性観察表(人物適性)を重要項目として基準に組み入れることが必要である。適性判定の客観的な参考資料としては市販の適性検査の実施も有効であり,これらの結果も組み合わせて信憑性をより一層高めるシステムを構築しておくことが求められる。

　最後に,管理職,専門職,専任職は成果昇進者であり実力者であるので,実績,能力評価は厳正に実施し,誰から見ても任用,継続については異論が出ない要件を備えた人材でなければならない。役職在任期間が一定の期間を経過したときの役職適否の見直しは,組織目標必達の観点から考えると次の留意点がある。

　＊目標の設定と達成度(業務計画,課題業務,定型業務,目標達成数値など)
　＊役割行動の実践(部下の育成と活用,経営目標の達成,研究企画開発業務,業務改善など)
　＊革新改革などのチャレンジ性(役職者としての経営センス,企業意識,使命感,人間性,社会性,気力,体力,人間的魅力など)

　人事担当所管部は適否判定のリスト表を作り,担当役員(部門長)にフィードバックし,役職継続,再任可否(たとえば,管理職は毎年,専門職,専任職は2～3年ごと)の意見聴取をルール化しておく。

　人事担当部署では,役員会審査後の結果について担当役員(部門長)を通じ

て連絡をする。特に留意すべき点は、再任見送り者である。一人ひとりについてその理由を明確にし、フィードバックすることが必要である。該当者の弱み、強みと今後の事態改善と努力目標、行動改善などを明示することが大切である。

第 7 章

加点主義人事制度のすすめ

人事制度は明るくありたい。暗いと志向が内向きになり自らを破滅に追い込む。なぜ，うまくいかなかったのだろうと失敗事例をいくら分析しても，コンピテンシー（高成果実現行動特性）は見つからない。逆に，明るい発想は内から外に拡散，成長して広がっていく。高成果実現行動特性を分析すれば，容易に問題解決ができ，成功体験に結びつけることができる。明るい発想は物事を肯定的に考える。「何々をしなければならない」といった表現は極力使わないほうがよい。ダメダメといっているうちに，本当にダメになってしまう人がいる。だから，仕事ができる人，成功者は，物事を肯定的に考えて明るく立ち振る舞う人が多い。

1　チャレンジ風土をつくる加点主義人事制度とは

　産業を問わず，経営環境は常に変化している。また，時代とともに働く者の価値観や労働観も常に変化していく。その変化を先取りして，経営計画も，やり方も常に見直しをして変えていかなければならない。現状維持は退歩であり，「変えるために，変える」くらいの迫力がないと経営の時代センスをつかむことは難しい。業務を先取りし，意図的，計画的にやっておくことが未来の布石につながる。

　それでは，何をどうしたらよいのか。社員のやる気（チャレンジ）を引き出す主な人事諸施策としては，次のようなものがある。

① 　チャレンジを褒め称える加点主義評価制度を導入する。
② 　賃金を高める要素にチャレンジ加点を組み込む。
③ 　公募，FA制度，JOBリクエスト制度などのチャレンジ人事制度をシステム化する。
④ 　役職に昇進するには，少なくともキャリア＋3回（たとえば異職種，または1年以上の委員会参加も1職種とするなど，人事異動3回は必須要件とする）のシステムを導入する。
⑤ 　チャレンジ報奨制度を導入する。（たとえば医療機関の医師紹介1名に

つき10点，また看護師1名紹介5点，学会発表…シンポジスト，パネリスト4点，論文掲載4点など，1点単価＝20,000円）

以上，チャレンジを引き出すためには，従来の減点主義ではなく，加点主義人事制度に切り替えることが急務である。失敗，失敗と叱られていてはやる気を失う。また，持てる力を発揮するのに臆病になる。10個の失敗のうちから，初めて1個の成功が生まれる。たとえ，成功はしなくても，無難に何にもしなかった者より，果敢にチャレンジをした者を褒め称えたい。加点主義人事制度が整備されていれば，必然的にチャレンジ風土は生まれてくる。

(1) 病院・施設におけるチャレンジ業務の明確化（例示）

チャレンジ項目ごとの係数は加点点数を表す。チャレンジ1項目についてのチャレンジ点数，1点当たり2万円加算などとする。

		病院	施設
拡大（係数2）	見える問題のチャレンジ	・医業売上拡大 ・新規患者開拓件数の向上 ・利益改善率の向上 ・請求漏れ・ミスの減少 ・経費の節減 ・病床利用率の向上 ・入院患者数の確保 ・平均在院日数の短縮 ・外来患者数の確保 ・救急患者数の向上 ・紹介・被紹介件数の向上 ・患者・家族満足度の向上 ・クレーム・不満件数の減少	・売上拡大 ・新規利用者開拓件数の向上 ・請求漏れ・ミスの減少 ・経費の節減 ・入所利用率の向上 ・通所利用率の向上 ・平均在所日数の短縮 ・在宅復帰率の向上 ・重度介護者割合の向上 ・利用者・家族満足度の向上 ・クレーム・不満件数の減少 ・家族相談率の向上 ・リピート利用者確保
革新（係数5）	探す問題のチャレンジ	・事務の標準化とPC化 ・電子カルテの導入 ・ISOの取得 ・新人事システムの導入 ・病院機能評価の取得 ・診察時間延長（早朝，夜間） ・365日診療（土曜，日曜，祝祭日）	・事務の標準化とPC化 ・電子カルテの導入 ・新人事システムの導入 ・通所利用時間延長（早朝，夕方，夜間） ・365日通所利用
創造（係数10）	無から有を創るチャレンジ	・新規事業開発 ・新医療技術開発	・新規事業開発 ・新介護技術開発 ・新介護商品の開発

人材育成（係数3）	部下の能力開発，行動改善に寄与したチャレンジ	・プロジェクトのリーダー担当 ・カンファレンスの司会進行 ・法人内研究発表会のリーダー担当 ・各種委員会のリーダー担当 ・病棟会議運営 ・新入職員・実習生の教育担当 ・接遇訓練の実施担当 ・看護教室，リハビリ教室，見学会のリーダー担当	・プロジェクトのリーダー担当 ・カンファレンスの司会進行 ・法人内研究発表会のリーダー担当 ・行事・イベントのリーダー担当 ・各種委員会のリーダー担当 ・療養棟会議運営 ・新入職員・実習生の教育担当 ・接遇訓練の実施担当 ・介護教室，見学会のリーダー担当 ・未経験業務，上級業務の完遂
確実（係数2）	マニュアル，業務手順作成・実践のチャレンジ	・各種業務マニュアルの実践 ・各種マニュアルの整備と見直し ・看護計画の実践と更新	・各種業務マニュアルの実践 ・各種マニュアルの整備と見直し ・看護・介護計画の実践と更新 ・家族面会率の向上（情報交換と伝達） ・家族への介護技術指導
自覚（係数2）	自己の自覚に努力したチャレンジ	・資格免許の取得 ・業務改善レポートの作成・提出 ・研修会への自主参加と伝達研修の実践	・資格免許の取得 ・業務改善レポートの作成・提出 ・研修会への自主参加と伝達研修の実践

① チャレンジ目標係数の例示

チャレンジが有効と評価されたとき，チャレンジ1項目について次の係数を乗算する。チャレンジが2項目あれば，同じく，さらに係数を乗算する。基本給300,000円×拡大チャレンジ1.02×革新チャレンジ1.05＝業績給321,300円となる。

チャレンジ項目	フル係数	ハーフ係数
拡大	1.02	1.01
革新	1.05	1.025
創造	1.08	1.04

＊フル係数とハーフ係数の違い

チャレンジの有効性とはチャレンジ目標の実現性を問うもので，目標に具体性があるか，その目標は実現可能な目標なのか，効率性はどうか，貢献性はどうかを確認し4項目すべてを満たしていればフル係数，1つ欠けていればハーフ係数を適用する。すなわち，ハーフ係数を設定する趣旨は組織風土をチャレンジブルに変える，社員のパワーを引き出すことにある。

第7章 加点主義人事制度のすすめ

② A病院の例示（医師加点項目）

項　目	点　数	条件等
医師の紹介	5	勤続6ヶ月以上
急な当直・日直・居残り	0.5	
医師会行事参加	1	
院内教育（時間外）	1	
講演会講師・座長	2	
学会発表	1	演者に限る
論文発表	2	法人名が載った場合のみ
治験症例登録	1	1症例登録につき
チャレンジカード90点以上	5	
医師会入会者	1	

③ A病院の例示（一般職加点項目）

項　目	点　数	条件等
院外講師	1	
院内講師（30分以上）	1	全職員対象に行った場合
論文発表（院外）	2	
学会発表（全国）	2	演者に限る
学会発表（地域）	1	演者に限る
人材紹介	3	法人の必要とする職種 勤続6ヶ月以上で加点
業務改善（委員含む） チーム・部門	1人 1点	プロジェクト委員会・その他委員会 1チーム5名まで
業務改善（委員会含む）個人　5点	5	
公開講座（リーダー）	1	
院内研究発表会リーダー	1	

加点＝1点あたり20,000円で計算する。
しかし，対象となる者は，日常業務（職務遂行能力・執務態度）の人事考課がオールB以上の者を対象とする。日常業務をないがしろにしてのチャレンジは認めない。

●特別加点●

①　3年累積ポイント30点で　ハワイ研修
②　3年累積ポイント50点で　アメリカまたはオーストラリア研修

累積加点の取り扱いは原則として，上記とするが，上記以外に特別の場合に限り以下のように取り扱う。
① 上記以外　3年累積ポイント30点で　10万円の旅行クーポン券
② 上記以外　3年累積ポイント50点で　20万円の旅行クーポン券

●詳　細●
① 上記が加点であるかは理事長・院長を含め，委員会にて決定。上司推薦・自己推薦の用紙をもって人事課に届けること
② 院外講師は，正式な依頼があり，病院が認めた内容とする
③ 院内講師は，内容の是非を人事課に申請し加点要件を満たした者とする（資料や講義内容が組織にとって有効性があるか）
④ 人材紹介は組織の求める人材で勤続6ヶ月以上の場合を対象とする

④　K病院における加点主義表彰制度（例示）

表彰制度は，人事は明るくとの方針から，多くの医療機関で導入されている。K病院で行われている表彰制度の概要は，次のとおり金一封表彰である。組織や社会への貢献度を評価要素（革新要求度，効果性，課題の難易度，影響度）ごとに点数化して，ある一定以上の点数を獲得したときに表彰者として選抜する仕組みである。こうすることによって，表彰制度が現実的で誰にでもチャレンジできる制度となる。制度は制度のためにあるのではなく，活用してはじめて生きた制度となる一例である。

表彰のランク	表彰基準	副賞
ダイヤモンド賞	賞罰委員会で総合得点で80点以上	10万円
プラチナ賞	賞罰委員会で決定	6万円
ゴールド賞	賞罰委員会で決定	4万円
シルバー賞	賞罰委員会で決定	2万円

K病院の表彰対象事項
① 学会での発表や医療関係の雑誌等への掲載を行い，組織貢献ありと評価したとき。

② 革新的または合理的な業務改善に役立つ技術や知識を開発し，当法人の業績向上に貢献したと評価したとき。
③ 当法人以外から社会貢献ありと評価され，表彰状または感謝状を受け取ったとき。
④ 災害を未然に防止したときや，非常の際に特に功労があったと評価したとき。

評価要素	評価内容	賞罰委員会評価
革新性 □革新性 □独創性		□抜群　20点 □かなりある　15点 □ある　5点
効果性 □経済性 □業務改善 □医療介護サービスの質 □利用者満足 □社会性 □法人内活性化		□抜群　15点 □非常にある　10点 □ある　5点
課題の難易度 □プロセス上の課題 □精神的な負荷の度合い		□非常にある　5点 □かなりある　10点 □ある　5点
影響度 □対外的な影響度 □法人内での影響度		□対外的なもの　15点 □法人的・長期的なもの　10点 □自部門内，一時的なもの　5点

(2) マスト（Must）目標とウォント（Want）目標

　目標には，マスト目標とウォント目標の2つがある。部下に仕事を与えるときには，上司はこの2つを使い分けなければならない。マスト目標は，職責として絶対にここまでやらなければならない結果責任（アカウンタビリティー）を示している（マスト目標を達成した場合の評価はB考課，期待レベルと考課する）。一方，ウォント目標とは「できるだけがんばってください。ここま

でやってくれると助かります。期待しています」という希望目標だ。この部分は、チャレンジとして高く評価する（チャレンジが成功した場合の考課は加点を加え A と考課をする）。この２つの目標についての会話が、上司と部下の目標面接の場でなされる。マスト目標を上回るチャレンジをどう引き出すかが上司のマネジメント力になる。

　管理者は企業の期待像を基準にして、部下一人ひとりの持ち味を引き出しながら、他の企業にはない諸サービスを提供する責任を負っている。しかし、組織にはいろいろな人がいる。与えられた業務も満足にこなせない人や、いやいやながら今日の業務を遂行している人もいる。また、反対に人が嫌がる業務を人に先んじてやろうと努力をする人もいる。まったく同じ業務を２人に与えても、その出来栄えは、やる人によって異なったものとなる。そのとき、その場で、最もよいやり方を考えながら業務を遂行している社員が大勢いる組織は一流組織だ。

　人間はチャレンジをすることによって、可能性を大きく広げるし能力も伸びる。たとえ失敗しても、そのチャレンジを評価する加点主義は働く者に元気をくれる。新しいことに挑戦すれば失敗もあるだろう。しかし、新たなことにチャレンジをしなければ未来は創れない。決まった仕事しかしない現状維持の人が評価されるとすれば、その組織は衰退していく。組織が大きくなればなるほど、マニュアルや過去の前例に従うことが無難と考える社員が多くなる。減点主義の職場では新しいマーケット開発や技術開発、商品開発は生まれない。人でも企業でも同じだが、イノベーション（改革）とはまったく前例にないことをやることであり、挑戦するからこそ、失敗もあり、成功もある。

　イノベーションは働く人たちの意識を変え、仕事を変え、組織風土を変える。加点主義人事は能力主義、成果主義人事制度の上に成り立つ制度であり、挑戦のまず第一歩を踏み出すことを奨励する。一歩を踏み出すのに、さほどの勇気はいらないはずだ。二歩目を踏み出すときには、立ち止まって、周りの景色を見渡して考えればよい。挑戦することの大切さを理解した社員は、能力にプラス行動をつけ加えたことで実力を身につける土俵に一歩踏み込んだことになる。

(3) チャレンジ機会均等の場の提供

　社員がチャレンジをしたい，もっと成長をしたいと願っていても，男尊女卑や，よい仕事は上司のおめがねにかなった一部の者にしか与えないような風土があると，社員は持てる力を発揮することができない。したがって，実力評価を正しくやるためには，社員に仕事の選択や職務拡大の権限を与えることが大切である。実力のある者はこの権限を上手に使って，人ができない仕事や人が嫌がる仕事にどんどんとチャレンジをする。何もしないと，権限があるのに挑戦しなかった，また，できなかった無能者と評価される。

　一般的に，部課長クラスになると裁量権を持つ。このクラスの評価ポイントは，ただ，上からいわれる仕事を真面目にやっていればよいのではない。組織発展のためには，部課長が持つ裁量権をやる気のある部下にどんどん移譲して部課長の仕事をやらせることが大切である。それが部下の育成，能力アップにつながる。

　先にも述べたように，部課長クラスになると仕事のレベルが問題になる。評価の視点は役職職階のクラスによって異なる。部門長は全部員の前で経営，部，課方針を発表し，部員から目標チャレンジを募ることが公平な人事だ。目標を立てたら，目標を達成するための計画を逆算して立ててみる。目標を立てて取り組み始めたら，その達成のために最後まで必死でがんばること，やり遂げること，ここに上司の叱咤激励のマネジメント力が必要になる。チャレンジにはリスクが伴うのは当然だから，失敗をしてもチャレンジしたこと自体を評価する加点主義人事制度を導入しておくとやりやすい。大企業にならえば人事制度は必然的に減点主義となり，前例のない失敗は厳しく罰せられる。たとえ，どんなに小さな仕事でも考えながらやることは前例のない仕事につながっていく。「加点主義人事制度」の導入は，新しい明日をつくると同時に社員一人ひとりのやる気と可能性を引き出すロマンである。

　ポテンシャルのある業績好調な企業では，役職登用や人事異動にも社員の前向きなチャレンジを受けとめる制度がある。異職種業務の職務経験が3回以上なければ，役職には登用しないという企業も多い。管理者には大きな視野で判

断し，よい仕事を遂行してもらいたいとの経営者の期待がある。上位等級業務へのチャレンジや人事異動などこれら一連の人事諸制度をチャレンジキャリア制度（公募制度，自己申告制度，FA制度，またはJOBリクエスト制度，ローテーション制度）と呼んでいる。次に，チャレンジキャリア制度の一例を示す。

図表7-1　チャレンジキャリア制度

```
チャレンジ ─┬─ 社内公募制度（企業からの求人型公募制度）
キャリア    │
制  度    └─ チャレンジ申告制度（個人からの休職型申告制度）
```

新しい「企業」と「個人」の関係

選択の自由と自己責任

企業 ←─── 高い成果価値 ───→ 個人

機会と手段と環境の提供

自己実現の場

キャリア開発の方向転換　＝　「自分のキャリアは自分で創る」

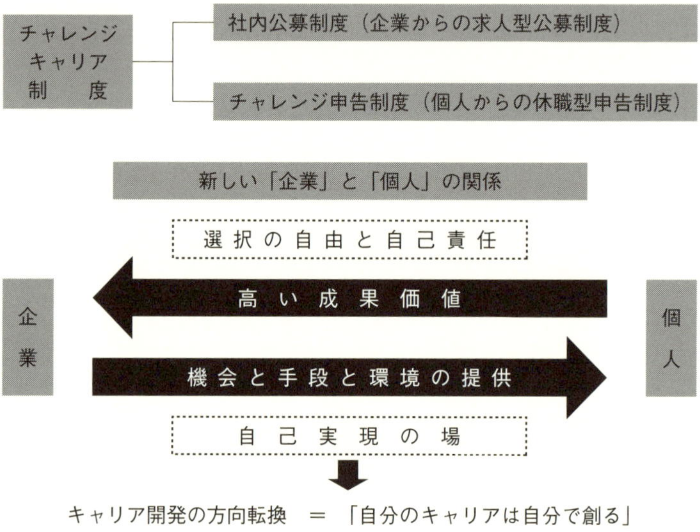

① 公募制度の流れ

時期	項目	内容
10月	希望者募集	希望者は上司に報告，許可なしに応募ができ，応募用紙を記入し，人事部へ送付する。
11月	1次審査（書類選考）	公募に対してより積極的にチャレンジしている者を選考する。
11月	2次審査（面接）	対象部門，人事部と公募者で面接を実施する。
	社内公募制度による異動者を決定	
12月	所属長へ通知	・社内公募での人事異動の決済は役員会で決定する。所属長は拒否できない。 ・欠員は定期異動時に要員計画に沿って対応する。
1月	本人通知	

② 社内求職制度（社内 FA 制度）の流れ

1）求職希望＝異動希望＝FA（フリーエージェント）宣言の資格要件の設定

キャリア実績，評価実績など一定条件を設けるケースと，特に条件はつけないケースの2通りがある。

2）求職登録の受付

異動希望者は，所属上司を経由せず，人事部へ直接，「求職登録」を申告できる。人事部は，異動希望者に対し，人事面談を実施し，求職登録に関する相談に応じる。申告時期＝FA宣言時期は，随時と，定期異動の3～4ヶ月前の2通りがある。

3）求職情報の限定公開

異動希望者の求職情報＝自己PRが，異動希望先の部門長（統括部長）に限定公開され，人事部には守秘義務が課せられる。

4）異動希望先からのコンタクト

求職情報に興味を持った異動希望先の部門長（統括部長）は，人事部を介して異動希望者への接触を依頼する。

5）第1次選考（書類審査）

異動希望者の人事情報をベースに，異動希望先と人事部による書類審査を行う。このとき，現場逃避型の異動希望は除外する。

6）第2次選考（三者面談）

異動希望者，異動希望先の部門長（統括部長），人事部による三者面談を実施する。

7）合否判定

知識・技能・技術，専門性のレベル，新たな職務へのチャレンジ精神および適性により合否を判定する。

8）選考結果の本人通知

異動希望の諾否は人事部経由で本人に通知する。否の場合は，人事部を介し，その理由を書面で本人にフィードバックする。

9）異動希望者の所属部門への異動の連絡

　人事異動の受け入れが承諾されたとき，受け入れ部署は人事部へ連絡，人事部は所属長に異動の実施を連絡する。このとき，所属長は初めて異動の経過を知ることになるが，所属部署に異動拒否権は与えられない。

10）異動時期の決定

　異動承諾即時のケースと，定期異動の際の2通りがある。

2　キャリア面接の進め方

　面接には上司と部下の個人面接ばかりではなく，課員全員が一堂に会しお互いの成長のために，その人の強みや行動改善のポイントなど気づいた点をコメントし合うグループ面接がある。グループ面接は，その人が組織でどのようなチャレンジ貢献をしているかを素直にフィードバックし合う相互啓発の切磋琢磨の場でもある。皆は1人のために，1人は皆のためにさらなる成長を願ってアドバイスをする人間関係づくりの場としてもグループ面接は有効である。

　グループ面接で自分のこれからのキャリアアップについてスタッフ全員からアドバイスを受け，知識・技能・技術，専門性のレベルアップ，新たな職務へチャレンジする加点目標を作成する。

①　「キャリアマップ」の作成

　マップ作成の留意点は，次のとおりである。

　各人は組織の戦略や経営の方向性を確認しこれを受けて，自分自身の現状，当期の成長計画，3年後の目標からなるキャリアマップを作成する。キャリアマップは，自分の人材価値をどう高め，組織にどのような貢献ができるようになるのか，どのような新しい価値を生み出すのかを，「私のキャリアビジョンカード」と表題をつけてレポート用紙に記述してみるとよい。そうすることによって，自分のキャリアビジョンは目標となり，自分自身でも意識するようになる。そこで，自分はキャリアビジョンを実現していくために，今すべきこと

と，これから身につけなければならないスキルや知識，技能，技術を整理し，自己啓発プランを立案する。このようなステップを踏むことによって，キャリアアップは確実な実行に向けてスタートする。

② 新入社員の育成

新入社員については，1年後のキャリアアップ目標を確実に達成できるように OJT 計画を立て，確実に組織の一員としての戦力化を図ることを期待し，実践指導を徹底する。

③ 「キャリアミーティング」の実施

キャリアミーティングは，グループ面接でお互いの目標を共有化するところから始まる。

上司と部下で行っていた1対1の面接を「チーム単位（5人前後）」で実施する。チーム単位で集まり自分の価値観や前年の実績などを検証し，本年度の成長目標や果たすべき役割目標や貢献度を話し合う。自分で考えるだけではなく，他のメンバーの目標等についても意見と知恵を出し合い，目標の共有化を図ることが大切である。

進め方は経営方針や事業計画の展開を組織目標に落とし込み，その実現のために各人の持ち味（強み）を取り上げ，各人の人材価値を高めるための目標のあり方や目標達成の方法，手段などの適否についても，メンバー全員でミーティングを行い，今日現在到達している各自の「キャリアマップ」を作成する。

従来の目標面接と異なる点は，チームメンバーの各人の目標についても自分の目標として共有化し，意見と知恵を出し合い，メンバーが自己目標を達成できるように協力し合う点である。メンバー全員でメンバー一人ひとりの目標を成功に導く，加点主義面接方式である。

④ 中間プレゼンテーションの進め方

目標は作成しただけでは達成できない。そこで，中間プレゼンテーションを

行い，進行状況を計画的，意図的にチェック確認し，状況の変化によっては目標の加筆修正や援助，応援協力体制をつくるなどの見直しが必要になる。自分の価値創造や自己成長の取組みが現時点でどのような成果につながっているのか，そこからどのような学びや気づきがあったのか，それを，私は仕事にどのように生かそうとしているのかを確認し，チームメンバー全員の意見やアドバイスをもらい，さらなる成長に努力をすることになる。

キャリア開発のアドバイザーは「上から目線」よりは「横から目線」のほうが現実の姿をとらえている側面があり，より有効である。

職能面接ばかりではなくキャリア開発面接がより脚光を浴びるようになったのは，管理者と部下との関係が変わったことを意味する。面接制度は今までの仕事中心の面接から，先々のキャリアビジョンをベースにコミュニケーションを図るスタイルに変わっている。組織目標と個人目標の完全な一致を目指す部下が面接の主役になってきたことを意味している。

⑤ キャリアアンカー（キャリアの最終到達点）

キャリアの最終到達点であるキャリアアンカーに到達するためには，綿密な計画を確実に実行するだけではなく，実行した成果を折にふれて，確認することが大切である。その確認に基づいて，計画を修正していくことが大切である。

自分が考えるキャリアアンカーとは，いったいどのようなものなのか。自己達成感なのか，それとも年収，社会的地位か，組織における権限なのか，または，社会的な評価なのか，それとも，仕事の実績なのか，その答えは人さまざまであろう。

このように，キャリアを考える場合にはまず，自分が自分らしさを表現できる仕事の分野を自分自身でつかむことが必要であろう。キャリアアンカーの方向づけができたら，その思いにこだわり続けることが必要である。

3　成果配分賃金による職場の一体感の醸成

(1)　人件費問題と組織活性化対策

　生産性に見合った賃金の仕組みづくりと生産性を測る客観的な評価制度の構築ができれば，企業経営の人件費管理と組織活性化の難問に対処できる。人件費管理を考える視点は4つある。第1は個別賃金（賃金表）の公正さであり，第2は個人別賃金の公正さ，第3は人件費の適正さ，第4は成果配分の公正さである。

　賃金理論はさておいて，ここで取り上げるのは人件費の適正さと成果配分の公正さである。経営は人件費対策で決まるといわれるように，生産性と賃金を考えなければならない時代になった。なかでも，管理者，ホワイトカラーの生産性と人件費の関係を考える際の指標を売上高か，粗利益か，付加価値か，経常利益か，それとも，いくつかの指標の組み合わせにするのかなど，生産性指標を決め，数年のデータをもとに傾向値を把握分析し，課題を抽出してその課題を解決することが必要である。

　生産性指標は働く者にとって身近で理解しやすいもの，努力を反映しやすいもの，併せて賃金支払いのベースになり得るものを選択することが大切である。

　多く用いられるのは，付加価値（利益）である。付加価値を作り出す指標として留意する項目は，売上高（1人当たりの売上高），付加価値（1人当たりの付加価値），労働分配率等である。これらの業績指標に直接関与するのが直接部門である。直接部門とは，たとえば医療機関では医師であり，販売会社であれば営業マンであり，製造会社であれば生産部，製薬会社であれば，研究所，開発部，営業部である。これらの担当者をいかに活性化するかが，これからの企業経営発展のための最大のキーポイントとなる。

(2)　人件費対策と検討課題

　賃金は，利益がなくても支払わなければならない。しかし，支払い能力がないのに借金を積み重ねれば倒産する。そのような事態にならないように，組織

活性化対策をいろいろと講じていくことになる。

その第1は売上高の拡大である。部門長を先頭にして，そのために何をどうすればよいのかを考え，実行しなければならない。売上高拡大に直結する部門のインセンティブを引き出す部門加点は当然のことであろう。

第2には，付加価値のある営業活動，新規開拓，サービスの提供等，他社との差別化したサービスを行うために，積極的に新メニューの開発を考えることが必要である。

第3には，労働分配率の課題である。労働分配率とは，付加価値（利益）に対する人件費の割合である。分配率は一定に固定していても，新規顧客開拓，サービス，技術の向上により生産性を拡大させれば，必然的に収入増大を図ることができる。人件費アップを積極的に吸収する売上高，付加価値の向上策を，各部のリーダーを中心に全社員で考えて行動する。そのためには，社員一人ひとりのモチベーションを上げなければならない。

(3) 加点人事考課により利益拡大

人件費のパイを大きくするには，売上高のアップ，経費節減，経常利益の拡大など全社員が一丸となって努力しなければならない。まず，チャレンジ意欲が湧き目標づくりに留意すること，そのためには，面接を有効な経営手段として定着させる必要がある。数値化目標は明確にしなければならない。

次に，プロセスの期待像（情意考課）の明示により，組織人としての自覚と使命感ある行動の醸成が大切である。多面考課，コンピテンシー評価なども導入し，人事考課はマイナス点をつけない加点考課として，賃金への反映を明確にすることが留意点になる。賃金については，自分の意思と努力で自由にパフォーマンスができる役割・実力・成果主義賃金の導入が必要になる。

人事賃金制度を考える原点は社員満足である。社員は皆，幸せでなければならない。自分が幸せであるからこそ，他人の幸せを考えることができる。そのためには，わが社の組織の期待像をしっかりと明示することが大切である。期待する人材とはどのような人材なのか，そのような人材になるためには，何を，

どう努力をすればよいのか，その道筋を明らかにし，やればやっただけの処遇が受けられるチャレンジ加点制度を策定することが大切である。

4　能率管理の仕組みづくり

　能率管理とは，賃金と仕事のミスマッチをいかになくすかであるといっても過言ではない。

　企業経営の原点は，人件費管理そのものである。企業の最大の資源は人材であることは，今さら述べるまでもない。人材確保と人件費管理がうまくいけば，企業経営は安泰である。

　能率管理のポイントは，賃金と仕事のミスマッチをなくすこと，賃金に見合った仕事を与え，賃金＝仕事となる仕組みを構築することである。賃金（能力給）は，通常，世帯形成の年齢給（生活保障の原則）とキャリア形成の習熟昇給（労働対価の原則）の２つから構成する。

　しかし，別名定昇といわれる習熟昇給があるのは今，社会常識では係長以下のクラスである。係長までは，チャレンジ加点で賃金も上げる。決まった仕事を決まったとおりに無難に遂行すれば，標準の定昇額が加算される。仕事の質，量にチャレンジをすればプラス１点方式で優秀「A」と考課され，標準以上の定昇額が加算される。賞与でも同様である。

　これが課長以上クラスともなれば，チャレンジしても考課は普通「B」とされる。チャレンジ貢献度の成果を相対考課して順位づけが行われ，上位者からの分布規制によって「A」と考課される。基本給は管理者としての使命感を受け止めた職責給と職能給で設計する。むろん，基本給をベースにした年俸制の選択も企業ニーズによってはあり得る。

　賃金は働く者にとっては労働力発揮の源泉である。したがって，１円たりとも意味不明，説明不明な点があってはならない。制度設計にあたっては，理論的にも法的にもしっかりと説明でき，すべてオープンにできるものでなければならない。

これらの考え方をもとに，まず多くの企業における管理者の能率管理の具体策とそのポイントを見てみよう。
　能率管理を実務として推進するためには，その管理するフレーム（柱）が必要である。そのフレームは次のとおりである。
① 能力・実力主義人事賃金のベース（職能・役割実力等級制度）に人事処遇軸を切り替える。職能・役割実力等級制度は，全社員一本の職能・役割実力等級制度とする。
② 能力資格呼称名も職種に関係なく，全社，同一資格，同一呼称名とする。
③ 能力基準（職能，役割要件書）は共通職能要件書（KeyTask）だけでもよいので万難を排して作成する。
④ 昇格，昇進人事は基準（職能要件書または役割要件書）に照らして実施する。
⑤ 年俸制は月例賃金のマルメ方式やその都度の一過性の考え方で決めるものではない。

　年俸制の導入は，職能給や職責給，役割給，業績給など，年俸を計算する際ベースになる基準賃金を設計することから始まる。年俸は基本年俸と業績年俸により構成されるが，基本年俸は基準賃金（職能給＋職責給）×12ヶ月，業績年俸は基準賃金（職能給＋業績給）×Xヵ月で構成する（業績給は職責給×チャレンジ係数＝役割給×業績考課の公式で表すことができる）。

⑥ 時代のニーズは実力主義賃金であり，賃金成立の条件として，人事考課（業績考課）を客観性，納得性のある制度として固めることが大切である。数値成果，プロセス成果，コンピテンシー評価（実力評価）の3本立てで設計する。
⑦ 実力主義人事賃金を導入するには，目標面接制度の導入が不可欠である。
⑧ 労働条件の明示，役割の明示を入社前または管理職登用前にしっかり行うこと。
⑨ 客観的に多面評価などを取り入れ実施する。
⑩ 現行賃金（月例，年俸）は人事考課が悪くても保障する。人事考課結果

は，がんばった成果を現行賃金にプラスする加点主義人事考課で実施する。穏やかに新制度に移行するのが，成功のポイントである。
⑪ 経営指標とは，売上高か，経常利益か，それとも粗付加価値か，付加価値か，プロセス成果か，社会的格付け成果かを全社員に明確にする。
⑫ 付加価値のある営業，サービスとは何か，トップ方針の徹底が必要である。方針をどう徹底するのか，目標達成のための手段，方法を全社員で考え，話し合い，コンセンサスを取っておくことが大切である。
⑬ 賃金と仕事のミスマッチをどう是正するか。役割を持つ管理者と職責だけしかやらない管理者の賃金は同じでは不公平である。

5　企業の成果とは何か？

　自社の成果とは何かについて，筆者はコンサル時に幹部社員と必ず議論を重ね，成果配分を得られるよう全社員の努力目標の指標を作成している。さて，成果指標は大きく次の5つのタイプに分類することができる。
　5つの中からどのタイプを選択するかは，もちろん組織ニーズによる。成果といっても数値で表されるものだけではなく，社会的に貢献し社会での格付けを高めた成果もあるだろうし，現在の成果ではなく将来の布石を今から手を打っておく将来成果もあるだろう。これらをまとめて成功報酬として，金一封を支給する成果還元もある。一般的には，賃金で支給する成果配分賃金が定番である。

図表7-2　成果の内容と成果の還元方法

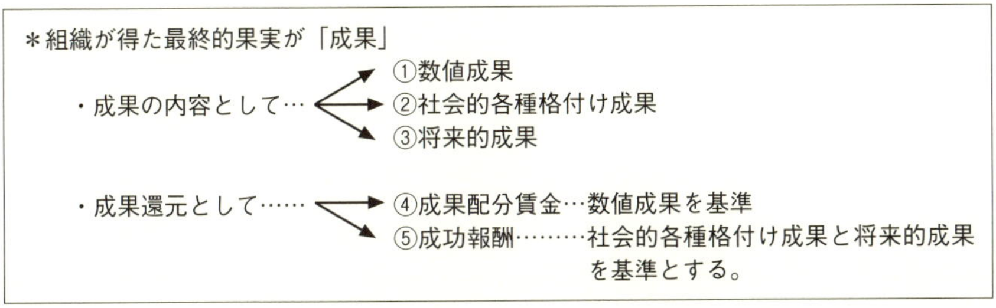

```
＊組織が得た最終的果実が「成果」

・成果の内容として…　　①数値成果
　　　　　　　　　　　②社会的各種格付け成果
　　　　　　　　　　　③将来的成果

・成果還元として……　　④成果配分賃金…数値成果を基準
　　　　　　　　　　　⑤成功報酬………社会的各種格付け成果と将来的成果
　　　　　　　　　　　　　　　　　　　を基準とする。
```

成果配分賃金の特色は，達成成果が目標成果を上回り超過成果があった場合は，その超過成果の一定割合を成果配分賃金として組織に還元する賃金システムにある。したがって，各社員が自分の役割に応じて努力した職務遂行能力の価値は皆同じと評価する。成果配分の分配は，研究員も営業マンも生産部員も事務員も運転手も皆同じに評価し，成果配分総原資を頭割りして1人当たりの支給額を計算する。全社員が1つになって，自己の職責に全力をかけて努力する，そのしかけが，加点主義成果配分賃金である。

　加点主義成果配分賃金を成功させるいくつかのポイントを挙げれば，次のとおりである。

① 労使で何らかの形で共同の成果目標を持つ。
② その成果目標を達成するための諸方策について，労使で知恵を出し合う。
③ 目標を達成するために，労使は十分に協力し合うことを確認する。
④ 目標成果を上回る超過成果があった場合，労働者側に成果配分賃金として追加還元する分配率を労使で決める。
⑤ 成果の判定は，労使共同で実施する。
⑥ 目標が達成できなかった場合，その原因を労使で検討し，次の期の新しい目標と新しい方策を策定する。
⑦ 目標が達成できなかった場合でも，事情が許すならば何がしかの協力金を金一封という形で支給する。

■6　役割（実力）等級への格付け

　加点主義を機能させるのは，各人の職責の明示である。わかりやすくいえば，力のある者には重責を，それなりの仕事をする者にはそれなりの職責を付与することにより，組織全体の能力と職責マップができあがる。

　職責の大きさ，難しさを評価することを職責評価という。つまり，この役職（職位）はどのような職責の価値を持っているのかを評価する。その上で役割・実力評価基準表に基づき，何点から何点はⅣ等級というように，役割・実力等

級に格付ける。こうして各役職を役割・実力等級に格付けしていく。

　この場合，あらかじめ役職別に職責評価を行っておき，役割・実力等級と役職との相互関連性を明確にしておくことが必要になる。たとえば，役割・実力Ⅳ等級は課長，Ⅴは部長クラスといったような形である。つまり，職責評価は役職の持つ原則的，基本的職責の評価であるのに対して，役割評価（職責プラスチャレンジ目標）は今期の各人の状況次第，また，置かれている環境の状況次第で柔軟に揺れ動き，役割・実力等級の位置が上下動する。

(1) 役割・実力評価による適正配置

　職責評価（コンピテンシー評価）によって，各人は実力に見合った役割・実力等級に配置される。

　その上で目標面接が行われ，各人のチャレンジ目標が職責に加味され役割が決まる。この役割評価に達成度評価を掛け合わせることによって，各人の業績が決まる。この業績が業績給，年俸制業績連動賞与へ結びつけられ，成果主義賃金が成立することになる。

　配置が不適切であれば，それをベースにした役割給や業績給，業績年俸制の理論的根拠を失う。役割・実力評価は，実力に見合う適切な配置が行われているからこそ評価ができる。さて，職責評価を賃金に結びつければ職責給となる。

　図表7-5の横系列のA，B，Cは職責の難易度を表している。Aは専門職，Bは管理職，Cは専任職，Ⅲ-Bの係数を1.0と設定し，上に行けば行くほど職責は大きくなるので，係数は上には大きく，下は小さく設定する。また上には，加点主義で格差を大きく10％，下には小さく5％展開で係数を設定する。B系列の係数設定が終わったら，B系列の兼ね合いを見ながら左右の係数を設定する。

図表7-3　役割・実力等級の概要

Ⅴ	経営補佐 戦略業務の遂行
Ⅳ	管理・企画・統率 業務の遂行
Ⅲ	企画・開発等、特定分野（専門業務）
Ⅱ	熟練・判断・指導 業務の遂行
Ⅰ	基本業務の遂行

図表7-4　職能資格等級と役割・実力等級の対応

A案 （役割・実力等級）	職能資格等級	B案 （役割・実力等級）
Ⅴ	9	Ⅴ
	8	
Ⅳ	7	
Ⅲ	6	Ⅳ
	5	Ⅲ
Ⅱ	4	
	3	Ⅱ
	2	
Ⅰ	1	Ⅰ

図表7-5　役割・実力　評価係数（倍）

	A （専門職）	B （管理職）	C （専任職）
Ⅴ	1.3	1.2	1.1
Ⅳ	1.2	1.1	1.0
Ⅲ	1.1	1.0	0.95
Ⅱ	1.0	0.95	0.9
Ⅰ	0.95	0.9	0.85

　A系列，C系列の職責の大きさから，まずⅢ-A，Ⅲ-Cの係数をⅢ-Bに対してどう設定するかを，社会状況，企業ニーズを踏まえて検討し設定する。図表7-5の例示では，Ⅲ-Aは1.1倍，Ⅲ-Cは0.95倍として上下に格差展開をしている。Ⅲ-Bの格差展開と同じように，上には加点主義でプラスを大き

く，下には格差は小さくしている。実力主義，成果主義の目的は人件費節約や格差をつけることではなく，あくまでも意識改革による組織の活性化であるとすれば，格差展開にもこのような政策を導入することが望ましい。

　図表7-5の役割・実力評価係数は1つの例示であり，各企業の実態やニーズによって異なるものであるが，筆者のコンサル先情報の集約ではおおむね妥当な価値づけと思慮している。なお，図表7-3は各役割・実力等級の概要を表したものであり，また，図表7-4は職能資格等級（能力主義）と役割・実力等級との対応関係を示している。

　対応関係の選択においては，企業のニーズによって，A案，B案というように異なることは当然にありうる。職能資格等級制度は能力開発の柱であり，役割・実力等級は，今何をやっているか，どんな成果を出したのかという仕事の価値を見る柱である。賃金で説明すれば，能力開発の程度で賃金を支払うか，それともどんな仕事をやったか，どんな成果を出したのかという組織貢献度，利益貢献度で賃金を支払うのか，の選択である。一般的に2本のツーラダーシステム（職能資格等級制度と役割・実力等級制度）を人事賃金処遇制度の柱にしている企業では，職能資格等級は役職登用や能力開発，人事異動基準であり，賃金処遇関係は役割・実力等級制度と使い分けをしている。役割・実力等級は可変性豊かな制度であり，仕事のレベルが落ちれば賃金も落ちる。

　一方，職能資格等級制度はいったん取った資格は安定的で保証される性格から，ステイタスとして，いつまでも使えるというメリットがある。職能資格等級と役割・実力等級を切り離して併用することによって，人事賃金制度はより実態に近づき柔軟に対応することができる。人材が育つ40歳ぐらいまでは，職能資格等級で能力開発を徹底的に進め，40歳を過ぎたら，また若くても課長レベルの役職に就いたら，役割・実力等級で賃金処遇を行うのが時代のニーズである。

　さて，図表7-5の役割・実力評価係数（倍）であるが，管理職をB系列において左にA専門職，右にC専任職の職責の重さを倍数で表示している。一般的な傾向値として見ていただきたい。管理職の標準Ⅲ-Bの係数は1.0で，

もしこの標準の管理職の賃金が30万円と設定したとすると、専門職の標準Ⅲ-Aの係数は1.1倍であるので、この標準の専門職の賃金は33万円、一方、専任職の標準3-Cの係数は0.95であるので28.5万円となる。役割・実力評価にあたっては、数値評価も入れ、評価要素の可視化の基準、職責評価表（136ページ参照）で評価を行うことがより納得性を高めるものとなろう。

(2) 実力を評価する目標の妥当性

60点の実力の部下に最初から100点を要求しても無理である。最初から諦めてしまうからだ。目標はチャレンジ気味に作成するが、努力すれば達成可能な目標でなければ意味がない。

目標の設定と評価の仕方には、2つの留意点がある。まず、設定した目標が本人の職能資格等級と役割・実力等級グレードに対して高すぎないか、低すぎないかである。実力・成果主義といっても、ほとんど達成不可能な目標ではまったく意味がないからである。もう1つは、本人の能力開発に結びつくチャレンジ目標がどの程度含まれているかである。人間は安定を求めると成長が止まってしまう。人の成長、組織の発展は、チャレンジによって生まれるからである。

すなわち、業績は、職責×チャレンジ目標＝役割×達成度評価（業績考課）で決まる。チャレンジには既に述べたように、拡大、革新、創造、確実、育成、自己啓発など質の異なるフィールドがある。それぞれのチャレンジ評価係数を決めておき、チャレンジ有効の実績があれば、図表7-5の役割・実力評価係数（倍）にそれらの係数を乗算したものが新たな役割・実力評価係数となり、標準、管理職Ⅲ-Bの賃金をセットすることによって、A系列、B系列、C系列すべての役割・実力等級段階の役割給が決まる。

こうすれば、実力のある部下は決まった職責だけではなく、どんどんとチャレンジし役割の拡大を行うはずである。

7 人材育成・キャリア開発のステージ

(1) 私のキャリアアンカーは何？

　最近，キャリアパスやキャリアデザインなどという言葉がはやっている。価値観，個性化の豊かな時代だからこそ，キャリアの道筋が必要なのだと思う。自分の将来のキャリアをどうデザインし，そのデザインをいつまでに，どのように達成するのか，キャリア達成のために私はどんな努力をすればよいのか，しっかりとした計画書を持たないと，それはただの思いで終わってしまう。3年後，5年後，さらに10年後に，自分はどんな姿になっているのだろうか。なりたい自分に到達するためのプロセスをしっかりと意識して，意図的にキャリアを作りあげる努力が大切だ。

　ここでは，まず，キャリアデザインという言葉の持つ意味について，しっかりと確認をしておきたい。キャリアとは，仕事をする能力のことをいうのか，それとも仕事の結果を問うのか，キャリア開発とは能力のプロモートをいうのか，キャリアはデザインすることはできるのか，などなどを考えてみると，キャリアの概念や意味づけも，いろいろとある。

　しかし，真実はただ1つ。キャリアの主役は自分自身であり，キャリアを作るためには，まず自分自身をよく知ることが大切で，それをベースに5年後，10年後の自分の姿について冷静に考えてみることからキャリア開発のステップが始まるのである。

(2) キャリアプランの作成

　プロ野球選手やプロサッカー選手に，なぜ，あなたは野球選手に，サッカー選手になったのですかと質問すると，子供のときに憧れていた選手に出会った，ドキドキしながらサインをもらった，指導をうけて感動した，…と，同じような答えが返ってくる。そこで，キャリアを作るために最も大切なことは，本人がそうなりたいと思うこと，そこで，上司は，部下がその気になるように，上手に誘導することがポイントになる。本人がその気になっていなければ「教

え」にはならないし，逆に，本人がその気になっているのに「教える」ほうがいいかげんでは，教わる側をただ，くさらせてしまうだけである。このように人を，育てるためには，教える側と教わる側のバランスが大切である。

(3) キャリア開発のステージ

この10年間に多くの仕事を経験した人と1つの仕事しか経験をしなかった人では，誰が見ても，器の違いは明らかである。たくさんの仕事を経験した人は輝いている。ものの見方や考え方はワイドであり，物事を多面的に見る力を持っている。慣れの落とし穴にはまった固定観念がない。したがって，キャリアパスを管理職登用の絶対必要条件としているところが多い。まさにキャリアパス加点である。管理職には，いつも大きな視点で物事を見る客観的な状況判断力と実行力が求められているからである。

早く人材を育てるためには，職種別，職階別の資格要件を明確にすることが求められる。一人前像と成長のキャリアパスが必要だ。そのあるべき姿に向かって，現在の自分の姿のギャップをチェックしてみる。そのギャップを埋める努力が能力開発である。自分の職場で一人前とは，どのような能力を持った人をいうのか，能力主義人事制度（職能資格等級制度）を導入しているところでは，職種別等級別職能要件書を活用するとわかりやすい。まだ要件書がないところでは一人前とはどのような人をいうのか，個々のイメージを出し合い，共通の認識づくり（コンピテンシーモデルを作成）をするとよい。一人前の仕事ができるとは，いったいどんなレベルをいうのか，そのためにはどんな知識や技術が必要なのかを明確にする。わかりやすくいえば，キャリアの棚卸表を作ることだ。

次に大切なのは，キャリア開発の順序である。進め方に無理はないか，修得，習熟の順番に矛盾はないか，チェックしてみる。最後に，よいキャリアを開発するためには適性も大切である。自分の強み，弱みを書き出してみる。明らかになったその弱点解消に努力すれば，確実に成長のステップを踏むことができる。

目標の自分に近づくには，今までの自分の努力の成果を確認してみることも大切である。自分は今まで何をしてきたのか，今，これから，何をしなければならないのかを紙に書き出してみる。能力は意識することによって行動になり，光り輝く。キャリア開発は人間としての総合力の開発までを包含する。ただ，仕事ができる，できないだけで，人間の価値が決まるわけではない。人の痛みを理解できない人に管理者は務まらない。

キャリアデザインとは，本人の成長意欲がスタート点になる。人生にはその年代ごとにマスターしなければならないキャリアステージがある。人間として，社会人として，職業人として，輝く人生を送るためには，先達や管理者の教えが必要なのである。

(4) 変化に対応できる人材育成

人材を育てるためには，働く環境づくりが大切である。定められた範囲の日常業務をただ問題意識もなく手続きどおりに漫然とやっているような，ぬるま湯的仕事環境の中では絶対に人は育たない。いつも，もっとよいやり方はないかを常に考え，いろいろな課題をこなしている職場でなければ人は育たないものだ。今，自社で，いの一番に取り組まなければならない課題は何か，皆が，目をぎらぎらさせて問題解決に躍起になっているような職場でなければ，よい仕事はできないだろう。

人間は安定を求めると，いつか難しい仕事をやらなくなる。また，勉強もチャレンジもしなくなり，成長が止まる。だから，人を育てようと思ったら，まず目標を作らせて「逆算」させる。目標は低すぎても高すぎてもいけない。大事なことは，目標を作らせたら絶対に諦めさせないことだ。そのためには，なんとしてもやらなければならない追い詰めた環境を作ることが大切である。

しかし，コンピテンシーに欠ける者は，いくら教育をしても見込みがない。コンピテンシーを翻訳すると，高成果実現行動特性（仕事ができる人の行動特性）と訳すことができる。コンピテンシーで一番大切なのは根コンピテンシーで，これはベーシックコンピテンシーやマザーコンピテンシー（しっかりとし

た仕事をする力を生み出す源のコンピテンシー）ともいわれている。すなわち，性格とか人間性，社会性，意欲，ロマンなど動機づけを構成するコンピテンシーである。個人の態度や価値観，自我を決めるのは，この根コンピテンシーといわれている。根が腐っていると，いくら教育をしても有能な人材にはなりえない。

　一方，根から上の幹は，知識や技術などであり，社員共通に求められる幹コンピテンシーといわれている。幹コンピテンシーは社員としてたくましく伸びていくために身につけていなければならないものである。そして，最後の枝は，リーダーシップコンピテンシーやファンクショナルコンピテンシーなどといわれる，職種別競争力を生み出す専門性の枝コンピテンシーである。これは，成果を獲得するために必要なコンピテンシーである。

　このように，コンピテンシーは根，幹，枝の3つで構成されているが，このうち根コンピテンシーこそが，これからの不透明な時代に生き残る核になる一番大切な力である。これからは，やる気のある，また，どんな困難にもへこたれない，しっかりとした根コンピテンシーを持つ人材を見つけ，育てていかなければ企業の発展は期待できない。知識，技術はそのときの一瞬の風で通り過ぎていくが，どんなに辛いことにも，いつも，明るく果敢に挑戦する意欲があれば，どんな時代になろうとも強く生きていける。「根」は力なりであり，まず「根」をしっかりと固めることが大切である。人材育成は子育てと一緒であり，一度やりますといったことはどんなことがあっても最後までやり抜く躾から始まるといえるだろう。

第 8 章

コンピテンシー評価をベースにした新たな加点主義人事制度

1　コンピテンシーをベースに新たな人事制度の構築

　一般企業は今，実力・成果主義時代の真っただ中にある。実力を評価するには，コンピテンシー評価が必要である。コンピテンシーは，今や，採用，目標管理，評価，育成，役職登用，配置，人事異動，賃金の基準として活用されている。コンピテンシーは実証的能力といわれるように，目に見える行動で表されており曖昧さがない。能力主義人事は「できる，知っている」の将来の可能性に視点を置くが，実力は「今，何をしたか」の時価主義であり，組織への貢献度，利益を追求する。

　人を採用する段階から高成果実現行動特性を有する成功確率の高い人材を選ぶことは大変望ましいことである。近年の採用市場は，学生側にとっては氷河期といわれている。まずは，どこからか内定通知を獲得しなければならない。採用においても，コンピテンシー評価で厳しく選別するところが増えてきた。

　コンピテンシーはわかりやすく，曖昧さがない。能力開発，行動改善の行動基準として，まずコンピテンシー評価を使ってみよう。

(1)　コンピテンシーとは結果に表れた顕在能力

　今なぜ，コンピテンシーなのか。最近，わかってきたことは，どんなに専門知識や技術を持っていても，また高い学問や教養を積んでいても，それが必ずしも成果として表れない人もいることである。つまり，頭の良さ，悪さは仕事の結果と強い相関関係はないということがわかってきた。よい仕事をするためには，仕事の基本的知識や技術は当然に必要である。しかし，それだけでは成果や結果を得ることはできない。大切なのは，仕事に取り組むマインドや，最後までがんばる使命感，仕事に取り組む執務態度である。

　行動を変えれば，人は誰でもチャンスをつかむことができる。「1つの物事を成し遂げるときに，全体を100と考えると計画はたったの1で，残りの99は努力と汗の行動で決まる」という言葉がある。この言葉は，仕事の成果を導き出すためのプロセス行動の大切さを表現している。

いつもよい結果を出す人は，コンピテンシースキルを持っている。コンピテンシースキルは高成果に直結する目に見える行動であり，また人が真似をすることができる行動特性に限られる。人が真似をすることができないその人だけの得意技は，コンピテンシーとはいわない。コンピテンシーは，行動に表れた顕在能力である。2人に同じ仕事を与えても，その中身や結果はまったく違ったものとなる。コンピテンシーの違いがあるからである。しゃべり方や，話すときの顔の表情，身振り，手振りなどの表情がとても豊かな人もいるし，まったく無表情の人もいる。また，同じ商談をしていても，明るく感じのいい人と暗い感じの人がいる。商談の結果はいうまでもない。2人のコンピテンシーの違いが結果として仕事に表れる。

もうおわかりのように，コンピテンシーでは行動に表れない潜在能力は対象にはしない。コンピテンシーは，目で観察できる結果に結びつく行動のみを取り上げることが留意点である。

(2) コンピテンシーとは再現性のある行動

ある社員が優秀な人材であるか否かの判定は，成果とプロセスとの関係を観察すれば明らかになる。プロセスのコンピテンシーがしっかりとしていないと，成果を出すことはできない。「あの人は素敵だね」，「よい仕事をしている」と評価されている人に対し，「その行動を盗もう」，「私もああなりたい」という強い思いを持つ人は，どんな苦難があっても諦めないで最後までがんばる強いコンピテンシーを持っている。このコンピテンシーがエネルギーになって，よい成果を生み出す。また，そういう思いがコンピテンシーとして表れる。

このように，コンピテンシーとは優秀者の行動であり，その力はいつも安定して，継続的な成果に表現されている。線香花火的な一瞬的な成果行動は，コンピテンシーとはいわない。たまたまうまくいったという行動ではなく，誰でもその行動をとることによって成果を確実に獲得できる行動をコンピテンシーという。また，その成果行動は今後2，3年先の成果にも結びつく行動である。

ここで，大切なことは，成果を生み出すプロセス行動は，企業文化によって

異なることである。ある会社ではコンピテンシーとして評価される行動でも，会社が変われば，コンピテンシーとして認定されない行動もある。会社としては，成果を生み出す行動（コンピテンシー）を明らかにした上で，その行動に優先番号をつけていく。こうして業績に直決する重要度の高い行動を明らかにして，全社員がこのコンピテンシーモデルを参考に行動改善を行うことによって，期待の成果を獲得することができる。

このコンピテンシーの考え方は，経営方針や部課の成果目標の達成にも非常に有効である。たとえば，売上高30億円を2億円アップ，経常利益27％を30％にするなどの経営方針が示されれば，営業部員をはじめ，社員全員は，どんな行動をとれば目標を達成することができるのか，業績に直結する一番ベストな行動をそれぞれ考える。そして，統一行動を起こす。業績は，社員一人ひとりの自立意識と行動から生まれる。

人間はさまざまなスキルを持っている。このうち，たとえば，「言葉遣い，話し方にメリハリがあり，明るく話す。いつもいい感じの笑顔を絶やさない」などのスキルは，本人の意識とある程度のトレーニングによって身につけることができる。しかし，そのようなスキルを持っているだけでは，コンピテンシーにはならない。

また，コンピテンシースキルを持っていても，組織の求めるものとずれてくる場合もある。これは，思考特性と行動特性のズレである。頭ではこうしなければならないということがわかっていても，実際の行動がとれない状態になっているのである。

(3) コンピテンシーによる人材の育成

コンピテンシーは企業文化の違いによって異なったものとなるが，社内の優秀人材にインタビューを行い，浮き彫りにしていくことが，コンピテンシー作成のスタートである。ある会社の人事賃金改革プロジェクトメンバーに，自社のあるべきマネジャー像について聞いてみた。その結果，優秀人材を集約すると，「相手をワクワクさせるような夢を語れる人，リーダーであればビジョン

を明確にでき，それを語れる人，将来に夢を描き，引っぱっていける人」となった。企業にはそれぞれ，コンピテンシー導入にあたっての作成意図がある。

＜ケース1　若手を早くマネジャーに育てたい。マネジメントスキルを身につけさせたい＞

この会社は，社員の平均年齢が若く，社長の経営政策や意図を部下，後輩にしっかりと伝えたり指導することができるマネジャーがいないことに社長は頭を悩ませていた。そこで，社長は管理監督者の人材育成を最大の経営課題として取り上げ，コンピテンシー評価を作成，導入することにした。

＜ケース2　技術者としての専門スキルを早期に身につけさせたい＞

技術者としての技術習得や問題解決はどうあるべきかを具体的に示し，1人でも多くそして1日も早く，専門スキルを身につけた技術者を育成したい。

　　例示1　（ケース1）マネジメントスキルのコンピテンシー

（概　　要）　マネジメントスキル
（作成意図）　職員の平均年齢が若く，まだまだ部下・後輩をしっかり指導したり，社長の意図を上手に伝えたりできるリーダーが少ない。そこで弱点補強に特化して作成した。
（部下・後輩の指導育成）
　①　褒める
　　・部下・後輩が期待以上の成果を出した（心からそう思う）場合は，全員の前で褒めるようにしている。
　②　叱る
　　・部下・後輩が過ちを犯した場合，感情的に怒るのではなく成長を願って注意している。
　　・報連相の重要性を強調するだけではなく，これを守らない部下・後輩を厳しく叱っている。
　③　話し合う
　　・能力向上のための話合いを月1回以上もっている。

・部下・後輩が建設的な疑問を抱えてやってくるときは，そのタイミングを逃さず個別に話し合っている。
・研修会やセミナー等，必要なものが受講できるように計画して，部下・後輩と話している。
④ 指導のコツ
・部下の強み，弱みを見極めて，本人に適した方法で指導している。
・ピント外れの行動を防ぐために，あらかじめ方向性を定めている。

例示2（ケース2） 技術者の専門スキルのコンピテンシー

（概　　要）　技術者の専門スキル
（作成意図）　技術者としての技術習得や問題解決のあるべき姿が具体的に表現されている。
（革新技術の習得）
・世の中の動向をつかむために，『日本経済新聞』，『日経ビジネス』，『週刊ダイヤモンド』，『週刊東洋経済』などのうち，1つ以上読んでいる。
・最新の技術を取り入れるため，『トランジスタ技術』，『日経エレクトロニクス』，学会論文誌などのうち，1誌以上読んでいる。
・本，雑誌，新聞など直接関係ない書物を読むとき，その中から現在ではなく，将来自分が使う技術などを見つけるつもりで読んでいる。
・3ヶ月に一度は社外の技術セミナーに参加し，最新の技術や情報などを社内で提案している。
etc.

　優秀社員への第一歩は，優秀社員の行動を真似ることである。優秀社員といわれる人の行動を真似ることから，知識や技術が磨かれていく。実は彼や彼女が優秀であるか否かの評価は，求められる成果を出しているかどうかにある。しかし，自社で優秀と認めても社会人として優秀であるかどうかの見極めも大切である。成果を出すためには手段を選ばずでは，社会の承認は得られない。人間関係が希薄な現在だからこそ，労働観，モラル，人の機微の理解，社会性，

人間性，優しさ等のクラスター（評価項目）は非常に大切であり，自社の成果だけで優秀者とは決められない。

職業人として，社会人として，そして人間として，キャリアの充実にはコンピテンシーが役立つ。自社ではどのような人材が求められているのか，自社で業績を出し続ける優秀といわれる人たちのコンピテンシーを知っておくことは自分の将来のキャリア形成においても大変役に立つことと思う。特に20代，30代は将来を見つめて，充実したキャリアを目指す大切な時期である。この時期の能力開発が，キャリアアンカーを決める。

① 私は何を専門にするのか
② そのために私は，いつまでにどのような努力をするのか
③ 私はどのような成果を出さなければならないのか
④ そのような成果を出すためには，私はどのような知識や技術を身につけなければならないのか
⑤ 私と優秀者を比較したとき，私に足らないものは何か。その差をどう埋めていくのか

など，20代，30代でしっかりと将来のキャリアプランを決め，よいスタートを切りたい。

(4) 実力とは何か，核になるコンピテンシー

実力とは何か，この問いに答えるには，まず，能力とは何かを明らかにしなければならないだろう。実力や成果という言葉は，能力主義人事の上に成り立つからである。能力主義は，職能資格等級制度により具現化される。能力を明確化する「職能資格等級制度」では，まず縦軸に知識，技術，経験，意思，適性，また体力，気力などの各能力がグルーピングされる。次に，横軸に職種を設定する。こうして横軸に職種の違い，縦軸に能力，習熟の区分を作り，これを基盤にして人材を評価，育成，活用，処遇をするシステムを，能力主義人事（職能資格等級制度）といっている。この職能資格制度のことを，別名で「等級基準」ともいう。この職能資格等級制度を基本軸にして，各職員の能力と適

性に応じて能力開発人事を展開する。

　以上の能力主義人事は、「人」を主人公にした日本的人事制度である。日本的人事制度は、「人間基準」ともいわれるが、その特徴は能力開発制度である。これに対して、アメリカやヨーロッパの人事管理は、「仕事基準」の格差と競争、成果主義人事である。したがって、人材育成の考え方は極めて希薄である。「仕事」が主人公であり、今やっている仕事の価値を大切にし、実力がものをいう世界である。実力は、どのようなよい結果を出したのかを見るアウトプット論、能力は、わが社の期待像に対してどのくらいの能力を蓄積したかを見るインプット論である。ここでいう能力とは、仕事ができるか否かを決める職務遂行に限定した能力である。

　しかし、高い専門知識や技術を持っている人が必ずしも高い業績を上げているわけではない。どんなに能力があっても、実際に仕事に使わなければ、何も前進しない。意欲や体力、使命感も、よい仕事をやるためには非常に大切である。そのほか、組織と調和していく人間関係づくりなどの能力、すなわち、広義の能力が大変重要である。この意欲や体力などの能力は職務遂行能力を生かす能力であり、この能力がコンピテンシーである。

　コンピテンシーで大切なことは、その行動は成果につながるのか、つながらないのかの分析である。コンピテンシーの視点は成果に直結する行動に絞っており、成果に結びつかない行動はコンピテンシーとしては見ない。知識が現実場面で生かされない場合は、「現実場面で知識を行動に結びつけるコンピテンシーに問題がある」という評価になる。能力は過去の蓄積能力であり、コンピテンシーは現在の実力評価の物差しである。

　そのため、コンピテンシーは、高い成果を継続して上げているハイパフォーマーの具体的行動に注目する。このハイパフォーマーが仕事をする上で何を考えて、どこにポイントを置いて行動をしているのかを分析して抽出した行動特性が、コンピテンシーモデルである。コンピテンシーモデルを確立するためには、ハイパフォーマーにインタビューし、成果に結びついた行動だけを思い出してもらう。「どうやったのか」と過去形で聞き出し、行動事実を集めていく。

あまり昔のことを聞き出しても意味はないので，過去1年間ぐらいを振り返ってもらい，最も高い成果を上げた行動を洗い出していく。このように苦労して作成したコンピテンシーモデルを，能力開発，採用，昇進，昇格，異動配置，賃金処遇など，役割・実力・成果主義人事賃金の基準として活用する。

コンピテンシー評価により，自社の人材力（強み，弱みなど）を把握することができ，またこれからの自社の人材育成，活用，賃金処遇戦略などの方向性や問題点を浮き彫りにすることができる。大切なことは，コンピテンシー評価の実施によって明らかになった数多くの経営課題の解決に即応できるか否かであり，コンピテンシー評価も手段，方法に過ぎないものと認識することである。

2 組織活力アップの指標

(1) 戦略を推進するバランススコアカード

最近，どこに行っても戦略目標はバランススコアカードで作成するのが当たり前になっている。バランススコアカードは，企業成長の視点を①財務，②顧客，③業務プロセス，④人材育成の4つに絞り，戦略目標を展開する。

4つの視点から目標を策定するメリットは，企業が継続的に発展していくためには4つの視点が均衡をとりながら成長していくことが必要だからである。短期的一過性的成長を目指すのであれば，一点集中主義で努力をすれば達成することができるかもしれない。しかし，その他の視点の足腰が弱ったままでは，業績は長続きはしない。一般企業の例でいえば，経理，人事，営業，生産，コンピュータ室，企画などが一堂に会し侃々諤々の議論をすることによって，相互に補完し合いながら今期目標を策定する。今までも，目標が決まれば必然的に予算が編成され，組織の見直し，業務の見直しをバランススコアカードの4つの視点から行うことによって，全体的視点から気づかなかった問題点や課題を見つけだすことができたはずである。

■3　仕事ができる人材のコンピテンシー

(1)　コンピテンシー評価基準の概念

コンピテンシーを翻訳すると，高成果実現行動特性（仕事ができる人の行動特性）となる。かつて筆者が所属していた日本賃金研究センターでは，「身につけている知識やスキルを最適に発揮し，人，物，金，時間そして情報の5資源を有効に活用し，高い成果を恒常的に実現できる行動特性」と定義づけをした。

コンピテンシーは，1970年代アメリカ国防省の外交官の選抜試験に使ったことに始まるといわれている。最優秀者として採用した外交官であるのに，成果を出す者と出せない者がいた。この原因を調査したのが，ハーバード大学の心理学者，ディビット・C・マクレランド教授であった。マクレランド教授は，学力とは無関係にハイパフォーマーに見られる思考と行動に着目した。これがコンピテンシーの始まりといわれている。

コンピテンシーを分析してみると，3構造からできている。まず，根の部分と幹の部分，そして枝の部分である。根のコンピテンシーを，ベーシックコンピテンシー，マザーコンピテンシー（しっかりと根を張るコンピテンシー）などと呼んでいる。このコンピテンシーは，水面下にある目に見えにくいもの，性格，素質など動機づけを構成するコンピテンシーで，個人の特性を決める。個人の態度や価値観，自我を決めるのも，この根コンピテンシーである。

一方，水面から上には，目に見えやすい知識やスキルなど能力を構成する幹になるコンピテンシーがある。この幹コンピテンシーは，社員共通に求められるコンピテンシーで，コアコンピテンシーともいわれている。知識，技術に関連した幹コンピテンシーは，成果を出す基本的な力となる。社員としてたくましく成長して，伸びていくためには，社員共通に求められるコンピテンシーを身につけていなければならない。

最後の枝コンピテンシーは，ファンクショナルコンピテンシー，リーダーシップコンピテンシーなどともいわれている。このコンピテンシーは，職種別

競争力を生み出す専門性の高いコンピテンシーであり、しっかりと花を咲かせ果実をつけるために必要である。

さて、コンピテンシーモデルの作成は、高成果実現行動特性を持つ者からインタビュー方式によってクラスター（評価項目）とディクショナリー（評価項目別行動短文）の2つを抽出して作成するのが一般的である。コンピテンシーは、職種や職階の違いにより、クラスターやディクショナリーも異なったものとなる。

(2) コンピテンシーモデルの作成

コンピテンシーモデル作成のポイントは、以下のとおりである。
① コンピテンシーは行動についての詳細な記述が必要である。
② 解釈の違いが生じない特定した行動を記述する。形容詞を使った表現は避ける。
③ 日常言語を使用し平易な文章で記述する。
④ コンピテンシーは行動事実で記述する。判断が不明確な記述は避け、目で見える行動で記述する。

コンピテンシーモデルの作成ポイントは、「行動そのもの」の抽出である。抽出する行動は、成果に結びつく行動に絞ることが大切である。

(3) 仕事ができる人の条件

人間は何かを求め続けないと能力は止まってしまう。まさにコンピテンシーとは高成果実現行動特性といわれるように、この行動をとれば確実に高い成果が獲得できる行動特性を明確化したディクショナリーである。

コンピテンシー評価において、成果に結びつく行動特性の中身を見てみると次のようなことがわかる。成果を上げ続けている人は変化対応能力を持っている。変化に柔軟に対応できる人たちは、単に仕事ができるだけではなく、環境適応能力やその場を理解する状況判断能力にも優れている人が多い。

どんなに専門知識や技術が優れていても、必ずしも顧客満足を得られる人た

ちだけではない。コンピテンシーとは今までの,「……ができる」,「……を知っている」ではなく,「……をしている」といった実証的行動特性であり,また,コンピテンシーとは優秀者の再現性のある行動特性であり,この行動をとれば必ず業績に結びつく行動でなければコンピテンシーとはいえない。

　よい仕事をする人は,志とロマンを持って努力している。また,そういう努力ができる人たちは,気力,体力も充実している。そして,常に,人間性,社会性,使命感などのコンピテンシーを意識して行動をしている。このような素敵な人たちは,単に仕事ができるだけではなく,人間としても魅力的である。

4　求める人材をコンピテンシーで明示

　実力像といわれるコンピテンシーの「能力」は,職能資格等級制度の「能力」とは一線を画している。コンピテンシーは成果行動である。時代には時代に見合った仕事のやり方があり,社会のニーズもある。

　それではこれらのニーズを受けとめたコンピテンシーの抽出は,いったいどのように行うのだろうか。それは,実際のハイパフォーマー（高成果実現行動特性保有者）にインタビューし,成功事例を聞き出すことから始める。筆者がインタビューに立ち会って強く感じたことがある。それは,彼ら彼女らは,仕事に従事するときに,上司からいわれたことをただそのままやるのではなく,いつも問題意識を持って,もっといいやり方はないかと自分なりに創意工夫をしている。それで,成功するとさらに新しい創意工夫を加える。こうした循環をうまく回している。

　一方,普通の成果しか上げられない人は,上司からいわれたこと,引継ぎを受けたことを,何の疑問を持たずに,そのとおりにやっている。コンピテンシーの抽出は,こうした違いを明文化することにある。

5 コンピテンシーの活用と限界

コンピテンシーのメリットを挙げると，次のとおりである。
① 行動特性は目で見える形で表現されているため，非常にわかりやすい。曖昧さがなく，評価者のレベルを合わせやすい。
② クラスター（評価項目）別に具体的にフィードバックができるため，能力開発に非常に有効である。
③ 経営理念や戦略をコンピテンシーモデルとして明示できるため，何を，いつ，どうすればよいのかが明確になり，全員一致の行動をとることができる。
④ 理想的な社員像を具現化することができる。また，職種別，職階別コンピテンシーに合わせて，管理者登用（昇進）昇格等，適材適所配置，および能力開発，行動改善の材料として活用することができる。

一方，コンピテンシーの限界もある。気づいた点を挙げてみると，次のとおりである。
① コンピテンシーはハイパフォーマーをインタビューして作成するため，ハイパフォーマーがいない場合は作文をしなければならない。そのため，せっかく作成したコンピテンシーが業績に結びつくとは限らない。
② 仕事はめまぐるしく変わる。それに合わせてコンピテンシーの見直し作業を随時行わなければならない。
③ コンピテンシーは行動特性の一つひとつについて評価をしなければならない。大変な作業である。
④ 職種，職階間のレベル合わせが難しい。ある程度の割り切りが必要である。
⑤ 新しい職種や対象者が少ない職種は精度が低い。

以上，大切なことは，このコンピテンシーを活用して業績を上げることが最終目的である。まずは，コンピテンシーモデルを基準にして，自分を変える挑戦をすることだ。管理者は変わらなければならない。変わらなければ，部下は

決して変わらない。まず，他人を見る前に自分の姿を見てみよう。

6　今，なぜコンピテンシー評価なのか

　今，コンピテンシーが注目されている。社会性や人間性，使命感がとても大切な時代になっている。企業倫理や企業の社会性という意識が希薄で，手段や方法を選ばずに，ただ，ひたすらに自社の利益獲得にのみ動いてきた企業も多い。社内には，上から与えられた仕事をひたすら遂行するだけで，仕事のやり方や進め方などについては，何の疑問も持たずに動いてきた社員が多い。また，最近では，働くことや努力をすること，勉強すること，また，1つのことを最後までやり尽くすことができない意欲や忍耐力に欠ける若者の行動が大きな社会問題になっている。

　社会性，人間性，使命感などはよい仕事をやる人たちの根である。この根がしっかりとしていない人は，どんな仕事をやらせても，また，いくら教育や指導をしても幹が育たない。樹木は根がしっかりと大地を張っているからこそ，水分や養分を存分に吸い取り，幹は大きく太る。よい仕事をやるためには，まず根コンピテンシーをしっかり固めなければならない。根は力なりである。

　根ができたら次は幹を太らせる。規律性，責任性，協調性，積極性，状況判断力，コミュニケーション力などは，職種には関係なく社員共通に求められる幹コンピテンシーである。根コンは社会人として必要なコンピテンシーであり，幹コンは職業人として立派になるためのコンピテンシーといえよう。

　最後は，専門知識や革新力，組織力（リーダーシップ）等のコンピテンシーである。このコンピテンシーは，職種別競争力を身につけるための枝コンピテンシーといわれている。従来の経営は，この専門スキルにウエイトを置き過ぎていたように思う。誰が見てもすごい知識や技術を持っているのに成果を出せない人がたくさんいる。いうまでもなく，根や幹が欠落しているからだ。

　コンピテンシー評価と人事考課の関係やその違いの問い合わせが最近よくある。コンピテンシーは，高成果実現行動そのものである。これに対して，人事

考課は企業が期待する職能と人材像に対する達成度評価（成績考課），充足度評価（能力考課），遵守度評価（情意考課）であり，組織人として能力があり立派と評価されても，必ずしも高成果を出せない人たちもたくさんいる。コンピテンシー評価と人事考課は，はっきりと一線を画したものである。

さて，コンピテンシーは一般的な能力ではない。必ず業績に結びつく，また再現性のある行動特性でなければならない。今日が優秀であっても，明日もまた優秀でなければ，コンピテンシーを持った人材とはいえない。また，優秀であるか否かは，企業文化によっても異なった判断になる。

さて，コンピテンシー概念を一言で定義すれば「組織の中で求められる成果を継続して生み出すために必要な高成果実現行動特性」または，「身につけている知識やスキルを最適に発揮し，人，物，金，時間，情報の5つの資源を有効に活用し，高い成果を恒常的に実現できる行動特性」と説明することができる。成果を継続して出していくためには，プロセスとしてのコンピテンシーがしっかりしていなければならない。コンピテンシーモデルの構造は，次のとおりである。

```
                    「実力像」＝コンピテンシーモデル
                   ┌─ 根コン…（ベーシック～社会人として必要なもの）
「高成果実現行動特性」├─ 幹コン…（コア～職責共通に求められるもの）（知識・技能）
（高成果者の行動分析抽出）└─ 枝コン…（ファンクショナル～専門性の高いもの）
                              （職種別競争力）
```

■7　自社のコア・コンピタンスは何か？

①　自社の核となる強さとは何か？

顧客が自社を選択するメリットは何か。自社のコア・コンピタンスを，自信を持って説明できるだろうか。たとえば，他社にはない専門性の高いきめ細かいサービスを提供している，高度な専門性，最新の知識・技術を提供できるなどである。

②　社員満足のコア・コンピタンスとは何か？

では，社員満足のコア・コンピタンスは何か。たとえば，「職場環境がよい」，「昇進基準が公開され公募制度によって実力のある管理者が選抜されている」，「昇格審査が自己推薦によって絶対基準で決められている」，「配置は人事異動基準によって行われ，5年以上同一部署に在籍する者は全員人事異動対象者としてリストアップされ，かつJOBリクエスト制，FA制度で自己申告できる」，「賃金についてはモデル賃金表，モデル退職金制度が公開されており，各社員は何をどう努力をすれば高い賃金がもらえるのかが明確化されている」，「教育訓練については年間スケジュールが公開されており，昇進，昇格のための必修科目および自己啓発援助制度のメニューが公開されている」などである。

③　自社の差別化のためのコア・コンピタンスは何か？

自社が他社との競合において差別化するための絶対的優位性は何か。たとえば，専門的知識，専門技術等の集中性，顧客へのサービス，コスト力などである。

④　コンピテンシーは顕在化した行動のみを対象として評価する

どんなに高い価値，知識，スキルを持っていても，行動に現れない限り，評価の対象とはしないのがコンピテンシー評価である。コンピテンシーモデルの作成の核は，社内の優秀社員像である。優秀社員像は，現在の優秀社員像とこれからの優秀社員像との2通りをミックスして作成することになる。

■8　コンピテンシーモデル作成の実際

人材群別の高成果実現者を選び出し，一般的にはインタビューにより，行動特性を抽出することになる。インタビューの方法としては，

①　プロジェクトにおいて社内で面接者を養成する
②　外部の専門家（コンサルタント会社）へ依頼する
③　外部の専門家と社内スタッフのプロジェクトチームで行う

という3つのやり方がある。

また，行動特性の洗い出しにあたっては，
① 行動観察方式
② 役員・管理職を対象にした面接方式
③ 有識者プロジェクト委員会によるコンピテンシーの抽出作業
④ 職能・役割要件書活用方式

の4つの方法があるが，定石どおりにやるコンピテンシークラスター，ディクショナリーの抽出作業には，簡便インタビュー法と標準インタビュー法の2通りのやり方がある。

簡便法によるインタビューの内容を例示すると，次のとおりである。
① あなたは，役割遂行において，どんなことが重要だと思いますか。
② 成果達成を目標に，あなたは具体的にどのような取組みで仕事を進めていますか。
③ あなたが普段から心がけていることは，どんなことですか。
④ 成果達成のためには，どのような条件設定や環境整備が必要と思いますか。

標準法の場合のインタビュー内容を例示すると，次のとおりである。
① あなたの業務において求められている成果は何ですか。なるべく具体的に，複数の回答をしてください。
② 成果達成のために，普段どのような心構えで仕事に取り組んでいますか。
③ 成果達成の成功事例として記憶に残るものはどんなことですか。(状況／環境／人員／援助など)
　最も有効だった知識・技能などを教えてください。
④ 失敗もしくは問題の残った事例として記憶に残るものはどんなことですか。その原因はどんなことでしたか。これからも同じような問題は起きる可能性はありますか。具体的にどのように対処しましたか。同じようなことが起きないように普段から気をつけたり心がけていることはありますか。
⑤ 成果達成のためにあなたが最も重要と思うことは，次のうちどれですか。
　　知識・技能

情報収集・分析
　　　意欲・気力・体力
　　　企画計画力
　　　リーダーシップ
　　　人間関係
　　　他部門との調整
　　　経験
⑥　ストレスがたまったり気力がなえてしまうようなときに，あなたが心がけていることはどんなことですか。

以上から，ハイパフォーマーのインタビューによるコンピテンシーの洗い出し作業をステップで整理してみると次のとおりである。

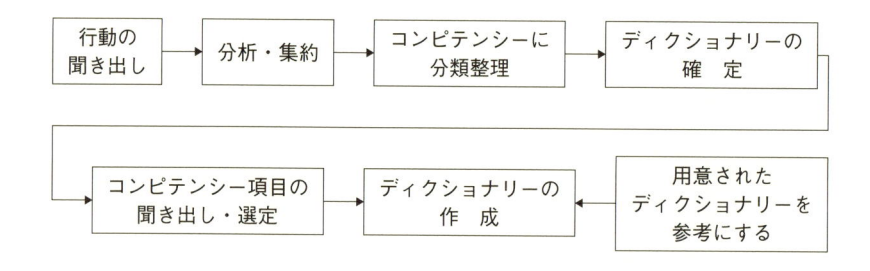

行動の聞き出し → 分析・集約 → コンピテンシーに分類整理 → ディクショナリーの確定

コンピテンシー項目の聞き出し・選定 → ディクショナリーの作成 → 用意されたディクショナリーを参考にする

■9　コンピテンシーモデルで取り上げる「成果」とは

　コンピテンシーモデルは，一般的に３構造（根コン，幹コン，枝コン）によって組み立てる。しかし，３構造にとらわれることなく，純粋に成果に直結する行動だけを洗い出せばよいという考え方もある。そのためには，自社の「成果」を明確にしなければならない。コンピテンシー＝成果であるから，「成果」とは何か，組織内のコンセンサスをきちんと得ておかなければならない。「成果」の概念は，会社の成果から個人レベルの成果まで，順番を追って，明確にしておくことが大切である。

10　コンピテンシーモデルの3構造

　コンピテンシーモデルの3構造のうち，根コンピテンシーと幹コンピテンシーは，職務あるいは職種の違いには，あまり影響されないコンピテンシーである。最後の枝コンピテンシーは，職種，職務の特性が顕在化するコンピテンシーである。

　それでは次に，ハイパフォーマーの選抜方法を考えてみよう。コンピテンシーモデルを作成するためには，「成果」を明確にしてその成果を継続的に生み出しているハイパフォーマーを選抜することから始まる。ハイパフォーマーは，将来的にもハイパフォーマーでなければならない。実力がある者は継続して「成果」を生み出す。

　ハイパフォーマーはコンピテンシーの信頼性を考えると，1職種少なくとも3名程度，できれば5～6名程度は選抜したい。選抜基準は，成果を上げ続けている人，過去3年くらいの人事考課結果が優秀であり，組織のミッションや情意考課の行動基準に合致する人である。

11　コンピテンシーの洗い出し方法

　いよいよ，コンピテンシーディクショナリー（高成果実現行動特性）の洗い出しである。ディクショナリーの洗い出しには，おおむね次の4つのやり方がある。

　①　行動結果面接方式…ハイパフォーマーにインタビューをして，成功体験を聞き出していく。
　②　行動観察方式…ハイパフォーマーに密着して成果行動をアセッサーが観察，行動内容を抽出していく。
　③　他企業のコンピテンシーモデルを準用する方式…他企業のモデルを参考にして，わが企業の期待像を加え一部修正して活用する。
　④　職務調査（職能要件書）資料活用方式…職能要件書をコンピテンシー評

価基準へ置き変える。すなわち，職能要件書の習熟要件に情景，背景を盛り込みリアルに表現し，現在進行形の「……をしている」のコンピテンシーを実証的表現に置き換える。

以上，インタビュー，行動観察方式は正攻法の作業であるが，それ相当の手間と時間，費用がかかる。行動観察方式もインタビュー方式と同様に，「成果をアウトプットする行動」の見方ができなければ，コンピテンシーを洗い出すことはできない。コンピテンシーアセッサー（専門家）を養成することが必要になる。とすると，これらの方式は時間と費用がかかり，多くの企業にとって現実的対応ではない。したがって，残りの選択は，③の他社モデルの準用か，④の職務調査資料活用方式のどちらかということになる。

12　コンピテンシーモデルの種類

コンピテンシーモデル策定のスタートは，コンピテンシーモデルの種類を何種作成するかの決定である。全職種を対象に作成をするのか，ある職種に絞るかの判断が必要である。職種別，職階別に作業を進めるのが基本パターンである。事務職でも，人事職種と経理職種，また営業事務職種のコンピテンシーは，皆異なるからである。また，スタッフと係長，課長のコンピテンシーも違う。

しかし，コンピテンシーを全社員に意識させたいとか，コンピテンシーの本格的導入はもう少し先にしたいと考えるのであれば，一般社員クラス，係長クラス，課長クラス，部長クラスといった職階別共通コンピテンシーから導入するのも1つの方法である。また，営業職や事務職などのように，重点職種を決めて導入する方法もある。これは，企業政策で決めることである。作成する職種（ターゲット）が決まったら，いよいよ本番のコンピテンシーの洗い出し作業に入る。

13　コンピテンシーの抽出作業

(1)　面接方式，行動観察方式

　ハイパフォーマーのコンピテンシーの抽出は，面接方式，観察方式，他企業のモデル修正活用方式，職能要件書の置き換え方式のいずれかの方式を選択し，ハイパフォーマーが実際に発揮し続けている能力（高成果実現行動特性）を洗い出していく。

　面接方式では，その仕事を遂行するのに，①実際にどう考えて，②どう行動したのか，③その結果，どういう状況になったのか，などをこと細かく聞き出していく。最も問題となるのは，ハイパフォーマーの選抜である。ハイパフォーマーとは現在だけではなく，将来的にも優秀でなければならない。本当に優秀な人は継続的に業績を上げ続けている人である。

　したがって，あるべき姿のハイパフォーマーが実在しない場合は，想定してハイパフォーマーのコンピテンシーディクショナリーを策定することになる。このように苦心して洗い出したコンピテンシーも「あるべき姿」を作文したものであるために，どんなにモデルに忠実に行動しても一向に成果を生み出すことができない状況もある。また，仮にハイパフォーマーが存在していても，将来対応が弱い場合は，どうしても将来の行動は作文になり，しっかりとしたコンピテンシーの抽出ができない。

　一方，行動観察方式は，ハイパフォーマーに密着して業績に結びつく行動を見つけ出し，類似行動をクラスター（評価項目）ごとにまとめていく。コンピテンシーアセッサーの専門家を養成しないと対応は難しい。理論的には，観察項目を事前に決めて，業績優秀者と業績低迷者との行動の違いを詳細に分析をしていく。相当に訓練し熟達した観察眼を持ったアセッサーを少なくとも５～６名程度養成しておかないと，これらの方式は採用できない。インタビューによる面接方式およびアセッサーの観察による行動観察方式の２つよりもう少し簡便な方法としては，次のようなやり方もある。

① **役員,管理職を対象にした面接方式**

役員や管理職は,かつては優秀なハイパフォーマーであった。これらのハイパフォーマーには,①今まで高成果を上げるために,どのような行動をとってきたのか,②どういう行動が高成果に結びついたのかなど,過去を振り返りながら,一つひとつ思い出してもらい高成果の行動を探っていく。

② **有識者プロジェクト委員会によるコンピテンシー抽出作業**

プロジェクト委員会抽出方式の留意点は,有識者メンバーの選出基準である。常に全社的見地に立って,会社の将来を考えて判断できる人を選ばなければならない。自部門の利益や自分にとっての損得しか考えない人は適任ではない。一般的にいえば,公平で客観的な物の見方や分析ができ,バランス感覚を持った人である。具体的には役員クラス,上級管理職(部課長)クラス,労組の役職者,その他,要職を経験した人や外部のコンサルタント,また,事務局(人事の部課長)のメンバーである。これらのメンバーで当社の経営理念や戦略,方針などに基づき「あるべき人材像」を描き出し,その人材が業績を上げるためにとるべき成果行動をブレーンストーミングで描き出していく。

③ **職能要件書活用方式**

職務調査のアウトプットである職能要件書を活用し,ディクショナリーを作成する。職能要件書には職務に直結して,必要とする能力が明記されている。能力考課は,目で見える顕在化した能力から行うのが原則である。これに対してコンピテンシー評価では,業績や成果に直結した顕在能力(顕在化した行動)に絞り,評価を行う。

職能要件書の課題を挙げれば,顕在化された能力とどれだけマッチングするかである。職能要件書ができたら,職務調査プロジェクト委員で職能要件書の習熟要件,修得要件をコンピテンシースタイルに置き換える作業(修正)を行う。この場合の留意点は,理想論の作文にならないように留意することである。

(2) **コンピテンシー,ディクショナリーの整理**

コンピテンシー行動特性(ディクショナリー)の洗い出しができたら,次に

クラスター（評価項目）別にまとめなければならない。まとめにあたっての留意点は，類似の職務行動の流れを大切にして整理をしていくことである。

たとえば，「明日の役員会資料の作成において，ただ，今期のデータ資料を作るだけではなく，過去3年間に遡り，対同期比の伸び率や額の背景ポイントを整理しており，各役員からの多岐にわたる質問にも，うろたえることなく的確に答えている」。これは「思考のコンピテンシー」で，クラスターは「情報分析力」となる。このように，行動特性の流れとそのポイントをつかんでクラスター名をつけていくことが肝要である。

留意点は，同質のコンピテンシークラスターを複数設定しないことである。ディクショナリーの数は，1つのクラスターに対して5つ程度が望ましい。コンピテンシーディクショナリーの選択整理の留意点は，迷ったらカットすることを原則とすることである。

(3) 面接（インタビュー）の留意点

インタビューには，やり方がある。コンピテンシーを導入してもなかなか成果に結びつかない場合は，コンピテンシーの抽出がうまくいっていないことを意味している。インタビューで真実を聞き出すことができるかが問題である。インタビューにあたっての留意点は，以下のとおりである。

「仕事をするときに，あなたが一番大切に考えていることは何か，そして，現実にどのように行動をしたのか，その結果はどうなったのか」と問いかけ，成功体験を時系列的に一つひとつ思い出してもらう。どのように考えたのかの思考特性と，どのように動いたのかの行動特性に分けて聞き取りをしていく。その行動は自分が考えた能動的な行動なのか，それとも上司や先輩からのアドバイスによる受動的な行動なのかを見分けることが大切である。また，実際に抽出した職務行動がコンピテンシー行動であるか否かの確認も大切である。

これができたら，次に行うのがコンピテンシー，ディクショナリーの選別である。ディクショナリーが固まったら次に同種類のディクショナリーを集約してクラスター名をつける。

(4) その他のコンピテンシー抽出作業

行動観察方式では思考行動特性は把握できないが，成功体験行動については，結果観察から確認把握することができる。その他，役員，管理者を対象にした面接方式は，過去のハイパフォーマーである役員，管理者からインタビューで過去の成功体験を一つひとつ聞き出していく。有識者プロジェクト委員会によるコンピテンシー抽出作業，職能要件書活用方式による作業方法は，先に述べたとおりであるのでここでは割愛する。

(5) 職能とコンピテンシーの違い

さて，職能とコンピテンシーにはどんな違いがあるのだろうか。図表8-2を見ていただきたい。

① 職務との関係

まず，「職能と職務との関係」では，能力主義の職能は「……ができる」，「……を知っている」という形で表現される。実際には職能資格レベルの仕事をやっていなくても，職能資格レベルの職務遂行能力を持っていれば能力ありと評価される。もし，能力主義で賃金を支払う場合は，実際に遂行している仕事の価値とは乖離した賃金支払いとなる可能性もある。能力は高くても実際の仕事のレベルは低いといった能力と仕事のギャップが問題となる。逆に職能資格以上の高いレベルの仕事に従事する場合は経営のメリットも大きく，また，担当者にとっては，能力開発のターゲットを獲得するメリットを得る。

次に「コンピテンシーと職務の関係」では，コンピテンシーは職務に密着した関係にあり，この仕事で高成果を獲得するにはどのような行動をとるべきかというように一つひとつの仕事を遂行する具体的な行動パターンで表現しているので非常にわかりやすい。コンピテンシーは職務に直結した関係になる。

② 成果との関係

「職能と成果との関係」は，能力はあっても必ずしも成果に結びつくとはいえない。学歴も能力である。大学院卒は，必ず大卒より優秀とはいえない。能力とは学問や資格であり，学問のある者は必ず成果を出すとはいえないからで

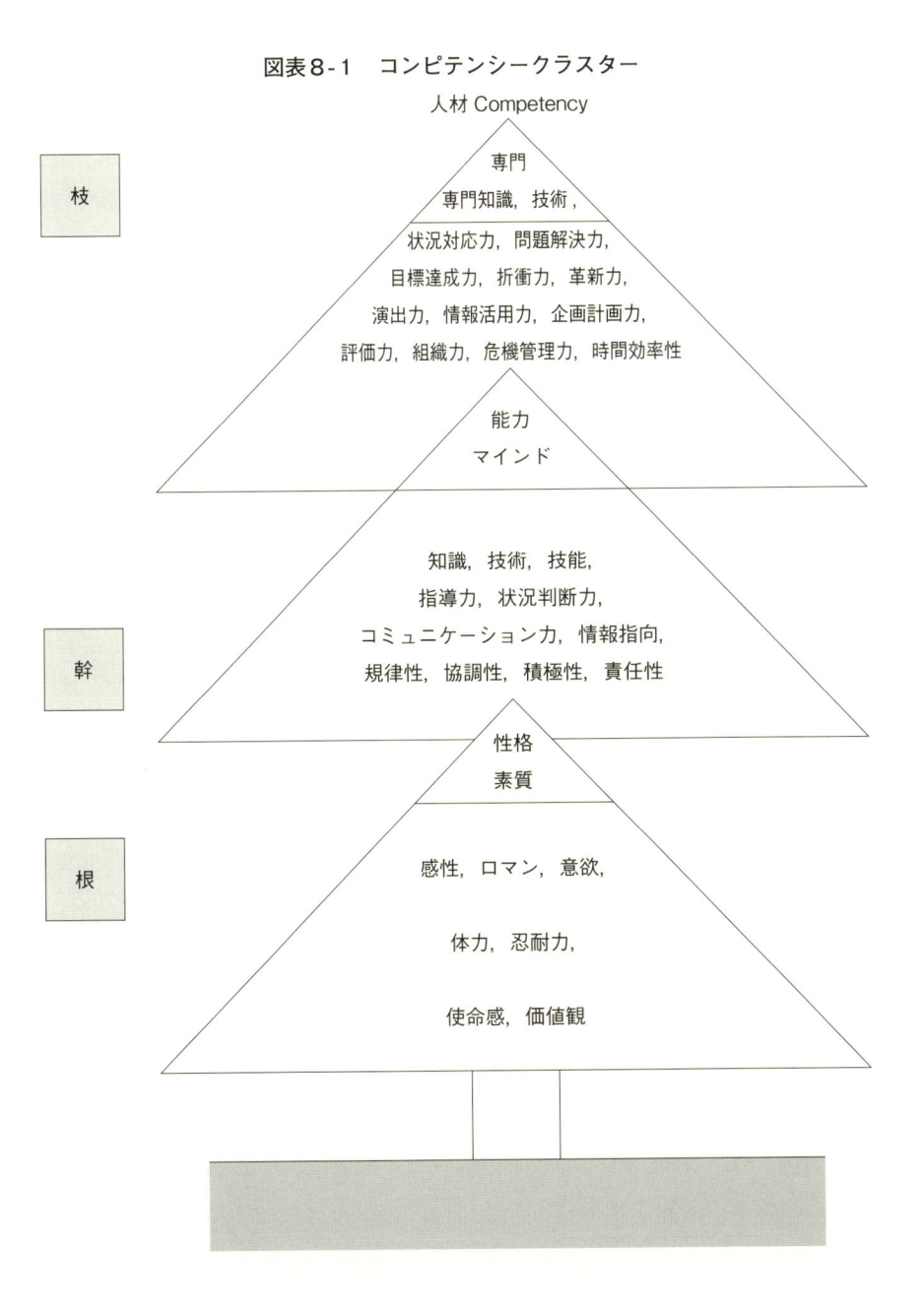

第8章　コンピテンシー評価をベースにした新たな加点主義人事制度

図表8-1　コンピテンシークラスター

人材 Competency

枝

専門
専門知識，技術，
状況対応力，問題解決力，
目標達成力，折衝力，革新力，
演出力，情報活用力，企画計画力，
評価力，組織力，危機管理力，時間効率性

能力
マインド

幹

知識，技術，技能，
指導力，状況判断力，
コミュニケーション力，情報指向，
規律性，協調性，積極性，責任性

性格
素質

根

感性，ロマン，意欲，

体力，忍耐力，

使命感，価値観

249

図表8-2　職能とコンピテンシーの違い

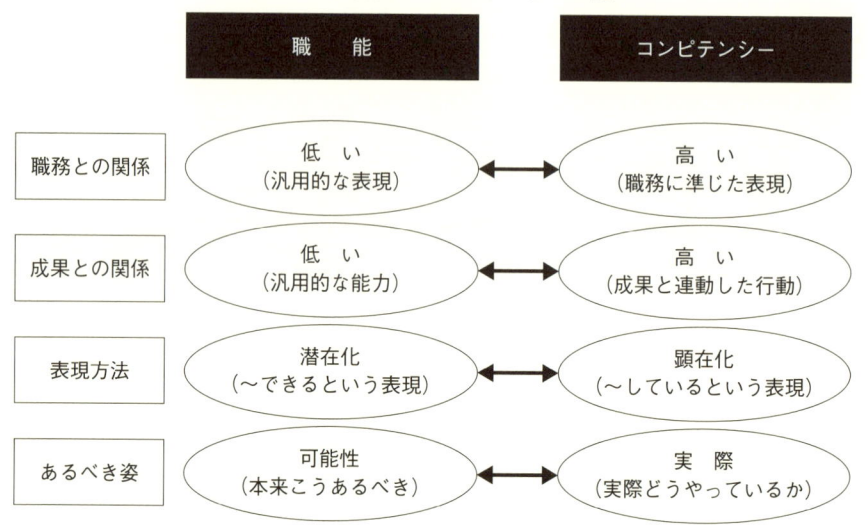

	職能	コンピテンシー
職務との関係	低い（汎用的な表現）	高い（職務に準じた表現）
成果との関係	低い（汎用的な能力）	高い（成果と連動した行動）
表現方法	潜在化（〜できるという表現）	顕在化（〜しているという表現）
あるべき姿	可能性（本来こうあるべき）	実際（実際どうやっているか）

ある。

それでは「コンピテンシーと成果との関係」はどうだろうか。コンピテンシーは高成果実現行動特性といわれるように成果と連動した行動を取り上げる。職務に直結して成果に結びつく行動のみを取り上げるので、いうまでもなく成果との関係は極めて高い。

③　表現方法

能力主義の「職能」は「……ができる」という形で表現されるが、「コンピテンシー」は、「今、……をしている」といった現在進行形で顕在化した行動を取り上げているので、誰の目にも見えるし、わかりやすい。

④　あるべき姿

能力主義（職能）は可能性を追求するロマン主義で、こうあるべきだという考え方に立つ。それに対しコンピテンシーは、実際の行動からあるべき姿を考えるので極めて現実的である。

(6) コンピテンシー活用上の問題点

図表8-3に見るように、コンピテンシー活用上の問題点が多くの企業でリストアップされている。日本の人事考課の曖昧さに代わり、業績に直結する顕在化された行動観察は、誰の目にもわかりやすいし納得も得やすい。多くの期待を持って、人事考課を業績管理の数値評価とコンピテンシー評価に切り替えた企業が多い。

しかし結局は、従来の職能評価とあまり変わらず、成果に結びつかない企業も多い。その理由の1つは、能力開発という綺麗ごとの目的になっているため緊張感がないこと、従来の人事考課に代わる評価制度として導入しているため、評価のための評価になっていることである。これらはいずれもコンピテンシー導入の範囲の問題である。

2つには、コンピテンシー作成のプロセスの問題がある。適切なハイパフォーマーが選出されていないケースがある。評価基準が情意考課的で曖昧であるために、その仕事の成果という概念が定着していない。コンピテンシーで取り上げる成果とは、将来的にも再現性のある行動であるが、将来対応のコンピテンシーになっていないことが問題である。

3つには、コンピテンシー項目や表記の問題がある。表記が汎用的、抽象的になっている、また、コンピテンシー評価のレベル段階が作文であるため、実際とはかけ離れた評価になっている。

4つには、評価手法、プロセス評価者訓練の問題で、評価者訓練が行われていないため、せっかく苦労して作成したコンピテンシーモデルのディクショナリー（高成果実現行動特性）に基づく絶対評価ではなく、相対評価になっている。

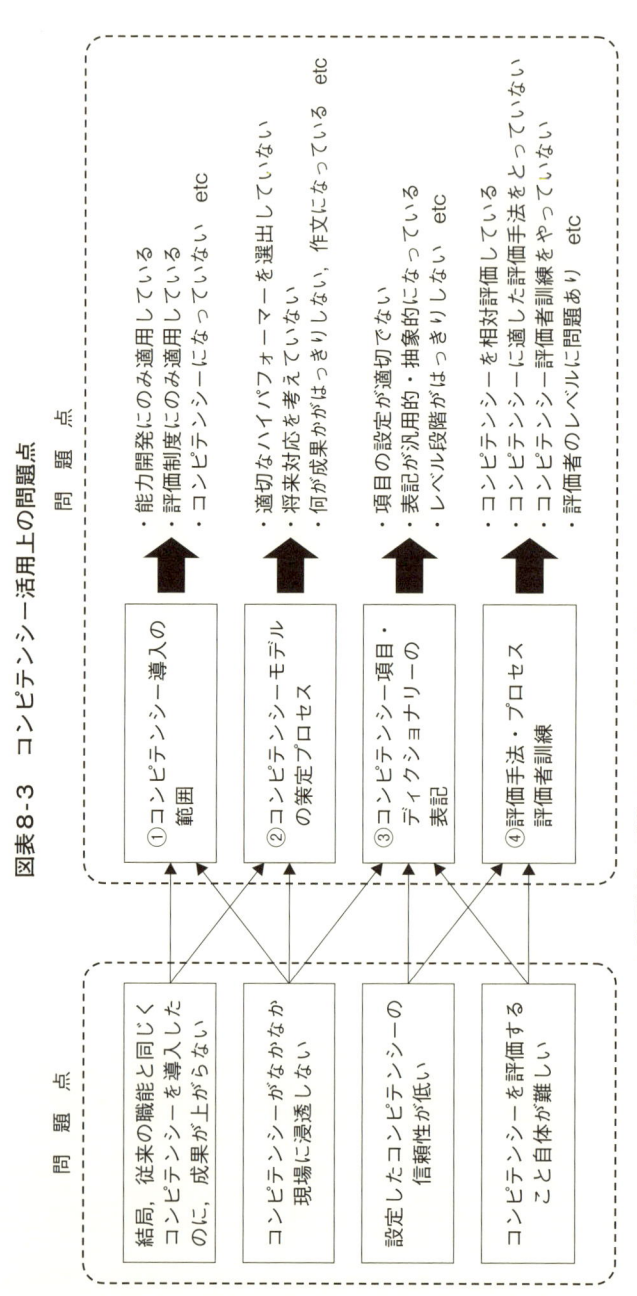

図表8-3 コンピテンシー活用上の問題点

問題点

- 結局、従来の職能と同じくコンピテンシーを導入したのに、成果が上がらない
- コンピテンシーがなかなか現場に浸透しない
- 設定したコンピテンシーの信頼性が低い
- コンピテンシーを評価すること自体が難しい

↓↑

① コンピテンシー導入の範囲
② コンピテンシーモデルの策定プロセス
③ コンピテンシー項目・ディクショナリーの表記
④ 評価手法・プロセス・評価者訓練

問題点

- 能力開発にのみ適用している
- 評価制度にのみ適用している
- コンピテンシーになっていない etc

- 適切なハイパフォーマーを選出していない
- 将来対応を考えていない
- 何が成果かがはっきりしない、作文になっている etc

- 項目の設定が適切でない
- 表記が汎用的・抽象的になっている
- レベル段階がはっきりしない etc

- コンピテンシーを相対評価している
- コンピテンシーに適した評価手法をとっていない
- コンピテンシー評価者訓練をやっていない
- 評価者のレベルに問題あり etc

※結局従来の職能と同じく曖昧な評価になっている。

14 実力主義人事とコンピテンシー

　能力と実力と成果——その間にあるのがコンピテンシーである。

　能力と実力の間にあるのは中間項である。能力は，勉強することによって高まる知識，技術の修得能力，経験によって高まる習熟能力の2つによって構成されている。しかし，技術進歩が激しい今日においては，能力を放っておくと現実への適応性を失ってしまう。これを，能力の陳腐化という。

　これに対して，実力とは今使える力であり，能力から陳腐化した部分を引いた残りをいう。35歳くらいまでは能力と実力は一致するが，35歳を過ぎる頃から能力と実力の乖離が始まる。さらに，50歳前後から体力，気力の低下が始まる。体力，気力の低下が始まれば，能力はあっても実際の仕事に生かすことができない。また，体力，気力がすぐれなければやる気も起きない。人間は一般的に加齢とともに行動もにぶくなる。すなわち，高成果実現行動特性（コンピテンシー）が劣化する。

　このように，能力はあっても実力は高齢化，産業構造の変化といった状況の中で劣化していくことになる。これらの現象を，能力と実力のミスマッチと呼んでいる。

(1) 実力で配置，昇進（人材活用）を

　時代は実力・成果主義時代である。役職昇進は，永年勤続の功労表彰ではな

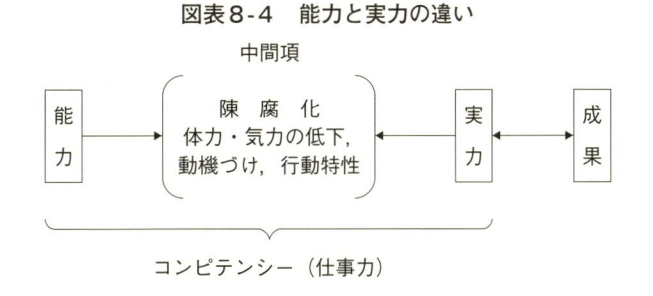

図表8-4　能力と実力の違い

能力 → [中間項　陳腐化　体力・気力の低下，動機づけ，行動特性] ↔ 実力 ↔ 成果

　　　└─────── コンピテンシー（仕事力）───────┘

図表8-5　実力と成果の関係

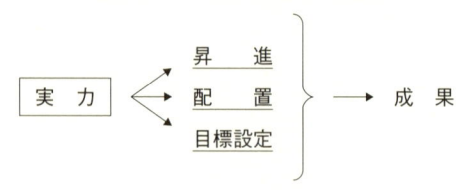

実力 → 昇進／配置／目標設定 → 成果

い。今使える力を持った者でなければ、役職に登用することはできない。しかし、役職になるためにはただ仕事ができるだけではなく、役職者としての適性の有無を含めて最終決定される。

　ここで大切なのは、実力を問うのであれば、各人の意思と能力によって担当する職務を選択拡大できる人を対象にすることである。実力を判断するためには業績を見ることになるが、業績は職務のレベルに連動するため、各人は少しでもレベルの高い職務に挑戦する意欲を燃やす。実力に見合った人材の適所配置を行い、その人の実力に見合った目標設定を行うことによって、成果に確実に結びつくことになる。

15　能力を最適に成果に結びつけるコンピテンシーとは

　能力を最適に成果に結びつけるためには、アセスメント（事前考課）が必要だ。役職や配置を行ってしまってから失敗に気づき、配置換えを行うことはあまりにもリスクが大きい。これらの失敗がないように、事前考課によって管理職、専門職、専任職などの人材群の適性を見極めるマネジメントが必要である。

　一方、各人の実力を評価するためには、職責評価が必要である。職責にはグレードがある。能力のグレードを表す職能資格と仕事のグレードとしての職責等級、この２つは相互にどのような関連となるのであろうか。通常は、能力が高ければ高い職責を期待し、能力が低ければ低い職責しか期待できないということになる。

　しかし、能力と職責（実力）との間にはコンピテンシーが介在する。どんな

に能力があってもコンピテンシーが劣化していれば成果に結びつけることはできない。つまり，職能資格等級制度と仕事グレードの相関関係は，コンピテンシー次第ということになる。その1つの例として，職能資格の管理専門専任職能層が8，9等級の部長相当の資格者であっても，職責等級Ⅲの係長相当の職責に格付けられることもある。逆に，職能資格は3，4等級の一般社員クラスの資格者であっても，コンピテンシー評価結果によって，課長相当の職責に格付けられることもある。目標面接を通じて各人ごとに役割が設定され，その役割の達成度評価が行われる。その結果の業績考課次第で，改めて職責等級の再格付けが行われることになる。

　もうおわかりのように，職責格付けのスタート段階では，職能資格の格付けとコンピテンシー評価を参考にしながら，期待職責等級に格付けをする。そして，1年後には実際の職責達成度で再格付けが行われることになる。職責の達成度が不十分ならば，洗い替えされて降格される。職責等級制度が職務等級制度と異なる点は，下位職責等級に格付けされても，自分の職責以上の課題や職務拡大にチャレンジして業績が上がれば，職責等級が上がることである。つまり，業績が上がれば職責等級はアップし，業績が下がれば職責等級はダウンする。

　業績は，職責×チャレンジ業務＝役割の高さ×達成度で表すことができる。したがって，各人は実力（職責評価＝職責の大きさ，難しさ）によって職責等級に格付けられるが，チャレンジすればその達成度によって格付けが調整される。それだけに，職責評価，役割評価，目標面接，業績考課，コンピテンシー評価といった評価制度の整備がなければ，成果に結びつく実力主義人事の正しい運用はできないということになる。

(1)　実力を事前考課するアセスメントとは

　アセスメントは，事前考課制度である。役職登用や適材適所配置には，極めて効果的である。事前考課をするには，適所と思われる部署に現職の身分のまま異動配置をするのが一般的である。期間はおおむね1年半から2年間で，現

職の身分のまま，上位役職またはプロジェクトリーダーとして，出向やローテーションを行う。実際の実務遂行によって，その適性を見極めることになる。

アセスメントの評価者は，客観的，公平，公正なものの見方ができるバランス感覚のある人が望ましいが，現在のところアセスメントの結果を賃金処遇に結びつける事例はまだ少ない。なぜならば，考課者訓練を受けていない部下や同僚，得意先，先輩などの評価が必ずしも，公平で正しい客観的な評価とはいえないからである。

アセスメントの特徴は，本人の意思や適性，コンピテンシー，また，その人のキャリアを多面的に総合的に分析評価する点にある。分析には，3年から5年ぐらいの期間が必要で，その人なりの人物像を洗い出すことになる。人事考課は直属の上司の職能を中心とする考課であるが，アセスメントでは，人間として，社会人としての人物像まで分析することになる。ただし，異なった立場にいる，部下，同僚，得意先や先輩たちの多面考課は，参考程度として使われているのが実態である。

図表8-6　アセスメントによる人材群・職責等級の格付け

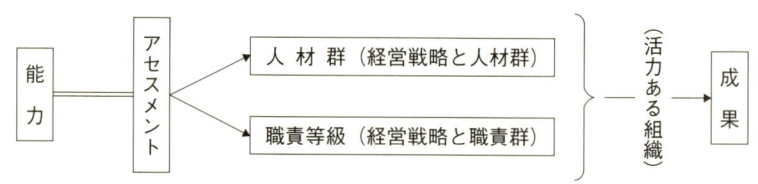

能力 ⇒ アセスメント ⇒ 人材群（経営戦略と人材群） / 職責等級（経営戦略と職責群） ⇒ 活力ある組織 ⇒ 成果

図表8-7　アセスメントの仕組み

システム	評価者	対象	期間
人事考課	上司	能力 成績 情意	単年度
アセスメント	部下 同僚 得意先 先輩 （多面的）	意思 適性 キャリア コンピテンシー （総合的）	5年間の分析 （動態的）

(2) 上級職能は高成果者モデル

コンピテンシーモデルは，高成果実現行動特性のクラスター（評価項目）と高成果実現のディクショナリー（行動特性）で構成されている。しかし，社員に高成果に結びつく行動を期待しているといっても，その人材像は一般社員クラスでは社員バリューモデル（家風）に重点が置かれている。使命感と忍耐力を持って与えられた仕事は最後まで遂行する，そんな行動がとれる社員が期待される社員像である。しかし，上級管理者クラスでは，状況判断力，問題解決力，企画開発力など，高成果獲得に直結する内容となる。

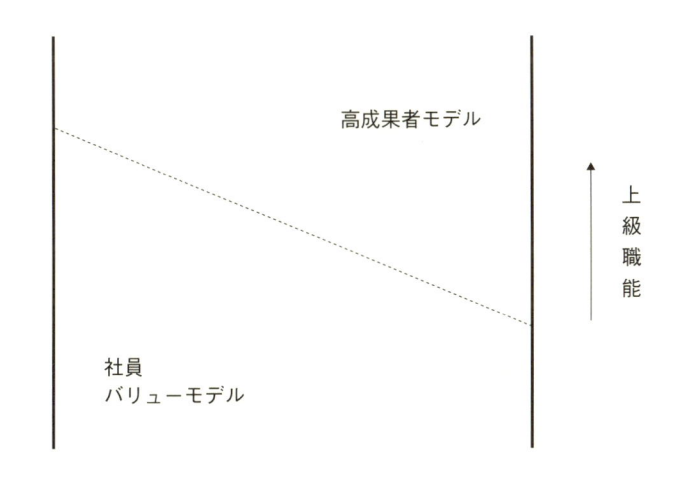

高成果者モデル

↑
上
級
職
能

社員
バリューモデル

(3) コンピテンシーのウエイトと活用

コンピテンシー評価はクラスター別に一つひとつ行い，総合点数を算出する。総合点数の算出にあたっては，クラスターのウエイトづけをするか否かが課題となる。ウエイトづけをしないで，単純に総合点を計算する方法が一般的である。なぜならば，コンピテンシーは高業績者の行動特性の列記であり，重要度の高い行動特性を選択したものではないからである。

しかし，企業ニーズによっては職責等級への格付け，配置，昇進，教育，採用などへの活用時にクラスターごとにウエイトづけをすることはありうるだろう。たとえば，職責等級Ⅴは上級管理職クラスが対応するが，もはやこのクラ

スともなれば枝コンの評価が100％でよい。ただし，職責等級Ⅳの管理職クラス対応では，幹コン40％，枝コン60％，職責等級Ⅲのシニアクラス（指導監督者クラスが一部対応）では根コン30％，幹コン40％，枝コン30％のウエイトづけで総合点数を算出する。これらのウエイトづけは，企業ニーズやその企業の人材活用戦略によっても当然に異なることになる。

職責等級	コンピテンシー			ウエイト		
	根	幹	枝	根	幹	枝
Ⅴ	−	−	○	−	−	100
Ⅳ	−	○	○	−	40	60
Ⅲ	○	○	○	30	40	30
Ⅱ	○	○	−	60	40	−
Ⅰ	○	−	−	100	−	−

(4) コンピテンシー評価結果の集約の仕方

コンピテンシー評価の集約では，ディクショナリーごとの評価（A，B，C）を数字に置き換える作業を行う。ディクショナリー評価は，Aを5点，Bを3点，Cを1点に置き換え，次にクラスターごとに平均点を算出し，考課段階の評価（A，B，C）を行う。点数化にあたっての留意点は，1次評価の点数は部下との距離が近くて，しっかりとした評価ができる信頼性を買って2倍に，2次，3次評価は各々1倍で乗算し総合点と平均点を算出する。クラスターごとの評価が終わったら，最終作業として総合評価合計点数を算出する。先述と同じく，Aは5点，Bは3点，Cは1点に置き換え，合計点およびクラスターの数で除した平均点を算出する。

ディクショナリー別評価		点数化		ウエイト			総合評価
1次	A評価	5点	×	2倍	=	10点	
2次	B評価	3点	×	1倍	=	3点	B
3次	C評価	1点	×	1倍	=	1点	
		計		4倍		14点÷4＝3.5	

6捨7入で3点で総合評価はBとなる。

なお，総合評価合計点数結果によって，職責等級（Ⅰ～Ⅴ）が決まる。最高点はⅤランク，中間得点者はⅢランク，最低点はⅠランクの格付けとなる。ⅣランクとⅡランクは，実際のシミュレーション結果と最高，中間，最低点数の兼ね合いも見ながら，人事賃金政策で決定することになる。その他，点数化にあたっての第三者評価（多面評価）の取扱いについては，客観的な行動事実の把握ができている状態であれば，信頼性，公平性の面においても有効な評価になる。しかし，同僚（部下）の評価は情実が入る恐れがあり，賃金処遇に直接結びつけることには問題もある。参考評価にとどめ，行動改善といった教育面に生かすのが適切であろう。

(5) コンピテンシー評価者訓練の実施

クラスター（評価項目）ごとにディクショナリー（高成果行動特性）の1つずつについて，A（常にそのような行動が見られる），B（ときどき見られる），C（ほとんど見られない）の3段階で絶対考課をしていく。絶対考課では，基準に対する見方を統一しなければならない。

考課者は観察した行動事実によって考課をするが，観察した行動事実がない場合は，そのクラスターについて考課をしてはいけない。憶測や推測は一切やってはならないという大原則がある。無評価のクラスターの人事賃金処遇への適用をどう取り扱うかは人事部の政策である。評定者の役割は，事実をありのままに記録することである。公正で公平な評価を行うためには，基準の見方を統一する評定者訓練が必須である。評定者訓練の主なプログラムは，次のとおりである。

① コンピテンシー概念の理解と人事諸制度の関連
② コンピテンシー評価の仕組みの理解
③ コンピテンシー評価にあたっての価値基準の統一
④ コンピテンシーモデルによる評価者訓練
⑤ 評価のバラツキ調整
⑥ 面接能力の向上と面接技法の修得

(6) 評価と昇進，配置，職責等級への結びつけ

　一人ひとりの行動特性をコンピテンシーモデルで測定し，強み，弱みを把握することが，コンピテンシー活用の留意点である。本人と上司が1つずつ，コンピテンシーのディクショナリーとの照合を確認しながら考課段階（A，B，Cの3ランク）を決めていく。考課が終わったら，各要素群（根コン，幹コン，枝コン）の中で，どこが強いのか，弱いのかを知ることができる。自分自身の強み，弱みがわかれば，本人は自己啓発や行動改善に努力することができるし，上司はOJTのターゲットを見つけることができるだろう。組織としては，期待像を明確にしてギャップを見つめ，研修などのツールとして活用することができる。

　一方，職群別，職種別，役割別のコンピテンシーモデル（クラスター，ディクショナリー）を明確にすることは，成果目標を明確化することでもある。このコンピテンシー要件の充足度得点により職責等級ランクが決まり，同時に昇進，配置が決まる。配置についていえば，その職務，職責に対して一番の高得点者が適任ということになる。すなわち，コンピテンシーモデル基準により適材適所の配置ができるということである。また，各人のコンピテンシー評価の総合点から部署ごとの平均点を算出し，他部門，他事業所との比較ができるなど多面的な活用が可能になる。

　コンピテンシー評価は，可視化できる行動をチェックするため納得性が高い。人材の育成活用はむろんのこと，これからは採用基準や賃金基準としても，大いに活用領域を広げていくものと思われる。

参考文献

『病院人事賃金の革新』楠田丘・齋藤清一共著，経営書院，2000年12月

『病院人材育成とコンピテンシー活用の仕方』齋藤清一著，経営書院，2006年11月

「コンピテンシー簡便活用法」望月禎彦，『月刊人事マネジメント』ビジネスパブリッシング，2000年6月

『甦る病院経営，人事賃金改革の進め方』齋藤清一著，医療タイムス社，2005年8月

『病院・施設の人事賃金制度の作り方』齋藤清一著，日本能率協会マネジメントセンター，2005年5月

■著者紹介

齋藤　清一（さいとう　せいいち）

民間製薬会社に入社，人事課長等を歴任。日本賃金研究センター主任アドバイザー，敬愛大学経済学部講師，東京医科歯科大学大学院非常勤講師等を経て，現在，立命館大学客員教授，同大学医療経営研究センター副センター長，人事賃金管理センター代表取締役，日本病院人事開発研究所代表幹事，日本経営倫理学会会員として活躍中。

主な著書：『病院・施設の人事賃金制度の作り方』（日本能率協会マネジメントセンター），『病院人材育成とコンピテンシー活用の仕方』『病院人材育成のための人事考課・面接訓練ケース100問100答』『病院職種別等級別職能要件書マニュアル全集』『職務調査の進め方・活用の仕方』『人事考課実践テキスト』『職能給の決め方がわかる本』『病院人事・賃金制度策定事例集』『病院人事賃金の革新』『医師の賃金はこう決める』（以上経営書院），『あなたの部下になりたい』（税務経理協会），『蘇る病院経営　人事賃金制度改革のすすめ方』（医療タイムス社），『エクセレントホスピタル』（日総研），その他多数。

DVD：『蘇る病院経営，人事賃金制度改革の進め方』『加点主義人事考課の進め方』『人事考課ケーススタディ』『「賃金シリーズ」これからの賃金体系のあり方』『「賃金シリーズ」新しい賞与制度の設計と運用』『「賃金シリーズ」賃金と切り離したポイント制退職金の設計と運用』（企画・制作㈱ALCS総合事務所），他多数。

2013年4月25日　第1刷発行

加点主義人事制度の設計と運用

Ⓒ著　者　齋　藤　清　一
　発行者　脇　坂　康　弘

発行所　株式会社 同友館

〒113-0033 東京都文京区本郷 3-38-1
TEL.03 (3813) 3966
FAX.03 (3818) 2774
URL　http://www.doyukan.co.jp/

乱丁・落丁はお取替えいたします。　　　　　三美印刷／松村製本所
ISBN 978-4-496-04967-5　　　　　　　　　　Printed in Japan

本書の内容を無断で複写・複製（コピー），引用することは，特定の場合を除き，著作者・出版者の権利侵害となります。また，代行業者等の第三者に依頼してスキャンやデジタル化することは，いかなる場合も認められておりません。